贵州大学文科重大科研项目资助（批准号：GDZT2012005）
贵州大学民族学重点学科群建设项目资助

LOCAL CULTURAL RESOURCES
AND RURAL
SOCIAL GOVERNANCE

A CASE STUDY OF
MIAO ETHNIC GROUP
IN QINGSHUIJIANG RIVER BASIN
OF GUIZHOU PROVINCE

地方文化资源与乡村社会治理

以贵州清水江流域苗族为例

刘　锋　靳志华　徐英迪　等　著

社会科学文献出版社
SOCIAL SCIENCES ACADEMIC PRESS (CHINA)

目 录

前 言 …………………………………………………………… 001

第一章　清水江流域的苗族与地方政府 …………………………… 004
第一节　苗疆开辟与文化冲突 ………………………………… 004
第二节　苗族与晚清地方政府的长期磨合 …………………… 008
第三节　民国时期苗族与地方政府对话 ……………………… 013
第四节　民国时期苗族"黔东事变" …………………………… 017
小 结 …………………………………………………………… 027

第二章　"地鬼"信仰的权威表征 …………………………………… 028
第一节　龙塘苗寨 ……………………………………………… 028
　一　居于龙塘的"人" ……………………………………… 029
　二　聚于龙塘的"鬼" ……………………………………… 030
第二节　土地庙的等级 ………………………………………… 034
　一　历史记忆与家族地位 ………………………………… 034
　二　家族与土地庙的等级认同 …………………………… 038
第三节　村寨传统权威与现代权威的互动 …………………… 046
　一　权力的更迭：对村寨资源的争夺 …………………… 046
　二　家族势力的拘囿 ……………………………………… 052
　三　以庙为中心：两种权威的借用 ……………………… 057
第四节　多元性权威的建立 …………………………………… 061
小 结 …………………………………………………………… 064

第三章　民间节日运作与权力博弈 ………………………………… 065
第一节　施洞地区独木龙舟节 ………………………………… 065

第二节　龙舟节的传统性表达 …… 067
一　"龙"的神圣性建构 …… 067
二　家族血缘观念的强化 …… 071
三　村寨秩序的权力分配 …… 076

第三节　龙舟节的组织与管理 …… 078
一　多重权威的交织 …… 078
二　传统力量的消解 …… 083
三　竞渡中的冲突与纠纷 …… 085

第四节　龙舟节的现代性变迁 …… 089
一　龙舟竞渡的现代性 …… 089
二　现代观念下龙舟节的开展 …… 090

小　结 …… 093

第四章　苗族婚姻中的权力关系 …… 094
第一节　《仰阿莎》古歌 …… 095
第二节　游方 …… 099
第三节　婚姻选择 …… 103
一　婚姻圈 …… 103
二　姑舅婚 …… 105
三　巫蛊 …… 111

第四节　礼物 …… 117

第五节　婚姻纠纷与调解 …… 122
一　理老与传统婚制 …… 123
二　地方调解与婚姻关系 …… 127

第六节　现代语境下的婚俗变迁 …… 132
一　游方的没落 …… 132
二　婚姻圈的扩大 …… 133
三　婚姻法对传统婚姻的冲击 …… 135

小　结 …… 137

第五章　民间仪式与村寨治理 …… 138
第一节　大乌烧村寨口述史 …… 139

第二节　大乌烧村"鼓藏节"的由来及历史 …… 143
第三节　村寨权力秩序的打破 …… 146
第四节　村寨治理下的权力维度 …… 150
　一　节日的组织与运作 …… 150
　二　村寨权威人物 …… 152
　三　调解与村规民约 …… 155
第五节　民间仪式与国家在场 …… 160
　一　鼓藏节的国家话语 …… 160
　二　传统权威与国家权威 …… 164
小　结 …… 165

第六章　苗族村民自治与制度创新 …… 169
第一节　苗族村民自治现状 …… 169
第二节　文化权力与行政权力的互补与整合 …… 177
　一　土地庙搬迁 …… 177
　二　土地纠纷 …… 179
　三　红阳寨修路 …… 181
第三节　村寨治理的制度创新 …… 182
　一　"五老理财" …… 182
　二　民主评议与民主监督 …… 188
　三　为村委"挂红" …… 190
小　结 …… 192

第七章　苗族文化资源与权力运作 …… 194

参考文献 …… 217

附　录 …… 225
第二章附录 …… 225
第三章附录 …… 229
第四章附录 …… 231
第五章附录 …… 235

后　记 …… 258

前　言

每一个社会都是有序的组织，这个有序受其文化规制，它将不同的个体与群体置于一个因互相竞争而又不失范的社会体系之中，协调个体之间、个体与群体以及群体之间的利益冲突和差异；它既尊重和保护个体利益的多样化诉求，同时又强调利益获取的合理化和规范化，并作为人类共同体的生存制度而存在。

贵州清水江苗族的乡土社会与中原腹地有着不同的文化和生存环境。如在该地区，"议榔"是由不同宗的家族组成的地域村寨组织。苗族的寨老、理老、"鼓藏头"、族老、地区性的"方老"都是根据"议榔规约"来维持生产、生活的社会秩序，或以"议榔"的形式合众一致、共同对外。这一组织一直延续到近现代苗族基层社会之中。当地苗族精英分子既有本民族"苗"的族群认同，又有中华民族这一大民族概念的国家认同。处于两种体系之下的地方精英为获得对本地的掌控权，既要迎合上层国家权力意识，又要利用本地文化资源，取得当地民众的拥护，其权力是地方文化与政府在乡土社会的互动中形成的。政府与底层民众既具有共同的目标和利益，又存在一定的矛盾冲突，地方精英如何利用两者的关系以取得权力，随着时代的变化其运作也出现了不同的模式。

相较于国内外学者对中国基层治理的研究，西南边疆少数民族地区乡村治理研究可谓较少。国内学者在关注"民族—国家"对基层社会渗透的同时，也注意到乡土社会自身文化的延续力，地方精英往往也借助于地方文化资源来获取权力与地位。就目前学界而言，对民族地区乡村治理的研究主要停留在国家法与习惯法方面，很少从地方文化的角度去研究。有鉴于此，本课题将在其他学者研究的基础上，选取晚清以来贵州清水江流域的苗族村寨及其文化现象作为个案，探讨乡村政治、经济和社会的变迁；

地方文化资源与乡村治理模式，以揭示具体场域如婚姻、节日、宗教、仪式等的运作状况。这对于理解他者的理解，尊重民族文化，挖掘本土文化资源，更好地解决民族地区的"乡村问题"，建设一个"和谐共生"的社会主义中国具有重要的参考价值。

本课题拟采用历史人类学的视角进行研究，区分历史事实、历史记忆与历史心境，将口述史与文献记录结合起来，既重视文献资料又注重民族学田野调查。乡村社会治理研究是一个需要整合多学科来解决的重大问题，涉及社会治理、民族文化、权力运作等多个方面，只有开展多学科对话，如民族学、历史学、社会学、伦理学、政治学等，才能深入剖析这一边疆民族地区的文化与乡村治理问题。

晚清以降，清政府将保甲作为政府在乡村的权力代表，但在实际运行中，保甲制度已经被村落原有的权力体系吸收，其作用与官方的初衷不太一致，保甲并不能逾越村落权力体系直接与官府对接，不能不按照"地方条例"行事。即使在民国时期清水江流域的苗族聚居区，许多村寨"苗例"照样存在，基层政权也不能忽视这些地方规约。在苗族社会宗族无疑是村落中实际权力的载体之一，小到家庭纠纷，大到族人生死的部分事务，都由家长、族长（即族中有声望、有能力之人）等运用族规去决定，族人之间均有相应的权利与义务。这种制度性的规约形成了共同体的认同秩序和道德文本。村寨也是经由家族或拟家族的方式，建立起相应的文化秩序与规约，使之运转有章可循。

在清水江流域苗族地区，超越这种血缘共同体的还有村寨之间通过"议榔"而建构的地方共同体。其基本运作方式都是按照地缘组织，推选村寨中有威望、懂古规、明事理的寨老、理老来主持，每户出一人参加，在会议上议定榔规，通过一定的宗教仪式的宣讲以增加其神圣性与威严性。因为"议榔"的利益诉求是基于大多数人的实际需要，所以其条款在日常社会生活中得到严格地遵守执行。其功能包括组织管理社会、政治、经济生活，解决纠纷、制定和执行规则、组织武装等，应对各种内外危机。清代保持"苗例"自不必说，就是在民国时期的旁海镇，还用"烧油锅"的审判方式来处理地方的纠纷。即使是在今天，有些"苗例"仍然在维护苗区的和谐与稳定方面起着重要的作用。改革开放初期，苗族有些地区地痞流氓横行乡里，小偷小摸弄得鸡犬不宁，群众的生命财产受到威胁，如林地、鱼塘等公共与私人财产受到严重破坏，于是群众要求重新"议榔"订立规约。又如凯里市三棵树镇的几个苗族农民去沿海打工，其中有一个人在老板那里把工钱领了不给大家，还说老板没有给钱，三方到法院去处理也没有结果，后来他们回家采用传统"砍鸡头"（神人共鉴、歃血赌咒）的办法，那人害怕神灵的惩罚最后不得不把钱还给一起打工的人，还被寨人罚了"三个一百二"①。"苗例"规训那些好吃懒做、不孝敬父母、偷盗抢劫、勾生吃熟、侵占公私财产的人，其案例多有成效，不胜枚举。这是地方主体性的发挥，以及运用当地文化权力治理的结果。"苗例"是结于苗族文化网络之上的果，它所产生的迫力是心灵的折服，因此，在苗区法律与"苗例"联合共治出现了社会安宁的局面。晚清至民国时期政治腐败，官员鱼肉百姓，遭到"苗例"、"合榔"的不断抵抗。而中华人民共和国获得苗族群众的拥戴，就在于共产党全心全意地为人民服务，不但尊重各民族的主体性，而且大力推动村规民约的制定，促使国家法规与地方"苗例"的有机结合而走向善治。

本课题调查地点为清水江流域的苗族聚居区。这块地方直到清代中晚期"开辟苗疆"才正式纳入国家版图，咸同年间对该地失控近二十年之久。清水江是贵州东南部最大的河流，其流域包括今黔东南苗族侗族自治州的天柱、锦屏、黎平、剑河、三穗、台江、施秉、黄平、凯里、雷山、麻江、丹寨和黔南布依族苗族自治州的都匀等县市的全部或部分地区。田野点分布在清水江中段的南北两岸——施秉县与台江县交界处，并深入台江县的中南部地区以及剑河等县的部分地区。

---

① 苗俗。一般为：一百二十斤肉、一百二十斤酒、一百二十斤米（或一百二十块钱），起到惩戒的作用。

第一章　清水江流域的苗族与地方政府

第一节　苗疆开辟与文化冲突

清代"开辟苗疆"以前，黔东南以雷公山为中心及其清水江与都柳江流域的部分地区，仍属于所谓"生苗"区。虽然历代政府实行各种名义上"土流"制度的象征统治，但由于各种实力的消长与差异，也是时立时废，仅仅停留在空间上的虚拟政治归属，实际上这里是一个自主自立的社会文化实体[①]。一直持续到雍正朝武力开辟苗疆之后，这种状况才有所改变。平定苗疆，设置"新疆六厅"即八寨厅、古州厅、都江厅、清江厅、丹江厅及台拱厅，此地的人们才正式成为清王朝的"版图之人"。[②]

何以"开辟苗疆"？当时清朝处于鼎盛时期，急切处理前朝遗留问题，"改土归流"便提上议事日程，"开辟苗疆"是作为"改土归流"的组成部分而展开的。事实上，黔东南虽然有些名义上的小土司，但在地方上没有什么大的影响力，可以说他们不是"改土归流"的对象，且大部分地区无土可改。然而，清统治者认为"贵州土司向无钳束群苗之责，苗患甚于土司"[③]，"非用大兵不可"（《雍正朱批谕旨》第25册），"苗疆用兵，乃目前第一要务"[④]，遂以武力新辟苗疆。因为苗疆横亘于湘、黔、粤之间，

[①] 参见《苗族简史》编写组《苗族简史》，贵州民族出版社，1985，第86~89页。
[②] 中国第一历史档案馆、中国人民大学清史研究所、贵州省档案馆合编《清代前期苗民起义档案史料汇编》（上），光明日报出版社，1987，第110~113页。
[③] （清）魏源：《圣武记》（下），中华书局，1984，第285页。
[④] 中国第一历史档案馆、中国人民大学清史研究所、贵州省档案馆合编《清代前期苗民起义档案史料汇编》（上），光明日报出版社，1987，第108~110页。张广泗奏赴黔接办苗疆事务折（雍正十三年九月二十二日）之朱批。

"周回二千余里,均系生苗盘踞,寨大人众,军器繁多,其巢穴又贴近内地。在平时商民被其扰……诚恐一旦豕突鸱张,则全黔可虑"①;"黔省故多苗……皆生苗地……广袤二三千里,户口十余万,不隶版图,不奉约束……官民自黔之黔,自黔之楚,之粤,皆迂道远行,不得取直道由苗地过。内地奸民犯法,捕之急,则窜入苗地,无敢过而问者……"②;"镇远清水江者,沅水上游也,下通湖广,上达黔、粤,而生苗据其上游……沿岸数百里,皆其巢窟……隔于诸苗,不能向化,三省中梗。"③ 于是这块地广人众的化外之域,俨然成为国中之国,也便成了朝廷想象的敌人。清政府无论出于长远利益还是近期利益考虑,都必须"开通黔湘、黔粤通道……将所谓化外之地,纳入中央王朝委派的流官统治,或委派外来军官去担任当地的'土官'直接管辖,以增租赋,打通交通,以靖地方……"④。把苗疆内地化、纳入统治秩序,才是朝廷政治、经济、文化目标的出发点与归属点。

然而开辟苗疆并非一帆风顺,朝廷从对苗疆开辟与放弃之争,到剿抚之策的论辩,从实行"编户齐民,按亩征科",到"蠲免钱粮",又到"纳粮附籍",从强制执行帝国法律,到按照"苗例"管理苗疆,都可以看到其摇摆不定与步步深入,帝国与苗疆几经反复的磨合⑤。这种双方磨合都是在一定的实力基础上进行的,开辟苗疆是清政府在改土归流中遇到的一块最硬的骨头之一,因此决策者们不得不三思而行,最后主战派还是占了上风。自雍正六年(1728)张广泗"征讨"八寨开始,至雍正十一年(1733)哈元生"平定"高坡为止,历时六年。雍正十三年(1735),苗民在包利、红银的领导下掀起反抗斗争,鲜血再次渗透了苗疆,迫使清政府不得不承诺"永免新疆六厅粮赋",内部事务按"苗例"执行。

准确地说,清政府对苗疆腹地黔东南的行动不是"改土归流",而是

---

① 中国第一历史档案馆、中国人民大学清史研究所、贵州省档案馆合编《清代前期苗民起义档案史料汇编》(上),光明日报出版社,1987,第110~113页。
② (清)方显:《平苗纪略》,参见马国君编著《平苗纪略研究》,贵州人民出版社,2008,第109~117页。
③ (清)魏源:《圣武记》(下),中华书局,1984,第288~289页。
④ 贵州省委、省政府组织编修《贵州通史》(第3卷),当代中国出版社,2002,第60~61页。
⑤ 参见马国君《论雍正朝开辟黔东南苗疆政策的演变》,载《清史研究》2007年第4期,第17~23页。

开疆辟土建立新制。因为土司从来都是归属于国家管理的,至少名义上是这样。而所谓"生苗"区土流均不能治理,是"各自为政"自我管理与自我归属,不是"版图之人"。与"改土归流"的结果刚好相反,开辟苗疆后还要启用一批低等级的苗官,如"苗民中随征有功者",给予土千总、土把总、土通事、土舍"世袭土职",习惯上一般也称为土司。① 还有一部分是非苗族的小土司。这样一来,"改土归流"变成了"土流合治",反而造就了一大批小小的"土司"。但必须看到清政府政策的灵活性,不如此就不能有效地把该区域整合于国家体系之中。

历史的过程,总是与一些关键事件相联系。雍正十年(1732),苗族反对清政府在台拱筑城驻兵,以台拱西门外的墨引、桃赖等寨为首,串联组织了上、下九股河沿岸和高坡等地共一百多个苗寨,按照苗族传统传递木刻相互知会,杀牛议榔起事,宰了清廷令官,攻破屯讯。清政府先后调集数万兵力剿灭起事的苗民,终于在雍正十一年(1733)后期在台拱筑城设讯,驻兵四千余人。② 雍正十三年(1735)战事又起,包利、红银组织苗民推翻清朝地方政权,数十万人参与了这次战争。苗民攻占的地域远远超越了"新疆六厅"所控制的范围。清政府先后组织七省兵力镇压,据不完全统计在这场战争中丧生的苗民"不下三十万人",发配为奴的一万三千六百余人,还有不少人被迫迁徙他乡。③ 事实上,开辟苗疆历时八年之久。

苗族坚定的武装抵抗,除了官兵的极度政治压迫、文化歧视、人格侮辱之外,最直接的原因就是草菅人命与经济掠夺。贵州学政邹一桂据实上奏说:"查黔省苗多民少,一应劳苦之事,皆出于苗。任田畴之耕种者苗也。应官府之徭役者苗也,当民间之佣作者苗也,充富豪之奴婢者苗也。凡肩挑背负,手胼足胝之事,皆苗民而为之,而军民安享其逸……苗民数十年血垦之田,遂为绅衿所有。故黔省以霸占苗田而结讼者,比比而是……至于苗疆汛兵,看守出入要路。凡苗民负货经过者,多短价勒买。稍不从命,即殴辱拴锁……兵丁如此,衙役可知,此兵役欺压苗民之积习也。至于城市屯堡居民于贸易之间……以苗物为应贱。苗民无可奈何,只

---

① 参见《苗族简史》编写组《苗族简史》,贵州民族出版社,1985,第117页。
② 参见吴荣臻主编《苗族通史》(二),民族出版社,2007,第474~477页。
③ 参见《苗族简史》编写组《苗族简史》,贵州民族出版社,1985,第114页。

得依价贱卖……故贵州市语有无苗不富之说……今贵州之人以犬马待苗，又从而鱼肉之，是以为理之当然。"① 作为镇压苗民的刽子手贵州巡抚张广泗也不得不承认："苗民既衣食无赖，又兼役使鞭笞，百般凌虐，彼既不乐其生，又何畏于死。既无畏于死，又将何所顾忌而不嚣然四起。"② 平定苗疆后，曾任贵州布政使杨名时也难以忘却当时官兵惨无人道与苗人悲壮抗击的情形，"就抚熟苗，又被武臣惨戮，甚至卖其妻女，以入私囊。其脱逃者，归告徒党，贼志益坚，人怀必死，多手刃妻女，然后抗拒官兵，以致锋不可当，败衄屡告，百姓流离死徙，不可胜计"。③

在这种情形之下，清政府不得不规定：以后"苗族内部纠纷按'苗例'由族内自行解决，官府不再干涉；宣布永免'新设六厅'粮赋；禁止官兵进入苗寨苛扰，不准擅派民夫；并限制奸商剥削和'严禁贩卖苗人子女'"。④ 这些措施一度缓解了苗族社会与官府的矛盾。

晚清以来，国内外矛盾加剧，时局动荡，清政府不仅永免粮赋的承诺难以兑现，而且新的税捐供役不断增加，许多苗民卖掉房屋土地，甚至挖掘祖坟取出葬银都难以抵消沉重的款税（韩超《苗变纪事》），供役过多过重严重影响苗族人民的正常生活与生产。对无力缴纳粮赋的，官兵抓人，没收家产，杀人烧屋，稍有不满者，就被"指为叛党，或诬为谋逆，破产者有之，横遭杀戮者有之"（石赞清《奏陈剿抚黔匪八条折》）。台拱厅同知张礼度所关押的苗民"狱为之满"（民国《贵州通志·前事志》22）⑤。

在这种情况下，张秀眉于咸丰五年（1855）三月十五日召集苗疆群雄在台拱掌梅尼杀牛议榔起事。战事一起，"千里苗疆，莫不响应"（韩超《苗变纪事》）。战争从开始到结束一共持续了二十余年，苗族义军不仅席卷贵州全境，而且"进击湘西，连破麻阳、沅州、晃州、黔阳、会同、靖州等

---

① 中国第一历史档案馆、中国人民大学清史研究所、贵州省档案馆合编《清代前期苗民起义档案史料》（上），光明日报出版社，1987，第229页。
② 中国第一历史档案馆、中国人民大学清史研究所、贵州省档案馆合编《清代前期苗民起义档案史料》（上），光明日报出版社，1987，第248页。
③ 中国第一历史档案馆、中国人民大学清史研究所、贵州省档案馆合编《清代前期苗民起义档案史料》（上），光明日报出版社，1987，第164页。
④ 《苗族简史》编写组：《苗族简史》，贵州民族出版社，1985，第115页。
⑤ 《苗族简史》编写组：《苗族简史》，贵州民族出版社，1985，第142~144页。

城",贵州周边省份都受到不同程度的影响(民国《贵州通志·前事志》25)。此次战争时间之长为世之罕见,规模之大、范围之广、反抗之强烈超过以往任何一次苗民的武装反抗运动,因战争而死亡的人数远远超过百万之多,就连湖南巡抚王文韶也无不感叹:"古今以来,苗疆构祸连兵,未有若斯之烈者。"[1] 最终造成国家对该地区的控制长时段悬置。[2]

第二节　苗族与晚清地方政府的长期磨合

"生苗"区被纳入清王朝版图后,设立保甲制度,筑城设堡,实施"义学"的"向化"训导等措施来保障"王法"的有效运作。为了加大对苗疆的监控力度,到乾隆二年(1737),续建凯里、鸡讲、柳罗、朗洞等汛,绿营军增到一万五千名,又建屯堡一百零九座,安置屯军八千九百三十九户,连同家属四万余人,在新疆六厅占田五十三万六千三百四十石。这还不计六厅之外的苗区,如果计算占田数将会更大。而且"屯田皆膏腴","其田之上者,尽属屯军"。清政府以防新疆失控,直到鸦片战争时,仍然在黔东南遍布驻兵筑碉,共计43营,22000人,占贵州驻防绿营军力的86%[3]。雍正年间及乾隆初年,曾令苗民改装,编户口时令所谓"熟苗"填报汉籍,"生苗"改汉姓。在有的地区实行"汉三苗一"的编户比例,目的是"以汉制苗","以汉化苗",鼓励苗汉通婚,但又害怕"苗以民为耳目,民以苗为巢窟",忽又禁止苗汉通婚。"永不加赋"不过是王朝为了缓和社会矛盾的权宜之计,到了乾隆中后期,逐渐出现了"赋外加赋""差外加差"的情况。赋差的不断增加成了苗族地区的沉重负担。在苗区建立严格的行政组织控制,编户口、设保甲:以十户为一牌,立一牌头;十牌为一甲,立以甲长;十甲为一保,立一保正;有的地方是十户立一头人,十头人立一寨长。实行"联保联坐","逐村清理,逐户稽查","一家被盗,全村干连,保甲长不能觉察,左邻右舍不能救护,各皆酌罚,

---

[1] 《平定贵州苗匪纪略》卷36。
[2] 《苗族简史》编写组:《苗族简史》,贵州民族出版社,1985,第153~172页。
[3] 参见《黔东南苗族侗族自治州概况》编写组编《黔东南苗族侗族自治州概况》,贵州人民出版社,1986,第36页。

无所逃罪"①。保甲制度的建立,试图从根本上破坏苗族原有的村寨、鼓社与合榔(合款)组织,使之不再起到更大范围的社会管理作用。此外,在苗疆设立一些书院、学馆、义学,但不久数量减少,而且大多设在汉民聚居的城镇里,仅有少数苗族富家子弟才能进学。②"向化"的效果一直甚微,一直到1949年,99%以上的苗族还是汉文盲。

在历史上,面对强大的武装镇压,苗族的武装反抗从来都没有停止过。③

---

① 张书才主编《雍正朝汉文朱批奏折汇编》(第七辑),江苏古籍出版社,1989,第851~852页。
② 《苗族简史》编写组:《苗族简史》,贵州民族出版社,1985,第118~121页。
③ 据不完全统计,从西汉至民国,整个苗族举行过109次起义(参见石朝江《中国苗学》,贵州人民出版社,1999,第55页)。乃至"三十年一小反,六十年一大反"成了"苗变"的民间俗谚。民间往往把"乙卯"之年视为"苗变"之期,因为苗族发动的雍乾、乾嘉、咸同大起义都恰逢乙卯之年(参见伍新福著《中国苗族通史》(上),贵州民族出版社,1999,第413页)。雍正年间黔东南苗族大起义,清政府先后调集七省十余万兵力深入苗疆围剿义军。苗军"手刃妻女而后出抗官兵,锐不可当"(魏源《圣武记·雍正西南夷改流记》卷8)。这次起义苗族人被杀死困死者"不下三十万",1224寨被烧毁,幸存388寨。"杀戮十之七八,数十寨无一人"(民国《贵州通志·宦迹志·张广泗传》)。义军家属一万三千六百多被发配为奴(乾隆《贵州通志》卷36),大批苗民四处逃亡,迁往他乡(参见石朝江《中国苗学》,贵州人民出版社,1999,第61~62页)。咸同年间黔东南苗民起义情况大略如下:"……张秀眉……于一八五五年农历三月十五日,召集各地头领和上万民众,在展麻尼杀牲议榔,揭竿举义,提出'赶走官兵、夺回土地、永享太平'口号,千里苗疆,莫不响应。义军数万,兵分三路攻打丹江、岩门、台拱,势如破竹……威震湘、黔、桂、川、滇诸省,清廷惊恐万状。一八六〇年,清廷先后调集湘、黔、桂、川、滇五省清兵百万,向义军领地大举进犯,对义军疯狂镇压。是年五月,秀眉率军设伏黄飘,痛歼清军三十营,提督荣维善当场毙命,官兵两万全军覆灭。一八六五年至一八六九年间,义军与数倍清军浴血奋战,领地相继沦陷。一八七〇年,义军退至雷公山开展游击战,一八七二年四月十一日,义军在乌东山与清军激战,秀眉受伤被俘……"(台江县张秀眉塑像筹建领导小组写的"反清英雄张秀眉碑记",该碑记刻于台江县城张秀眉广场的张秀眉塑像之下)"18年间,起义烽火遍及贵州以及湘、桂、滇、川边150多个州县的苗族地区,参加的苗族群众在百万以上,先后攻克府、州(厅)(县)等城镇百余座、汛堡等重要据点4000多处;仅贵州一省的12府、14厅、13州、34县中,即有8府、12厅、12州、31县被攻占。清政府……军费支出高达1.5亿两白银……"(伍新福著:《中国苗族通史》(上),贵州民族出版社,1999,第439页)。湖南巡抚王文韶上奏说:"新疆六厅","地界跨镇远、黎平、都匀三府之间,奥衍蟠曲,苗民孳息其中,丁口约五六十万,屯寨星罗,几无隙地","荡平"之后,"所存受抚丁口不过数万"。那就是说苗族至少有五十多万人战死、饿死或逃走他乡。"古今以来,构祸连兵,未有若斯之烈者"(《平定贵州苗匪记略》卷36)。善后的措施之一,就是修建碉堡,募勇屯兵,以防苗民再反。这"是我国历史上规模最大,时间最长的一次苗族起义……写进中国历史教科书"(秋阳著:《苗疆风云录》,贵州民族出版社,2003,第326~327页)。

开辟苗疆遭遇的反抗尤为激烈，清政府为了缓和矛盾不得不规定"若苗与苗非聚众而自相杀伤偷盗，苗人愿照苗例完结者，免其相验解审"，"一切自相诉讼之事，俱照苗例完结，不治以官法"（《清高宗实录》卷139）。清朝的法律更加明确地规定："苗人与苗人相争讼之事，俱照苗例归结，不必绳之以官法，以滋扰累"（《大清律例》卷37），"苗夷犯死罪，按律定拟题结，不准以牛马银两抵偿，其自相诉讼之事，照苗例断结，不必绳之以官法"（《大清会典》卷53）。此外，还"宣布永免'新设六厅'粮赋；禁止官兵进入苗寨苛扰，不准擅派民夫；并限制奸商剥削和'严禁贩卖苗人子女'"。[①] 这些措施一度缓解了苗族社会与官府的矛盾。

苗族与清廷的协商与磨合，并不总是血与火的方式，还有其他的巧妙方法。嘉庆年间，地处清水江边现属施秉县的六合，不仅是水运通道的一个重要关口，同时也是重要的陆路驿站之一。执行公务的人员对沿途百姓的敲诈勒索已经成了"驿站积弊"，清政府担忧苗民借此再次起事，不得不下达一些通告约束胡作非为的公务人员。然而通告往往成为一纸空文，难以落实，苗民就通过"以子之矛，攻子之盾"的方式反抗贪官污吏。如地方头人刘再贵等商议把文告勒于石上，置于庙旁，昭示路人作为抵制各种滥索乱派的依据。[②] 类似的如光绪年间现属剑河县的翁座、老寨、大平的寨民，难以忍受苛捐杂税，把贵州巡抚曾璧光的《善后十三条》刻石立于翁座寨侧，取名《例定千秋》碑。[③] 如此，一方面让官方看看他们自己怎样说，又是怎样做的，苗民利用官方颁发条例与道德的力量去约束官员；另一方面苗民还利用这些条例作为上访的依据，据理抗争，争取合法利益。然而由于官僚体制越来越腐败，合法的斗争已经难以起到应有的作用。道光二十九年（1849），台拱厅的革一苗民在其领袖保禾领导下率先反抗官府违反乾隆"永不加赋"的训谕开征粮赋，结果镇远知府胡林翼杀戮苗民千余人，保禾被监押，在贵阳就义。[④] 类似事件的多次发生，导致

[①] 《苗族简史》编写组：《苗族简史》，贵州民族出版社，1985，第115页。
[②] 成文魁：《六合苗民抗夫碑》，《施秉文史资料》（第二辑），内部资料无日期铅印本，第53~58页。
[③] 贵州省剑河县地方志编纂委员会编《剑河县志》，贵州人民出版社，1994，第15页。
[④] 贵州省台江县志编纂委员会编《台江县志》，贵州人民出版社，1994，第7页。

苗疆与朝廷的正常对话受到阻碍，迫使苗民不得不采取更加激烈的表达方式，最终爆发了 1855 年张秀眉领导的持续二十余年的震撼全国的武装运动，迫使国家权力对该地区的长期悬置。

历史上的官僚与文人，总是把"三十年一小反，六十年一大反"作为苗族的本性来描述，这种"反叛规律"显然只是根据历史上的"苗反"事件的时间间隔归纳出来，缺乏深入的内在原因分析。事实上，这种"反叛"与朝廷的官僚制度的周期性腐败不无关系。帝国之初往往轻徭薄赋，而一旦认为江山稳固，便开始作威作福，大肆盘剥，置百姓死活于不顾。于是官民之间的对话渠道被切断，民间成了积怨的社区，只要点燃星星之火，便可成为燎原之势。如张秀眉的起事由许多民族共同参与，并非只有"苗性"使然的苗族。可见王朝周期性的制度腐败是其内在原因，而苗族"三十年一小反，六十年一大反"只是外表特征而已。

我们还必须看到，在苗疆与国家的多重对话过程中，苗疆的自我整合能力在不断地减弱，乃至于有的事件按"苗例"也难以执行，转而依靠政府来处理。也就是说，地方政权逐步得到苗族社会的认可，政府也在处理类似事件之中渐渐树立了权威。

清水江畔流传着这样一个故事。[①]

住在山里的苗人有一次狩猎，打伤了一头几百斤的大野猪，他们追了好几天。最后一天，他们追逐这只野猪来到了清水江边，人与猪都已经筋疲力尽。江岸上是拿着武器的一群猎人，野猪陆路逃遁已无可能，为了活命只有冒险渡江。而高山的猎人不习水性，只能站在岸边急得直跺脚、干吃喝。他们的行为引起了江边苗人的注意，便过来看个究竟。高山人指着江面把追赶猎物的事急急地说了一番。几个江边人立刻跃入清水江去捉拿野猪。只见他们箭一般地靠近野猪，野猪也拼命泅渡，速度也非常快。也许这几天猪太累了，最后还是被江边人抓住了脚，死劲往江底拉。人与猪的拼搏，吸引了岸边围观的人们呐喊、喝彩。野猪闭气呛水过多而死，那几个"水上高手"带着胜利的喜悦，推拉着野猪上了岸。"战利品"是得到了，然而它属于谁的，如何瓜分，高山人与江边人发生了争执。

[①] 该故事流传于清水江畔的施洞地区。2008 年 7 月，由刘正国提供，刘锋收集整理。

江边人：这野猪是我们在水里抓住的，我们要抬走。

高山人：野猪是我们在山上打伤的，我们要抬走。

江边人：没有我们，你们是抓不住野猪的。

高山人：没有我们，你们也是抓不住野猪的。野猪是山里的，我们打伤它，追赶它，它才跑到水里。

江边人：山上的野猪是你们的，水里的野猪是我们的。

高山人：水里生猪？不信。你们再到水里抓一只野猪给我们看看？

双方争论不休。

双方的寨老、理老都到场说理论辩。按照苗族的习惯法，打猎是见者有份的，甚至是跟着打猎的狗都还要分到一份。看来谁要独占是不可能的，因为两边都出了力，余下的就是如何分了。

江边人：要分就平均分，连猪头也得平均分。

高山人：猪头是我们的，余下平均分。

现在问题集中在猪头的分配，是平均分，还是归一方所有。

动物的头在苗族文化里，具有象征的意义。在宴席上鸡头是属于老人的，尽管他可以不吃，但必须敬奉给他。而猎物的头属于首功者所有，是谁先射杀猎物致死，谁就应该得到猎物的头。谁得到猎物的头，谁在社区里就有了更好的声誉和地位，并且猎物的头还象征着吉祥，意味着以后打猎时还会有所收获，并且武器只会打着猎物，不会误伤自己与围猎的同伴。这就是双方非要分野猪头的原因。问题出在猎物的获得不是由一批人，而是由不同社区的两批人共同捕获。这些寨老、理老出于维护各自的社区荣誉，虽然都根据习惯法评理，但各执一词，很难有统一意见。在过去有跨社区的大理老，但是此事发生在清代晚期，跨社区的大理老不复存在，因此双方协议给官府裁断。结果官府还是按照"苗例"执行，高山人得到了野猪头，其余部分平分。但从此高山人、江边人之间的怨愤增多，高山人认为江边人霸道、狡诈，江边人认为高山人粗鲁、不讲道理，双方互相瞧不起。

故事的本意在于表述江边人与高山人的差异与关系，却透露出地方政府权力在苗族社会中树立起自己的威信过程，就是按"苗例"执行，也得要政府认可。政府在苗族不同社区之间已经是最高、最终的裁决者，取代了苗族原有的最高审判——跨社区的方老、理老裁决及其神判，即政府取代了苗族社会跨地区的权力及其司法终审之神——神判的位置。但一些小地方或几个村寨，寨老的权威、理老的权力、习惯法的执行仍然维护着社会的秩序与生产生活各个方面，还在起着决定性的作用。

总之，清水江流域的苗区从无政府管制到政府的强行介入，从乾隆时期的"苗民风俗与内地百姓迥异，嗣后苗众一切争讼之事，俱照苗例完结，不必绳以官法"①，到苗族内部无法处理的跨地区事件要求"绳以官法"。事实上，地方政府成了该地区的最大、最权威的"方老"和"理老"，执掌着最终、最高的裁判与制裁的权力。

但还必须看到，清廷虽然以武力开辟了黔东南苗疆，因这一地区的地理环境、社会结构和传统文化皆不同于内地，单靠流官来对苗族进行有效的统治是非常困难的。因此，清廷不得已"以苗制治苗"，遴选熟悉苗疆事务，征苗有功的人员，以及地方的权威人士，担任土弁等职务，乃至较为高级的官员，以维护和巩固对苗疆的统治。这些进入统治阶层的人员，自然有不少的苗人。代表性人物如台拱厅、八寨厅的马登科、潘老马、张文魁等，都拥有自己的地方武装。

无论如何，清廷的官僚体制接纳了一批苗族的精英分子，共同管理苗族地区，造就了一个基层权力阶层。清廷与苗族社会之间互相磨合，清廷地方政府进入了苗族社会，苗族社会的部分精英也由此进入了地方一定范围的管理阶层，他们结成了一个不能分割的社会有机实体。

第三节　民国时期苗族与地方政府对话

民国时期保甲制度在苗族地区普遍设立，苗族精英分子不但争取地方

---

① （民国）《贵州通志·前事志》（三），贵州人民出版社，1988，第288~289页。

资源，也积极争取国家资源。民国时期，在苗疆腹地仍存在不同于内地的建制——"设治局"，也说明该地有它自身的特殊性。民国后期的民族学家深入该地调查，依然感到这里的文化自成一统：

> 这一地区苗民的经济生活，比较宽裕，普通人家每人一年总能添置一二套新衣，所以平常的服饰，也很整齐干净，则少看到衣不蔽体鹑衣百结的现象。如偶遇节令，男子固然要穿簇新的衣服，女子更要穿上特制的花衣，衣上所绣的花纹，非常精致鲜见，都是十几岁的时候，花几年的工夫，刺绣而成，在平常时，她们不大佩戴首饰，耳环根本不带，连耳环洞都没有，所带的仅一二只银手镯及二三只戒指，但当她们穿着花衣的时候，头上戴上一种王式的银冠，发髻旁边有各种形式不同的银簪，颈间至少挂上二三幅至十几幅的实质银项圈，手镯及戒指也都加倍起来，衣上腰间的各种银饰更不计其数，银子的多少，视作财富的指数，所以到了节令的时候，女子就变成家家户户的陈列品了。①

抗战时期清水江流域的苗族，在民族学家看来是这样的：

> 黔东的地理环境本来比他处要佳，尤以黑苗所居清水江的地盘最优越，各种产物丰盛，人口极易繁殖，合清水江所有各族而统计之，黑苗可居十分之八以上，所以在清水江上布满着黑苗的势力，他们间的领袖在当地社会上往往操纵一切实权。过去他们的性情极强悍，在诸苗中素以好勇斗狠著称，而地方执政者亦引为大患，差不多代代都有叛乱抗命的事变，此固由于族势的膨胀所使然，而且清水江附近有些著名的雷公山、牛皮箐、香炉山、大登高等山，常据为巢穴，更足以助长他们顽固称兵了。不过，黑苗经过了几度的重创之后，虽要思逞而不能有所为，但他们还能保存他们相当的势力，仍不愧是极有作

---

① 吴泽霖、陈国钧等：《贵州苗夷社会研究·贵州短裙苗的概况》，民族出版社，2004，第16页。

为的一种苗人。①

这时期随着高校西迁，民族学家眼中的清水江流域苗族，生活富裕、文化独具特色、生气勃勃，使他们感到这里的苗族是"极有作为的一种苗人"。也许有的民族学家的直觉并没有错，但"思逞"是什么没有说清楚。按当时的背景分析，可能指的是"黔东事变"，后面还将详细论述。

在"新生活运动"（1934～1949年）期间，施秉县每逢场集政府派出保警队一百三十余人，在路卡和场坝巡逻，见到不改装的苗族妇女进入市场，强行将其头发剪掉，这种气氛造成苗族妇女不敢上街和从事田间劳动，只好躲在家里纺织、刺绣。② 黄平县政府亦相应发出强令苗族妇女改装之布告。各乡镇一时间在赶场之进出口，对苗族妇女入集赶场者，强令剪发与改装。由于"易服"的"新生活运动"遭到苗族人民的坚决反对，苗族的上层人物大多没有支持这场运动，如当时驻扎在黔东南的新编第六十六军第二十八师师长刘伯龙的参谋雷震，应该是带头执行政府规定的精英分子，可他在公共场所说改装如何好，暗地里却支持家里人穿苗装，当地官员谁也不敢叫他的亲戚朋友改装。③ 但地方的上层苗族人物，有的也积极参与了这场运动。

由于这种"新生活运动"逼迫苗族改变自己的传统而遭到了强烈的反对，各县府难以推行不得不陆续停止，宣告了这场运动的彻底破产。"民国三十五年（1946），民国政府推动'新生活运动'，台江县政府决议苗族妇女剪发改装，遭到苗民强烈反对而废止执行。"④

苗族杰出代表之一的梁聚五先生，为苗族的自由与平等而奔走呼号。梁聚五出生于1892年，黔东南苗族侗族自治州雷山县西江大寨人。1920年代至1930年代先后参与国民革命军的广州革命、共产党领导的"八一"南昌起义、上海"九一八"事变和"一·二八"抗战、华北张家口等处的

---

① 吴泽霖、陈国钧等：《贵州苗夷社会研究·清水江苗夷的分布》，民族出版社，2004，第82页。
② 参见吴通明《强迫苗族妇女改装见闻》，《施秉文史资料》（第六集），内刊，第129～130页。
③ 贵州农业科学院退休员工刘景文2011年1月提供该材料。
④ 贵州省台江县志编纂委员会编《台江县志》，贵州人民出版社，1994，第16页；贵州省剑河县地方志编纂委员会编《剑河县志》，贵州人民出版社，1994，第11页。

抗日斗争、西南地区的军阀混战等。1936年，梁聚五在雷山县当选为贵州省参议员，从此走上"议会政治"的道路，并于1937年加入国民党。① 他担任贵州省和各县的党务职责多年，在地方上推行教育和对日抗战工作；1946年加入中国民主同盟，成为贵州民盟领导人之一，并任《贵州民意》（贵州省参议会月刊）社长，撰写政论批评党国时事；1947年参加"苗夷民族青年联谊会"活动，并在共产党解放贵州前负责"苗夷自救会"，代表土著族群组织迎接解放军的到来；1950年成为第一届第二次中国人民政治协商会议的代表，并在同年被中央政府任命为"西南军事行政委员会"委员，担任民族事务委员会副主任一职，参与了迎接由费孝通率领的中央访问团到贵州的访问；② 1951～1955年在四川、贵州参与土地改革与合作化运动；1956年调任四川省政协委员、省政协副秘书长，又任民盟四川省委员；1977年逝世。③

1945年，梁聚五在《黔灵月刊》发表《论贵州政治应以苗夷问题为中心》一文中指出：从人口比例与各级政府席位的关系来考虑地方治理。"……我们应承认贵州苗夷，占着全省人口百分之六十以上。如果承认这统计，解决百分之六十以上的苗夷问题，贵州政治效率，已算完成大半……如以占百分之六十以上之苗夷，仅得一两个参议员，怎能够代表大多数民意呢……至理事机关。如保办公处，乡镇公所，县政府，更要给予苗夷一些参加的机会……况且地方自治事业，要大家通力合作，才有成功的希望。故今后对地方自治，不管议事机关或理事机关，苗夷同胞均需□□有参加的机会，方为合理。"④ 对于政府的腐败、压制苗夷，他强调还

---

① 参见张兆和《梁聚五关于苗族身份认同的书写：近代中国边缘族群以汉语文表述我族身份认同的个案研究》，张兆和、李廷贵主编《梁聚五文集：民族民主政论》（下册），香港科技大学华南研究中心、华南研究文献丛刊（八），华南研究中心，2010，第426页。
② 参见张兆和《梁聚五关于苗族身份认同的书写：近代中国边缘族群以汉语文表述我族身份认同的个案研究》，张兆和、李廷贵主编《梁聚五文集：民族民主政论》（下册），香港科技大学华南研究中心、华南研究文献丛刊（八），华南研究中心，2010，第428页。
③ 参见李廷贵《梁聚五年谱》，张兆和、李廷贵主编《梁聚五文集：民族民主政论》（下册），香港科技大学华南研究中心、华南研究文献丛刊（八），华南研究中心，2010，第316～320页。
④ 张兆和、李廷贵主编《梁聚五文集：民族民主政论》（下册），香港科技大学华南研究中心、华南研究文献丛刊（八），华南研究中心，2010，第2～7页。

政于民与国家的统一。"此种积弊,我们要纠正过来,不能因为苗夷文化水准过低,让他们——贪污为所欲为;稍不如意,且以'苗匪','造反'……罪状加之。须知宪政不久实施,转眼就还政于民。我们对于人民,尤其占全省人口多数的苗夷,要循循善诱,力予支持,加强他们对中央政府的'向心力',不容有半点'疑惧'的心理存在,以致妨碍抗战建国的大计。"① 在他看来,只有发展苗夷的政治、经济与文化,才能解决贵州的政治与发展问题。

第四节 民国时期苗族"黔东事变"

民国期间苗族与国家的互动,震动最大者莫过于"黔东事变",而该事变的性质一直到今天还争论不休。"这一次暴动,一般称为'黔东事变'。对于这一'事变'国民党当局结论为'先奸后匪',即先由汉奸发动,以后发展为土匪暴乱。中华人民共和国成立以后,有人说它是'农民自发地反抗国民党的武装斗争';也有人称之为'地下党领导的武装起义'。但是,都没有充分的史料证明,不能令人信服。由此,四十多年来一直未能做出确切的结论。"② 我们从复线历史出发,试图以苗族主体性的视角来探讨这一问题。

"黔东事变"发生在1942年至1943年,波及湘西、黔东二十四县,攻陷五城(清溪、镇远、三穗、台江、剑河),裹挟千里,参与者达两万余人之多,死伤数千,是当代中国历史上一次规模巨大的民众运动。当局动用了四个保安团,陆军第一独立旅,各有关县的保警大队、江防大队、税警团、宪兵队、特务大队和镇独师管区的若干连队,以及陆军199师和其他部队,迅速镇压了这次运动。③ 由于这次运动的中心在黔东,因此史

---

① 张兆和、李廷贵主编《梁聚五文集:民族民主政论》(下册),香港科技大学华南研究中心、华南研究文献丛刊(八),华南研究中心,2010,第2~7页。
② 甘凌杰、黄寿华:《"黔东事变"历史背景的调查报告》,《黔东南文史资料》(第六辑),内刊,1987,第304页。
③ 参见甘凌杰、黄寿华《"黔东事变"历史背景的调查报告》,《黔东南文史资料》(第六辑),内刊,1987,第303页。

称"黔东事变"。虽然在不长的时间里被镇压，但是不能不令当事人刘时范专员想起清代苗族起义的情形，"咸同两季石土皆赤之殷殷血迹，势将一一重寻"。①

20世纪三四十年代，苗族地区长期被苛捐杂税、拉兵派款搞得鸡犬不宁，民不聊生。为了逃避当兵可能受到的虐待，有的自断食指，有的自刺右目，有的常年在外逃亡、四处流浪。在这种情况下，官僚腐败，官民严重对立，良民也会逼成匪盗才能生存。如剑河县进化乡乡长张振声处理民间纠纷，敲诈勒索，手段极其残忍，居然把当事人与"怪牛"一道关入牛厩，被牛骶得遍体鳞伤。村民邰某就受到这样的极刑，不得不把一百二十块大洋送给乡长大人。后来邰某参与了"黔东事变"，并亲手"枭张乡长之头投清水江，一任漂流"。②剑河县长彭晓甫派剑河柳箕人贺庆取代洪希为温泉乡乡长。贺庆比洪希还要厉害，抓兵派款比洪希还凶恶。正值四月农忙季节，贺庆带着乡兵到川硐寨去抓万金耶。万金耶是苗族人，性情刚猛，当他发现自己被乡兵围困在屋里后，就手提大刀，不顾一切从屋里拼命冲出，幸得脱。1942年4月中旬贺庆又带了四五十名保警兵来到川硐，抓兵逼款，穷凶极恶。川硐农民忍无可忍，遂于1942年11月21日上午武装暴动，反抗压迫，一时枪声四起，把乡长贺庆击毙于川硐寨脚下。这个消息传到剑河县城，过了四五天，县长彭晓甫派遣保警兵二百多人，前来川硐，准备用重兵镇压川硐农民。可是川硐农民早有准备，联合了川硐、岩寨、巫门三个寨子的农民，埋伏于川硐背后山两头，待二百多名保警兵全部近入背后山时，从两头夹攻，击毙保警兵六十多人，其余溃逃。

1942年10月23日，青溪被攻破后，"……巡官董庆有……数名死之……董巡官以平素行为不良，民多仇视，后竟有吮其血者，可谓惨事"。③作为处理黔东事件官员的刘时范，也不得不承认"若夫无耻员胥，公门败类，假借官威，凌侮百姓，侵吞敲诈，剥民自肥，致令含冤莫诉，

---

① 参见徐则平《黔东事变性质初探》，《七七级七八级毕业论文选集》（文科本科生），贵州大学编，内刊，1982，第169~177页；刘时范：《黔东事变纪要》，《黔东南文史资料》（第六辑），内刊，1987，第68页。
② 参见徐则平《黔东事变性质初探》，《七七级七八级毕业论文选集》（文科本科生），贵州大学编，内刊，1982，第173页。
③ 刘时范：《黔东事变纪要》，《黔东南文史资料》（第六辑），内刊，1987，第37页。

积愤难平，因而怨毒官衙反对政府者，则又助因中之重要者矣。"① 可见由于政府的敲骨吸髓，与农民互相为敌，仇恨太深。

关于"黔东事变"的起因，作为事变的主要参与者与经历者的邰秀光（邰胜江之子，苗民暴动队团长）总结说："一、实行民族压迫，推行民族同化政策，极大伤害了苗族人民的自尊心（如强迫苗族妇女改穿汉装，践踏苗族文化，强抢苗族银饰等）。二、借'剿匪'之名，擅杀无辜，加剧苗民对官府的仇恨（如对地方武装头面人物及民族自然领袖，不分善恶一律视为'地方恶势力'，先则加官许愿，继则诱而杀之。1940年国民党新编二十八师师长刘伯龙在施洞口，一天之内，就诱杀了百余人，并祸及亲属，累及邻里……）。三、借抗日战争的大题目，抓兵派款，加速农村经济破产，更加深了苗民和政府的矛盾（如官吏敲诈勒索，贪污成风……又加派大包军米……强行拉夫当兵，富人可以卖放，穷人单丁独子不能幸免）。"② 民国政府的种种行为，使得清水江流域社会天怒人怨，苗区已经是一个积怨的社区，只要点燃星星之火，便可以成为燎原之势。

要了解"黔东事变"在苗区的情况，必须提及事变的三位核心人物。

其一为邰胜江，苗族，台江展架人，生于1878年，爱好武术，练就一身武艺。1917年邰胜江任毛光翔部营长，以后在老家展架经商兼办水运，往返于展架与洪江之间，几年间，购置水田一百多亩，成为当地富有之家。1936年任革东区区长，1937年至1939年任镇远、施秉、台江、三穗、剑河边区联防副主任。1940年，二八师师长刘伯龙绥靖黔东，视其为清水江流域的三大恶势力之一，其他两大势力已被刘剿灭，独有邰胜江警惕性高而幸免于难，但邰之二子均被刘所杀。"黔东事变"之初邰胜江静观其变，同善社诸人几经促其起事而未动，陈信斋、侯教之在脚高会议上委其任师长，邰未接受。邰又经张金培等多次鼓动始率队参与暴动。邰胜江组织和指挥过不少大仗、硬仗，是使对手闻风丧胆的一位人物。他领导的暴动队伍是"黔东事变"中最有实力的队伍。邰后来接受招安，任雷山保警

---

① 刘时范：《黔东事变纪要》，《黔东南文史资料》（第六辑），内刊，1987，第23页。
② 邰秀光口述、张德麟整理《"黔东事变"在雷、台、剑地区的片段回忆》，《黔东南文史资料》（第六辑），内刊，1987，第229~230页。

大队长，被雷山设治局局长杨西横计杀。①

其二为侯教之，苗族，字国富，雷山西江大寨人，生于1897年。1919年侯教之毕业于贵阳省立师范，后入贵州崇武堂，又在黔军中供职，后里居教学二十余年，颇得乡人敬仰。1942年"黔东事变"爆发后，在陈信斋召开的脚高会议上，他被委任为"救国救民军总指挥"。此后，其参与领导暴动队伍，两次攻陷台江城，以及内寨、岑松、西江等战斗，撤出西江后，行至鸟列（地名），至今去向不明。

其三为杨玉和，原籍湖南省花垣县。杨民国初迁入清江厅报京，娶侗族郁氏为妻，后迁镇远涌溪乡之茶园，以农为业。民国十年前啸聚数百人于镇穗一带及清水江中游过绿林生活，并参与石敬臣破三穗城。受抚后，加入同善社，与其湘籍心腹十数人在茶园筑室垦田，自成村落。民国十四年春，镇远兵匪交乘，县长董九如弃官出走，地方人士请其出任县长，以其名望维持治安。杨目不识丁，主政不力，只做了三个月的县长自动离职。其后，兼办团务，维持镇台交通；1942年10月30日攻占涌溪；1942年10月31日攻击镇远城，攻破卫城，杨部团长郁老汪战死；1942年11月6日破三穗县城劫狱，放走同善社道友及被关押人员；1943年4月22日，随张九皋到镇远专署投诚。杨为人慷慨，好结交江湖人士，凡事有求于他，亦肯帮忙，在袍哥中称之"仁义大哥"。②

杨玉和出身何族待考。他是什么族属并不重要，重要的是他认同于苗。他出生在苗地花垣县，按道理来说应该是苗族，部下主要干将多为清水江流域的苗侗人员。因此在官方看来他的部队也是一股"苗匪"。如政府文件表述："十一月十二日接获镇远县府情报，苗匪指挥为杨玉和，副指挥为杨树勋。潘占亭、潘自新、杨自平、郁老汪、郁老才为团长，其余营长多人。"③

由于杨玉和与苗侗关系密切，因此事实上他也成了苗侗暴动队的首领

---

① 参见力文《"黔东事变"主要人物简介》，《黔东南文史资料》（第六辑），内刊，1987，第339～340页。
② 参见力文《"黔东事变"主要人物简介》，《黔东南文史资料》（第六辑），内刊，1987，第336～337页。
③ 《玉、镇、岑、穗、柱、晃六县联防指挥部会剿奸匪吴宗尧工作报告书》，《黔东南文史资料》（第六辑），内刊，1987，第79页。

之一,破镇远,占三穗,攻打榕江靠的就是这支以苗侗为主体的队伍。杨玉和暴动失败后,率残部来到展架投靠邰胜江,"两支部队合兵一起,由邰胜江提议,部队进行合编,成立'贵州省农民自动自卫总指挥部',邰胜江为总指挥,张金培、杨玉和为副总指挥"。① 攻打榕江时,"第一路由杨玉和率领,有台江的张云辉,排羊、排杂的李金亮、李德明,革一、山丙的杨海棠、杨炳廷,岑高孝弟的张报九当等大队,从八书方向进攻朗洞"。② 也就说,到后期,杨玉和的队伍几乎变成了纯苗族的队伍。

"黔东事变"的简单经过如下。③

1942年8月松桃、玉屏的民众揭竿而起,拉开"黔东事变"的序幕。10月,吴宗尧等以定国军名义起兵,攻占清溪县城。10月底,杨玉和等联络苗侗联军数千人暴动,攻陷镇远县城与三穗县城,并在白鸡坡设伏,一举全歼前来镇压的保安一团二大队,声势大振。11月初,朱伯屏于施秉翁哨起兵,苏左卿在镇远江古乡暴动。

1942年11月15日,台江县西江苗民在侯教之率领下起兵,分两路袭击台江县城,当场消灭保警二分队,击毙保警副大队曹启灿,捣毁党政机关,放出狱中被押人员,打开粮仓、盐库,分发给群众。这是苗军第一次攻占台江县城。

1942年11月15日,邰正安率众二百余人,围攻岑松塘脚防堵部队,一触即溃,杜部退守岑松。

1942年11月25日,清晨,邰胜江与侯教之汇合,计两千余人,分东西两路攻入台江县城,打死特务队长杨建勋等,并委任张金培为台江县县长。这是苗军第二次占领台江县城。

1942年11月27日,邰、侯等各路联军密切配合,内寨一仗,全部剿灭保安三团装备齐全、武器精良的刘奕昆大队三百余人,并生擒大队长刘

---

① 况再举:《雷、台、剑苗族农民抗暴斗争纪实》,《黔东南文史资料》(第二辑),内刊,1984,第142页。
② 欧大荣等供稿、陈远卓整理《黔东事变在剑河、台江的几个战役》,《黔东南文史资料》(第六辑),内刊,1987,第247页。
③ 参见徐则平《黔东事变性质初探》,《七七级七八级毕业论文选集》(文科本科生),贵州大学编,内刊,1982,第170~171页;黄寿华:《"黔东事变"大事记》,《黔东南文史资料》(第六辑),内刊,1987,第321~334页。

奕昆等官兵38人。"刘奕昆被俘后，双膝跪下，苦苦哀求道：'我家三房人只有我一个，望你们开恩，留我一条生命，要钱要枪都可以'……出于复仇心理……当晚……陈凤之等将刘奕昆及被俘者，全部杀于内寨。"① 这是"黔东事变"以来歼敌最多的一次，是时暴动队伍处于鼎盛时期。

1942年11月30日，邰、侯集中千人攻入剑河。民团副指挥丁佩生率部三百余人抵挡不住，县长彭晓甫弃城而逃。邰进城后打开监狱大门，放走被关人员，把缴获的大米、食盐分发群众，次日在体育场召开大会，成立湘黔边区民团自卫总指挥部。邰胜江任总指挥，张金培任副指挥兼任剑河县县长，杨继炎任总参谋长。

1942年12月2日，邰、侯率队600余人，由内寨进攻岑松，捣毁乡公所，占领岑松。

1942年12月某日，为雪内寨败仗之耻，韩文焕令参谋长糜藕池及专区保安副司令肖厚乐，率张森及刘寅两个大队进攻内寨，企图屠杀全寨苗民，并收殓刘奕昆之尸。行前，糜对官兵训话说："誓为刘奕昆报仇雪恨，不杀绝内寨苗子，决不罢休！"保安团进至内寨时，苗民已走，寨内空无一人。保安团一气之下，一把火烧毁了全村住房。

1942年12月10日，保安三团刘寅大队奉令驻守岑松，邰胜江率部两千余人围攻刘，几经冲杀，不克而撤。

1942年12月10日，省保安处长韩文焕进攻西江，行至石门坎时与侯教之部相遇，战斗十分激烈。税警团一营援战。侯部六次攻击，持续七天七夜，互有进退，处于相持状态。然而侯部弹尽无援，主动撤出战斗，转入雷公山丛林。

1942年12月12日，邰胜江部又增加余化龙、刘德贵、方照勋部约三千人围攻岑松。邰攻势甚猛，刘部14日黄昏退至台网，岑松被邰攻占。15日晨，刘部从台网折回，至潮山坳接触激战，刘寅大队长被击毙，保安团大乱，向三穗县城溃逃。至此，邰胜江部已经击毙和生擒贵州保安司令部的两位队长刘寅、刘奕昆，因此清水江一带民间有谚，云："官吏遇着邰

---

① 邰秀光口述、张德麟整理《"黔东事变"在雷、台、剑地区的片段回忆》，《黔东南文史资料》（第六辑），内刊，1987，第233页。

胜江，脑袋必定流脑浆"。

1942年12月29日，为施洞大会战。邰胜江调集炉山、黄平、施秉、镇远、台江、剑河六县边区的苗民数以万计，分四路围攻战略要地施洞。邰胜江调集如此大的兵力，目的在于获得武器，因为义军武器奇缺、残旧、低劣，有的甚至是生产工具。施洞除了是战略要地之外，还是保安团的弹药库，所以义军意在必夺，守军也意在必守，因此双方拼杀异常激烈。由于刘鹤鸣凭借充足的武器弹药，义军虽然作战勇猛，但伤亡过大，如悍将李精亮等当场中弹身亡，一时难以用低劣武器取胜；双方在惊天动地的鏖战三天之后，义军弹药耗尽，此时韩文焕所部援军正好赶到，保安团力量大增，义军苦战无功，无奈撤退。此时是暴动队伍由盛转衰的时期。

1943年1月1日，邰胜江所部六百余人，从施洞撤退之后分三路水陆并进，再次攻入剑河城，县长彭晓甫退守大广，打死进化乡长张振声。邰部住城十三日之久。这是邰部第二次占领该县城。

1943年1月11日，邰胜江联合杨玉和、杨树勋等部共四千多人，猛攻驻守岑松之肖成义及独一旅夏营。经两昼夜血战，双方伤亡惨重，久攻不克，邰、杨撤回原防。

1943年1月某日，重庆国民政府鉴于黔东形势严重，应吴鼎昌之请，将黔东划归鄂湘川黔边区清剿区管辖，派199师来黔助剿。该师于三月抵穗，韩文焕偕程奎朗赴穗与师长宋瑞珂、副师长靳力三会见，商定划雷公山以东的剑河、三穗两县为199师清剿区，以西由保安团善后。

1943年3月，国民党中央军199师助剿黔东，义军退守雷公山。最后苗族队伍在中央军与贵州省保安团的重兵夹击下，彻底失败。

从表面过程来看，点燃这次武装运动的星火无疑是同善社。无论同善社的背景如何，其手段与目的怎样，他们针对现实提出的主张可谓深得民心："……誓言民国革命推翻原来政体，树立共和自由假招牌，试问，三十余年来国何以宁，家何以安，我父老兄弟身历其境，均有见闻，感觉共和国主义之推行专在敷衍场面，种种痛苦百倍于往，实际更有胜于专制，且为真实之专制制度也，此种威概表同情，尤其二十六年以还倭奴入寇，祸及全国，而从事政府工作之各级大小妖魔，即假借抗日救国为名，号召各界人士，称为全体动员，干戈扰攘，趁火打劫，以发国难财……"①，"……今之恶劣政府乃鱼肉人民之政府也，既不能御敌保国内，又不能除暴安良，横征暴敛，不惜吸髓敲骨，派兵拉夫，罔顾筋疲力尽，天理良心少似马角，苛捐杂税多如牛毛……"②，于是提出"抵御外侮"，"驱逐倭奴"，"打到恶劣政府"，"取消苛捐杂税"，"打倒贪官为是，建立新的政府，实现地方自治，保护良民生命。"③ 这些主张的提出可谓切中时弊，同善社已经喊出了苗族人的心声。苗族地区受苛政之害尤深，加上民族压迫、民族歧视，使得他们难以获得应有的尊重和权利，因此绝大多数参与者并非同善社的人员却积极响应，加入了武装暴动的行列。参加"黔东事变"的暴动武装，"以民族而论，暴动武装百分之九十为苗、侗等少数民族"，④ 而苗族的武装至少要占到百分之八十以上。从这个数据上看，"黔东事变"的地区特点、民族的特点就尤为突出。⑤

虽然首先发动这次运动的是同善社，他们也说服过苗族的地方首领如邰胜江，直接影响过苗族首领如侯教之，也有个别苗族人加入了同善社如张金培，但作为响应这次运动的主力军完全是苗族自己独立的队伍，没有接受同善社指挥。苗族义军与同善社的关系只是互相支持的友军，而且运动的最后阶段同善社的队伍不得不投靠苗族的队伍，如杨玉和等人。而潘致祥、侯教之、陈信斋等的队伍还得到共产党的地下工作者的武器财物的支持，还有几次尝试在雷公山区建立公开的革命根据地的实践，苗族暴动失败后共产党还积极组织营救遗散人员及其亲属。⑥ 而邰胜江领导的最有

---

① 刘时范：《黔东事变纪要》，《黔东南文史资料》（第六辑），内刊，1987，第35页。
② 刘时范：《黔东事变纪要》，《黔东南文史资料》（第六辑），内刊，1987，第55页。
③ 刘时范：《黔东事变纪要》，《黔东南文史资料》（第六辑），内刊，1987，第36~37页。
④ 李德鑫：《黔东事变作战述评》，中共贵州省施秉镇远县委党史办编《黔东事变史料首辑》，内刊，1987，第7页。
⑤ 李德鑫：《黔东事变作战述评》，中共贵州省施秉镇远县委党史办编《黔东事变史料首辑》，内刊，1987，第7页。
⑥ 参见刘盛甲《中共凯里地下党在"黔东事变"期间的活动》，中共贵州省施秉镇远县委党史办编《黔东事变史料首辑》，内刊，1987，第309~314页；赵维楼：《李光庭在麻江》，中共贵州省施秉镇远县委党史办编《黔东事变史料首辑》，内刊，1987，第315~318页；中共凯里市委党史办：《李光庭、陈光远营救"黔东事变"遗散人员及其亲属》，中共贵州省施秉镇远县委党史办编《黔东事变史料首辑》，内刊，1987，第319~323页；李德鑫：《李光庭与黔东事变之我见》，中共贵州省施秉镇远县委党史办编《黔东事变史料首辑》，内刊，1987，第539~563页。

实力的队伍，从来不接受同善社的番号、旗帜和职位（如师长之职），自建"湘黔边区民团自卫总指挥部"，自任总指挥，雕刻印章，任命官员，如任命张金培为台江县县长和剑河县县长。这就表明，苗族义军是一支独立自主的队伍，同善社只能依附义军主体，最多只能是友军而已。虽然有几位领导人表面是同善社的成员，但并不能因此改变整个苗军的性质，后来泾渭分明的善后处理同样说明了这个问题。

民国中央政府为了扫除地方势力，排挤黔籍人士进入仕途，大量提拔亲信充任要职，因而便有了"国家未亡省先亡"之说。贵州人主体意识再一次被忽略与伤害，自然也包括贵州各族的共同主体意识在内。民国政府在贵州的所作所为，不仅激化了中央与地方的矛盾，也激化了苗族与政府的矛盾。因此苗族并不知道同善社为何物，为推翻国民党的统治，整村整寨，连乡镇保甲的领导、绅耆父老都参与了推翻民国政府的武装暴动。

刘时范总结"黔东事变"时说，"就地区论，以镇施台剑松五县受祸最深，尤以剑河之城郊，台江镇远施秉之乡村，灾情最重……就裹胁言，以台江为最多，保甲组织，十九为奸匪利用，薄具知识之绅耆父老，曾受训之乡镇保甲，往往随声附和，推波助澜……就匪酋而言，应以邰胜江最剽悍，一陷台江，两陷剑河，其势力伸张至榕江锦屏边境，清水河流域，雷公山地带，为之整个骚动"。[1] "……二次内寨之役，五次岑松之役，陷剑河，攻施洞，窥榕江，无不以邰胜江为主角，清水河流域，燎成乃之原势。"[2] 邰胜江领导的苗民暴动队伍无疑是"黔东事变"中最重要的力量，也成了政府所要剿灭的主要对象。

由于民国政府执行的是民族歧视的政策，无论剿抚还是善后，对待苗族与同善社的政策和措施是全然不同的。他们"原则是雷、台、剑以剿为抚，穗、施、黄以抚为剿……也阐明了实质上就是急剿邰胜江股，缓剿朱、徐等股这个精神"。[3] 即对苗民队伍坚决地"以剿为抚"，目的在于剿灭，其他队伍"以抚为剿"，抚慰是其宗旨。对于已经"抚"了的苗族首

---

[1] 刘时范：《黔东事变纪要》，《黔东南文史资料》（第六辑），内刊，1987，第24页。
[2] 刘时范：《黔东事变纪要》，《黔东南文史资料》（第六辑），内刊，1987，第55页。
[3] 黄在之：《黔东事变善后工作片段》，《黔东南文史资料》（第二辑），内刊，1984，第148页。

领与苗民也要毫不手软地"剿"。"……经过刘时范的安排,由雷山设治局局长杨西横派邰胜江为雷山保警大队长,后来杨西横又奉令设计杀害……杨西横对邰很客气,还说要举荐他当县长。有一天,杨西横布置了一些保警兵装扮成土匪,又派邰胜江去剿匪。在作战时,一位姓杨的分队长在邰胜江背后开枪把邰打死……"(杨西横)如释负重地说:"除了一害!事后,杨西横为邰举行了隆重的追悼会,誉邰为剿匪英雄。李文升还告诉我,杨西横说邰胜江通汪精卫,又是悍匪(真是欲加之罪),所以要杀他。"①

"黔东事变"后,贵州省主席吴鼎昌吸取不少教训,一反过去只用外省亲信主政贵州的做法,开始启用黔籍人员。"实际上吴(鼎昌)之所以利用黔人主持黔政,不过是他内定'以夷制夷'的一个策略,因为高寒边远贫瘠的少数民族地区,如本区的黎、从、榕、雷、台、剑……这是外省汉人视为'瘠缺'而又危险的'禁区'。中政校出身的左霁文(应为左棋雯)和高焕陞(两位是在黔东南被杀的国民政府县长。引者注。)在台、剑被群众击杀,早已使他们'谈虎色变'。"②但这样的改变是迫不得已,极其有限的,没有从制度上解决这一问题,因此同样回到历史上的"治乱"轨道上。"剿抚"之后,仍然把问题留给后来之人。但我们也必须看到,经历了"黔东事变",吴鼎昌启用了黔籍人员,不管其用意如何,毕竟还是启用了,或许这也是"黔东事变"对话的成果之一。

"黔东事变"中的苗民暴动,绝不是偶然的,因为苗族地区早已是积怨社区,是一直等待燃烧的火药桶,无论是同善社或是别的什么人点火,同样都会爆炸、燃烧起来的。因而点火的人是谁并不重要,暴动的个人具体原因也不重要,重要的是苗区早已积累了推翻国民党统治的思想与情绪。不然难以想象中华人民共和国成立初期苗族人为什么那样激情澎湃地拥护共产党,唱出那么多颂歌。梁聚五描绘了当时的情形"看吧!中国人民解放军,在中国共产党及人民领袖毛泽东领导之下,解放大西南……凡属苗族,无不扶老携幼,鼓舞欢呼,庆祝中华人民共和国的诞生,庆祝他

---

① 刘楚凡口述、黄家骐整理《参加黔东事变善后工作纪实》,《黔东南文史资料》(第六辑),内刊,1987,第298页。
② 黄在之:《黔东事变善后工作片段》,《黔东南文史资料》(第二辑),内刊,1984,第154页。

们自身在四千多年来,第一次得到的大解放!他们高兴极了!"①

中华人民共和国成立后,党和政府实行民族区域自治,建立了苗族自治州。苗族的干部队伍茁壮成长,为社会主义革命与建设做出了巨大贡献。老省长王朝文从历史的角度审视了苗族的发展,他说:"我不止一次在苗学研究会议上说过,自从盘古开天地,中国共产党对苗族最好,是他帮助苗族人民结束了苦难的历史。没有中国共产党,就没有苗族人民的今天;没有中国共产党,苗族还会在苦难中挣扎,当然更不会有我这个苗族省长。我们要对今天的幸福生活倍加珍惜。"②

小 结

苗族的"苗",历史上不是写成"猫",就是写为"蛮",不被视为兽类,也被视为虫类。几千年来,苗族不断被妖魔化、异类化,因此,"赶苗拓业",开辟苗疆,屠杀苗人,是他们题中应有之义,是一项里程碑似的"正义业绩"。然而在苗族人看来,这不过是非人道的强盗逻辑而已,因此反抗封建王朝的斗争一直延绵不断,特别是晚清尤烈,鲜血染红了苗疆大地。

整个民国时期,苗族与国家的互动对话,追求的无非是民族的平等与民族的民主,反抗的也无非是官府的民族压迫与剥削。梁聚五先生所寻求的承认政治,不仅在当时非常有必要,即使到了今天,还得要继续发展与丰富,才能把各种族际关系,民族与国家关系处理得更加和谐一些。

中华人民共和国成立以来形成的一系列民族理论与民族政策,为中华民族的国家统一、民族团结,经济社会的繁荣与稳定,奠定了坚实基础。不忘初心,真诚落实,将心比心,以心换心,才能维护好各民族的共同家园。人类本来就存在同根共生、互为环境、互为主体的关系,民族之间、国家之间,只有互相尊重,彼此协商,才能重建一个美好的国家与世界。

---

① 梁聚五:《苗族发展史》,张兆和、李廷贵主编《梁聚五文集:民族民主政论》(上册),香港科技大学华南研究中心、华南研究文献丛刊(八),华南研究中心,2010,第261页。
② 王朝文:《〈苗学通论〉序言》,贵州苗学会编《王朝文文集》,贵州人民出版社,2008,第163页。

第二章 "地鬼"信仰的权威表征

每一社会群体，都有其完备的文化体系来维持与管理社会的有效运行。宗教信仰作为这一文化体系中的核心要素，使社会组织得以神圣化，并借此巩固其权威性，这对维系社会的正常运转起着重要的作用。正如杜赞奇所言，宗教信仰作为社会文化体系中的一种象征规范，它的象征性价值，就在于其权威性。[①] 以"地鬼"（土地菩萨）为对象的民间信仰，在清水江流域苗族的信仰体系中占据着重要的地位。土地菩萨在当地人看来，不仅是个体与群体"公平正义"的保护神，更是村寨群体依据血缘和地缘组织关系，展示自我权威的舞台，映射出村寨内部群体差异化的等级地位，隐含着对生存资源利益性争夺。时至今日，这种传统的民间信仰形式，对村寨社会结构的形成以及社会秩序的建立依然有其重要意义。

第一节 龙塘苗寨

龙塘村隶属于黔东南苗族侗族自治州施秉县双井镇。[②] 从地理位置上看，龙塘村东与施秉县的马号乡以及镇远县接壤，南以清水江为界与台江县施洞镇隔江相望，西与黄平县相连，北面与施秉县杨柳塘镇毗邻。[③] 我们所调查的这个龙塘寨，其实是龙塘村下辖的一个自然寨，2004年龙塘寨

[①] 参见〔美〕杜赞奇《文化、权力与国家》，王明福译，江苏人民出版社，2004，中文版序言第2页。
[②] 双井镇位于施秉县东南方，管辖着新城、把琴、塘珠、龙塘、石厂、凉伞、铜鼓、白坝及平寨九个行政村。
[③] 资料来源：双井镇镇政府。

与塘珠寨合并组成了现在的龙塘村。

一 居于龙塘的"人"

龙塘寨,苗语称:"lox dangx",意为"龙住的地方",坐落在四面环山的山坳里,山间有泉水流出汇成溪流,绕寨而过。相传寨子北端以前有一口面积约15亩的水潭,潭中有龙,因此得名。龙塘寨有邰、吴、龙、刘、陶、谭、潘、王、廖、杨等姓氏,约254户。其中邰姓人口最多,近160户。因民族身份差异,邰姓又分为"汉邰"与"苗邰"。其他姓氏全为苗族,分别为吴姓20余户、刘姓8户、龙姓10户、王姓6户、陶姓4户、廖姓2户、潘姓1户、谭姓1户,另两户杨姓为上门女婿。

全寨共分为七个村民小组,分为龙塘大寨、榔垃岩、头道水、寨落等4个小自然寨。其中龙塘寨的人口主要集中在大寨,第一到第四村民小组在此居住。榔垃岩、头道水、寨落三寨,为第五、六、七村民小组的所在地。[①] 生活于此的苗族依据居住环境、服饰穿着以及生活习惯等方面的不同,有着"河边苗"与"高坡苗"更为细致的区分。龙塘大寨均为"河边苗",这里也是全寨人口的集中之处,而其他的三个小自然寨人口都较少,各只有十几户。居住在榔垃岩和寨落的是"高坡苗",大寨人说他们的祖辈是来龙塘做雇工的,到此处定居的时间大约只有三辈人。相较之下,居住在头道水的"河边苗"则要更晚些,共有15户,1户刘姓、1户龙姓、1户张姓,其余是邰姓,邰姓大多都是从平扒(地名)迁过来。用大寨人的话讲,头道水这些家户多是20世纪五六十年代人民公社时期,兴办养猪场时,从周边村寨迁来并落脚此处。

龙塘大寨是我们的主要调查地点。从人群分布来看,寨子最北端居住的是汉族;然后是邰家下寨;邰家上寨与中寨紧邻,位于下寨西侧,其次是刘家和吴家。寨前溪流基本上按此方向由北向南流经村寨。

整个龙塘寨子依山势,坐西朝东而建,大寨人多在溪流的西岸,有为

[①] 资料来源:双井镇镇政府。

数不多的几户住到了东岸。① 大寨的房屋建筑风格是江南一带传统建筑造型与苗族吊脚楼的有机组合，外墙高耸由青砖垒成。据村里上了年纪的老人说，以前寨上有人将杉木由清水江放流到湖南洪江一带出售，看见洪江地区民居建筑造型典雅优美，又有防火的功能，才将房子建成现在的样子。②

龙塘传统的社会组织形式是"酒堂"。③ "苗部"依据各自不同的祖公，细分为三个酒堂，而吴、刘、龙三家则联合成为一个大酒堂，其他小姓氏按照地缘关系分别依附于不同的大酒堂之下。由于"汉部"在龙塘寨中处于"边缘"的位置，④ 他们并不被任何酒堂所接受，也时常被当地苗族忽视。龙塘寨的人群划分是以血缘为基础，依附于所在的家庭而分群相依，从属于同一酒堂的家庭居住地点也较为集中，聚族而居是龙塘大寨主要的居住方式。

家户居住位置是判断社会关系亲与疏的标尺，被撵离居住地是对一个家庭最严厉的惩罚之一。⑤ 酒堂作为当地人们生活中最重要的社会组织，个体的社会关系借此得以具体彰显，也成为划分和区隔他群的主要方式。

二 聚于龙塘的"鬼"

在龙塘寨，人们有着万物有"鬼"的信仰传统，认为他们的生活空间中有很多鬼的存在，如祖先神、护寨树神、土地菩萨、宅神、地基神等，

---

① 住在东岸的人家多是因为人口繁衍增长，近几十年陆续从大寨搬迁过去的。
② 2008年8月龙塘寨田野调查资料。
③ 酒堂：当地一种社会组织形式，主要是一起陪客与喝酒，有事互相帮助。酒堂可以分为血缘酒堂、拟血缘酒堂，是人们结群与联姻的方式之一，它们之间存在竞争关系，因之成为划分群体的一种方式。
④ "汉部"的边缘性地位，不仅体现在他们居住在寨口、远离寨中这样的地理位置，也反映在他们不被其他人（苗族）接纳的社会处境。
⑤ 村寨中有一家原居于邵家下寨的人家因为被说成有酿鬼，便被赶到寨子北端与汉族临近处居住。在当地苗族内部把家庭分为上、中、下三个等级，上等家庭一般指家族大、名誉好、有财势；中等家庭是指名誉较好，家族大小、财势等可能有所欠缺；下等家庭是指家族小，没有财势；而有巫蛊、酿鬼等的家庭被认为是下下等的。人们通常不与有巫蛊与酿鬼的家庭通婚，日常生活中也尽量避免与这样的家庭交往。

遍布于村寨。鬼和人一样有喜、怒、哀、乐，也同样需要衣、食、住、行以及娱乐活动，并各司其职。在对鬼的认识和分类上，当地苗族按照善恶，把鬼分为善鬼与恶鬼两类。善鬼可以护佑人类，如祖先会保佑他的家族子孙，而恶鬼则专门来找麻烦。善鬼在有些情况下会变成恶鬼去做坏事，而恶鬼绝不会变为善鬼。鬼与当地苗族的生活密切相关，直接影响着人们的日常生活。凡遇到各种疾病、灾难都会归咎于鬼，觉得可能是不小心遇到了某鬼，得罪了某鬼而造成的。

例1. 寨里吴老伯瞎了一只眼睛，认为是没有敬鬼造成的（据说遇到鬼要在百日之内去敬，否则就无效了）。又觉得自己家族人丁不兴旺，家中的男丁夭折的很多，能干的女人的寿命也不长，怀疑家里丢了一座桥，没有去敬桥，所以家族才不顺利。（报道人：吴LW，男，83岁，苗族，鬼师及歌师，龙塘大寨人）

例2. 邰老伯砍柴时从树上掉下来，摔坏了腿，便请巫师来为他接了一碗水，认为这样可以好得快。（报道人：邰KG，男，60岁，苗族，龙塘大寨人）

例3. 寨中的一位婆婆久病不愈，疑心遇到了"酿鬼"。她梦到有人提着一个篮子，手中拿着一把刀要来挖她的心脏。大家也确信她是被"酿鬼"所伤，才一病不起，便去偷了有"酿鬼"人家的鞋子，钉在自家门楣上，这样她的病才会好。（报道人：龙GQ，女，65岁，苗族，龙塘大寨人）

苗族信奉"万物有灵"，视一切自然现象、人造物、活着的人，以及死去的人，都以一种人格化的"鬼"的形式存在着。万物有灵可以运用在一切的事物之上，万物之间可以说是无高低尊卑之分、和平共处，而且神、鬼等概念也不加以严格的区分。① 人们把鬼纳入社会秩序之中，对鬼进行分群、分类，一方面祈求善鬼的保护，另一方面对恶鬼进行避讳与驱赶。

---

① 参见陆群《苗族延续至今的万物有灵信仰及原因剖析》，《贵州民族研究》2002年第4期，第88~92页。

在龙塘形形色色的鬼中,"地鬼"是与当地生活关系密切的一位善鬼。人们称其为"香呆"(汉语音译),译为"土地菩萨"。"土地菩萨"多供奉在土地庙中,[①] 有大小之分。因护桥而建的土地庙,用三四块石板搭成,称为小"土地菩萨"。[②] 当地人深信"逢桥必有土地菩萨"的说法,故而这种庙在龙塘随处可见。另外,称作大"土地菩萨"的土地庙,一般建于寨门处,保一方平安。

例4. 以前老虎进到寨子里来吃猪,地方不安宁,设了土地庙就安静了。土地菩萨不但可以保护寨中人们的平安顺利,还可以护佑牲畜家禽、稻谷、树木,如有人家庭不顺利或是遭遇鸡瘟、猪瘟都会去求它。据说"地鬼"可以管理其他的鬼,那些没有进入天堂的孤魂野鬼都是由它管理的。在寨口建立土地庙,其他的鬼就不敢进入寨子,寨子也就安全了。(报道人:龙GQ,女,65岁,苗族,龙塘大寨人)

土地庙除了保佑寨人平安顺利外,它还是公平正义的象征,如两家有纠纷、要判定是非,就在土地庙前许愿求"土地菩萨"做评判。

例5. 邰FY家有一个女儿是个哑巴,家中要把她嫁到把琴村去,而女儿不同意,便逃走了。邻居邰CH结婚到了安徽,邰FY认为是她拐走自己的女儿到了安徽。后发现女儿死在了去往镇远的火车道上,又认定是邰CH家害死了自己的女儿,便带着几个兄弟用枪打邰CH的父亲,连打了三枪都没有响,村上的人们议论纷纷。两家人为了要一个公理就分别到土地庙去许愿,邰CH家杀鸡许愿敬庙,邰FY家砍了只狗。三天后邰CH家杀的鸡的脑壳还是红彤彤,村上的人们都说邰CH家是被冤枉的,几个月后邰FY自杀了。[③](报道人:龙GQ,女,65岁,苗族,龙塘大寨人)

[①] 当地称某鬼为菩萨或神时指其为善鬼,土地菩萨、土地庙等称谓方式是当地苗族对汉族神灵称谓的借用,苗族本身并无此种观念。

[②] 这里的桥不但有方便行人的实际功能,更重要的是求子、护子等信仰功能。每年农历二月初二都是敬桥的日子,这些桥有的是属于一个家庭的,有的是属于一个家族的,每个家庭都有自己的敬桥范围,不可乱敬,否则会被认为是抢了人家的运气,引起纠纷。

[③] 砍鸡剁狗是一种神判的方式,双方分别砍鸡和剁狗,并发誓谁犯的错定死于非命,事后年内谁家出现死人谁家被视为输家。

"每个地方的人们遇到超自然的事物时,都会将其带入自己的生活并将其塑成自己,他们是真实有形的经验,是我们所有人的经验。"[①] 敬拜土地菩萨普遍存在于各地与各民族,他们既有相似性又有差异性的表达。苗族本身对"地鬼"信仰的看法就不尽相同,"苗族对土地的奉祭,有些时候不必有专设的神位,如建房开渠,可撒点酒饭于地基等表示祭祀;耕种田土也要在田土适当祭祀,黔东南的一带种棉、春耕打田、活路头开秧门,先在田土插三株巴茅草表示祭土地。但村寨公共地,包括山林河流、村寨等地点,往往设置象征性土地神位,供集体祭祀,以求一方平安。"[②] 但具体到各地又大相径庭。

《贵州"六山六水"民族调查资料选编·苗族卷》中描述,在榕江县的八开乡,当地人称"西他"(汉语音译)为"地鬼"。据说"地鬼"住在寨头,负责保护全寨人的生命财产安全,各种鬼非经"地鬼"同意不得入寨,故"地鬼"备受人们的尊敬。同在榕江县的两汪乡村民对此的认识却不同,在这里人们集体举行苗语称"欧北"(汉语音译)的"招龙谢土"仪式,与龙塘的土地菩萨一样是为了保护村寨。两汪乡的"香呆"是每年农历十二月或正月在自家的鸡舍敬奉,用以使母鸡孵蛋的鬼。另外,在凯里市三棵树镇的苗族,认为每个村寨只有一个庙,寨口供奉的庙里面多放有一块钟乳石或是杉树木块,用以护寨,当地称为"卓"(汉语音译)。"卓"与土地菩萨相近,而与地鬼完全不同。鬼是邪恶的,或是亦正亦邪的,地鬼就属于后者。"卓"与祖先都属于"正"的,两者也有区别。

又如在汉族地区,土地庙多建于村口有保护一方平安、使人畜兴旺的作用。同时人们认为土地公是掌管一方鬼魂的神,接纳与管理人的灵魂。如辽宁《海城县志》就有"土地,即古之社神。俗谓土地为冥间地保,凡初亡者皆归此处,故表事报庙,送行皆在土地祠"这样的记载。

每种文化无论复杂或是简单,都有一套完备的制度体系,维护和控制其社会秩序。苗族社会文化观念中并没有中心主义的"集权"思想,或许也可以说,苗族通过不同的"鬼"形成了"多中心"的权力建构。

---

① 〔美〕卢克·拉斯特:《人类学的邀请》,王媛、徐默译,北京大学出版社,2008,第204页。
② 参见胡廷夺《中国苗族》,贵州大学民族学硕士点资料室,未发表。

第二节　土地庙的等级

"清水江、潕阳河两岸和海拔较低地区，每寨都有土地祠。如几姓共寨，多是一姓一座，设于本姓住区的村口，各姓自行供祭。"[1] 龙塘亦有一姓一庙的说法，土地庙因家族血缘关系而分属不同的群体。其中，规模最大的土地庙是吴祖庙，归吴家所有；位于老寨口的一处土地庙属于邰家中寨；还有一处未被修复的土地庙，在龙塘上寨与中寨相邻之地，又因该庙地处"包诺"酒堂的区域，故当地人习惯上称之为"包诺"土地庙，关于此庙归属权的说法颇多。[2] 这三个土地庙归属于不同的家族，[3] 敬庙的权力也基本限于各家族之内。龙塘寨"地鬼"信仰以及对土地庙的建造不仅仅是对个人信仰的满足，更是血缘组织内部的团结与其他血缘组织之间竞争的物化的展示性场所。由此说来，庙宇与家族形成了密切呼应的关系。

一　历史记忆与家族地位

村民普遍认为，每个姓氏都应该有一个自己家族的土地庙。但事实上可以在寨中拥有土地庙（并非是护桥的小土地庙），且能够被大家认为可以护寨的大土地庙并不多。现今，寨中只有邰家（苗邰）与吴家拥有这样保护村寨的土地庙，两个姓氏除了拥有人口优势的背景外，都极力宣称自己家族才是最早到达龙塘的居民，以此来强调各自家族在村寨中的社会地位。最早的定居者是村寨生活秩序的制定者和规划者，站在村寨舆论道德

---

[1] 贵州省民族事务委员会贵州省民族研究所编《贵州"六山六水"民族调查资料选编·苗族卷》，贵州人民出版社，2008，第334页。
[2] 关于"包诺"酒堂的归属：说法一属于邰家上寨的，说法二属于邰家下寨的，说法三同时归属于邰家上寨与下寨的。
[3] 在龙塘人们经常提及的社会组织有酒堂、家族、房族、小组等。从人员构成上大酒堂、家族和小组基本上是重合的，小酒堂与房族多有相似。但家族、房族更加强调血缘关系，酒堂除了血缘关系外还侧重于与其他姓氏的结盟，而小组是国家行政设置但一般还是会以传统的社会组织为基础来设置，所以多与大酒堂、家族重合。

的制高点,由其赋予的权力具有合法性,能够保证被其他人遵守并接受。每一个家族与村寨的历史相关联,以至于人们都在自己的记忆中努力地捕捉并牢固地保留着对自己家族有利的因素,以争夺村寨生存资源的所有权。

例6. 邰家祖籍原住江西吉安豆腐街,在很久以前的迁徙中由江西迁到贵州。有的人住剑河,有的人住台江,我们祖先来到施秉清水江平扒居住了若干年,后有两个叫邰九千与龙撑堪的两位老人来到龙塘,看到这个地方水源不断,土地肥沃,就安心住下了,至今已有二十代人了。

邰、龙两姓定居龙塘以后,初结为兄弟,后因一个龙姓女孩长得漂亮被邰姓一个后生(小伙子)看中而又求婚不成,产生纠纷,提出瓜分地盘。在农历二月十五日,龙塘坳大树之下,邰氏上前一脚抢坐在右边的石凳上,龙氏后去一步坐左边的石凳上,邰左龙右,互不侵犯。当时忘记议饮水之事,后龙家去挑水邰家不让。龙家只好到二道河去挑水,后龙家人丁稀少又觉得委屈便自觉地迁到了南笼(云南边界)。现今每二月十五的过姊妹节时煮糯米饭,就是邰家为了怀念迁往南笼的龙家,表示歉意。(报道人:龙L,男,72岁,苗族,双井镇凉伞人)

例7. 据寨上老人说,最早迁入龙塘寨的是客家先祖,有六七十来户人家。不知是何原因而离开,后来听说是因自然灾害而粮食歉收,且遭遇战乱,才不得不搬走,所以就搬到了云南南笼去了。邰姓和龙姓始祖邰老抗和龙九契兄弟俩从江西沿着清水江上来,由于公路交通不便,只能乘船沿河而上。经过新寨屯,发现一条小河,他们推断既然有小河,就会有好居处。便沿着这条小河,一起来到龙塘,果然发现此地的坝子不错,山清水秀。有一个水潭,地方较平,且到处长满了芭茅草,很适合居住。于是邰和龙两大姓祖先就选择龙塘定居了下来。随后在这里开荒辟地,成家立业。然而,后来不知为何,邰老抗的后代兴旺,而龙九契的后代衰败,据老人说是龙家所住的地方风水不好。现在龙家已不是原来的龙姓的后代,而是从凉伞迁来的。其他姓氏都是后来才陆续搬迁来的。① (报道人:邰

---

① 资料来源:贵州大学2007级硕士研究生张妙琴于龙塘寨调查资料,未发表。

GM，男，64岁，苗族，龙塘大寨人）

例8. 我们寨子的祖先是从江西迁来的，住有好多代了。听老人说，原先龙塘寨是我们吴家先来住的，后来其中一部分被迫迁到杨柳塘镇的高塘村，一部分搬到寨诺，但还有一小部分留在了龙塘。据说事情是这样的，以前吴家是高坡苗，住在龙塘寨的上游，而邰家（河边苗）住在下游。高坡苗不让河边苗挑水，甚至还欺负他们，后来随着河边苗邰家势力的逐渐强大，就将一部分高坡苗驱赶出了龙塘寨，并且发誓永世不与高坡苗结亲。有一小部分高坡苗却还想继续住在龙塘寨，为了不受河边苗的欺负，不得不改为河边苗。不过河边苗的吴家和高坡苗的吴家还是一直相互往来的。（报道人：吴ZH，男，43岁，苗族，龙塘大寨人）

例9. 据过去的老人讲，他们从江西迁过来已经有十多代近四百多年了。他们是政府派过来的移民，刚来的时候这没有几户人家。汉族的势力在龙塘也很大，原来寨子中有一半都是汉族。他们家族原来有四个祖公，两千多挑的田地被平分，很富有。后来因为反苗，苗族与汉族互相屠杀，汉与苗才结下仇恨。很多人流亡在外，逃跑了，有的变为苗族了。只有我们家的祖公逃到革东后又回来了，现在居住在这里的汉族都是一个祖公传下来的。原来龙塘是各个姓氏（刘、龙、王、邰等）一起共同开发的，所以要共同划分资源。汉族邰氏住在整个龙塘的上游，龙塘的水源地的井就是汉族挖的。（报道人：邰KD，男，74岁，汉族，龙塘大寨人）

例10. 当时有百分之七十是邰家，百分之三十是龙家与吴家。与苗族是同一个姓，同一根，不能通婚，客家从江西十几代以前就来了，会说苗话。"苗汉都一样，都要吃饭的。"那个年代，女人包小脚，苗汉打仗都走不动。苗先杀客家，之后两边打仗，大兵来了，两边都杀，成了无人坑，血流成河。原来家里有一千多亩田，现在穷了。1926年闹过饥荒，1958年有许多人因为饥荒逃走。（报道人：邰LZ，男，92岁，汉族，龙塘大寨人）

人们对村寨历史的回忆，因个人不同的身份背景讲述的内容有所差异。几位"苗邰"老人与一位吴家老人，认为他们"苗邰"是最先来到龙塘的居民。寨中的老支书祖上原是汉族，后来改为苗族，虽同为邰姓，与当地真正的苗民有着明显的差别。他一方面说"苗邰"是最早到的,但另一方面又在强调这里的最早居住者并非"苗邰"。在对"苗邰"村寨地位进行肯定的同时,却又表现出暧昧不清的态度。吴家人的回答很是谨慎,大都不愿意提及此事,但他们间接承认"苗邰"是龙塘寨的最早居民。

龙塘寨的人群划分,如果从历史的维度来考量,其村民身份的归属和性质,处于一个复杂且不断变化的过程中。具体表现为:民族之间"汉变苗",苗族内部高坡苗变河边苗,以及姓氏的变更。如果说,人们对于自身历史的记忆不仅是一种社会的建构,而且是出于他们面临具体的生活境遇时的需求的话。那么,我们也可以认为,当这种历史记忆成为一种社会记忆的时候,就必须为此创造出可以共享的资源,获得形成社会记忆的契机。① 其实人们为了更好地生存,一方面固守着自身与他者的边界,而另一方面又在不断地重新建构自我的身份去打破边界。现实生活中人们对"我是谁"问题的回答,要比人们想象的灵活得多。正如王明珂所言:"遗忘与现实人群无关的过去(结构性失忆),并强调共同的起源记忆与特定族称以排除异己,建立并保持族群边界。"② 历史记忆的不确定性便因此产生,代表不同群体的人们,对历史保留的记忆既可以成为稳定一个村寨现有的内在秩序合理的解释,亦可以成为一个村寨中不安于现有地位的人们表达自身诉求的途径。"记忆是构成所谓的个人或集体身份的一个基本因素,寻求身份也是当今社会以及个体们的一项基本活动,人们或为之狂热或为之焦虑。但是,集体记忆不仅是一种征服,它也是权力的一个工具和目标。"③ 历史事件本身是当地文化的深层次结构的载体与表达,承载的是道德本身,而神灵赋予了道德以不朽。庙宇往往是村寨历史记忆的见证,它自身在述说着村寨的历史。

龙塘寨各个家族的土地庙,成为其展演自身实力的一种可见的标志。人们都在从村寨的历史记忆中挖掘着最合理的解释,使自己家族的历史成

---

① 参见赵世瑜《小历史与大历史:区域社会史的理念、方法与实践》,三联书店,2006,第124页。
② 王明珂:《华夏边缘:历史记忆与族群认同》,社会科学文献出版社,2006,第55页。
③ 〔法〕雅克·勒高夫著《历史与记忆》,方仁杰、倪复生译,中国人民大学出版社,2010,第111页。

为村寨的历史记忆，并逐渐得到全寨人们的认同。

二 家族与土地庙的等级认同

民间信仰所具有的道德教化作用，赋予道德神圣性和政治性，"在宗教中排除权威主义的倾向，比在其他场合更困难"。[①] 龙塘寨以土地庙为空间所建立起来的神圣场域，在人们敬庙活动的过程中，使历史记忆得到重新确认，使权威得到再生产，也使整个村寨内部社会界限得到强化，那些日常生活中不易显露的社会分化与权力支配关系得以重现。

在龙塘，敬庙活动不仅是一种信仰，更多的是一种生活方式，成为人们社会生活不可缺少的一个部分。1949年以前，每年的农历九月份，各个家族都要集体敬庙，而且都有专门的田产进行供给。

例11. 在旧社会的时候，九月二十五日吴家敬庙，九月二十六日是邰家敬庙，到了九月二十七日就一起到黄平县的谷陇赶场看抬鬼。原来有块地是专门用来敬庙的，这块地是由邰GH家管理的，每一年敬庙的钱便由他家出。"土改"后这块地便分给邰LP家了。（报道人：邰NF，男，82岁，苗族，邰氏第三个家族成员）

例12. 在"土改"以前每一家族都有自己的土地庙，每一年都有一个特定的时间去敬，每一家族只去敬自家的土地庙，庙宇都有田产，田产是由一家去种的，然后由这家出钱敬庙，这天大家会一起杀一头猪。现在没有田产了大家也就不一起敬庙了。（报道人：邰CM，男，42岁，苗族，邰氏第二家族成员）

例13. 过年时去敬土地庙，大年三十的下午那一天人们就会带着祭品如酒、香、纸、鸡、猪头等，过去是大家一起敬的，现在各家敬各家的。（报道人：一邰家媳妇，龙塘大寨人）

例14. 中华人民共和国成立前吴家有十多挑田（大约两亩地）是用来敬庙的，每年有两家负责种田、出钱来敬庙，实行轮流负责制。（报道人：

[①] 池田大作、威尔逊：《社会与宗教》，梁鸿飞、王健译，人民出版社，1991，第176页。

吴 ZQ，男，77 岁，苗族，龙塘大寨人）

如今龙塘已经没有了敬庙的田产，原有的土地庙也没有被全部修复。但敬庙祈福的观念和行为依然存在，特别是近些年村寨修建庙宇，集体敬庙的活动日益兴起。

（一）吴家庙与邰家庙的地位等级之争

土地庙的权势地位之争主要在吴家与邰家之间进行。邰家于20世纪80年代初重建了邰家中寨的土地庙——邰家庙。吴家则在1996年重修了吴祖庙。① 修缮一新的吴祖庙在形制规模上成了龙塘寨中最大的庙，与邰家庙形成了对比。吴家与邰家为强调谁家的土地庙更加灵验，在庙宇的源起、建庙时间的先后、庙宇里的神像性别以及庙宇的规模大小等问题上争执不休。

关于村寨里的土地庙，吴家认为他们的吴祖庙是最早修建的，并且是最具有权威性的土地庙，以土地庙的权威性来达到增强家族威信的目的。

例15. 吴家有一个公是一个鬼师，家庭富裕又懒得做活路。有一天在路口的一棵大树下睡觉，他梦到了许多人，排着队，扛着东西搬家。队尾还在百子树（地名），头已经到了他睡觉的地方，向着谷陇的方向走去。醒了以后，他认为"地鬼"来到了此地，便于他睡觉的地方建了土地庙。而这座吴祖庙已经建了有七八代人的时间了。现在吴家每年九月二十七日敬庙，过去是要到谷陇赶场看"抬鬼"的。二十七到二十九日的抬鬼，据说十分热闹，人们用木头雕刻成地鬼的样子用轿子抬，最后抬到庙里。吴祖庙最大，有很强的威信，如有两个人打架，就可以在土地庙面前许愿让土地庙做评判。（报道人：吴 ZQ，男，77 岁，苗族，龙塘大寨人）

---

① 吴祖庙位于村寨的三个寨口之一处，临近吴家院，有大、小两座庙宇。其中较大的庙宇门楣上以"吴祖庙"这三个字冠名，庙内供有一尊女性的塑像，四壁有彩绘，有包公、程咬金、巨录等人的画像。在它的对面有一个小庙，庙内也有一个女人的塑像，庙墙外有彩绘。庙门两侧有一副对联：昔日遇难飞他乡，离巢客成今返回。两个庙宇分别在村口路旁两侧，各有一座，相背而建。村口有一尊面朝村外的半身女人石像，半身石像据说是为两个庙里的神看门的，两个庙宇和这尊石像皆属于吴祖庙的一个体系之中。

"包诺"土地庙，虽然现在还没有重新修建，原来却是寨上最大的庙宇。另外，邰家人认为自家庙的菩萨是男性，而吴家庙里安放的则是女性神像。

例16. 吴家庙是早有的，邰家庙是后来建的。吴家的是个女的，邰家庙里才是男的。因为男的走得快些而女的走得慢，所以到邰家的是男的，留在吴家的是女的。（报道人：邰 NF，男，82 岁，苗族，邰氏第三家族成员）

吴家与邰家的说法各有侧重点，看似相同的故事，却又有所不同。其他姓氏的说法则更加偏向于邰家。

例17. 吴祖庙供奉的是女像，邰家供奉的才是男的。（报道人：刘 LJ，男，64 岁，苗族，龙塘大寨人）

例18. 吴祖庙里的是女性，主要是相对邰家庙来说的。土地庙是保佑寨子平安的不受猛兽袭击，过去有很多野兽到寨子中吃猪。传说很久以前有两个老虎来到寨子里，在吴祖庙和现已修复的邰家土地庙的地方分别跪下了，不能动。所以分别在两个地方建了庙，因为跪在吴祖庙附近的是母老虎，跪在邰家庙的是公老虎，所以吴祖庙里供奉的是婆婆，而邰家庙里供奉的是公公。（报道人：潘 H，男，44 岁，苗族，龙塘大寨人）

吴家对此一直持反驳态度，认为自家土地庙里供奉的神灵既有男性又有女性，而且还有"摇马郎"① 故事作证。

例19. 上面的较大的庙（吴祖庙）里是一个公公，下面较小的庙宇是一个婆婆。所以大庙是主要的，小庙是次要的，小庙是大庙的下属。吴祖庙原来庙里都是男的，后来吴家的一对男女在庙前摇马郎，说是只有男的没有女的就不会有小孩了，后来就有了一男一女。（报道人：吴 ZQ，男，77 岁，苗族，龙塘大寨人）

从吴祖庙供奉神像的外貌特征来看，有明显的女性特征，但吴家一直

---

① 苗族青年男女谈情说爱的传统方式。

强调其为男性。实质上，吴家的目的在于打破与邰家庙的从属关系，使吴祖庙可以脱离邰家庙的束缚，成为独立的个体。这是因为，多数人都会把吴祖庙与邰家庙相联系，认为吴祖庙的地位不及邰家庙。他们也惯常用男女社会性别上的不平等来表述吴祖庙与邰家庙之间的关系，从而来表明对寨中两个姓氏等级的划分。

另外，据寨上年龄最大的邰 LC 老人讲述，吴祖庙确实是寨上最早的土地庙。但庙宇并非最初就归吴家所有，而是要追溯到最早来到此处的龙 NK 和邰 JQ 两个祖公。

例 20. 吴家的庙最早就有了，当时是龙 NK 和邰 JQ 来的时候就建了。吴家人心狠不让邰家的人去敬庙，后来邰家就不让吴家来挑水，吴家就自己开了一条路，走很远到下边去挑水。后来两家都开了亲，邰家也就不好意思不让吴家挑水。（报道人：邰 LC，男，92 岁，苗族，邰氏第三家族成员）

神像的性别之争，是邰家矮化吴祖庙的一种策略手段而已，同时也很好地解决了邰家庙与吴祖庙建造时间上的早晚问题，并且在邰 LC 的解释中，吴祖庙是龙塘最早土地庙的说法也被摒弃了。邰家认为此庙为邰氏与龙氏祖先共同留下的，只不过吴家住在附近才最终变为吴家的庙宇。吴家把自家的土地庙称为吴祖庙，强调此庙归属权想必也是与此有关。

关于为什么叫吴祖庙，吴家人称这是祖上传下来的叫法。邰家则认为吴家就是为了证明那是吴家自己的庙，才起这样的名字。土地庙以吴家的姓氏来命名，而与此相比，邰家的土地庙却没有固定的名字。吴祖庙的命名方式有强调庙宇归属权的意味，吴、邰两家的争端在吴祖庙下表现得更为明显了。

吴家虽然修了最大的庙宇，但村民依然认为邰家的土地庙才是有权保护全寨平安的，可以代表全寨的土地菩萨，吴祖庙的神力只被限定在了吴家的范围之内。在他们的观念中，土地庙的灵力即管辖范围是与拥有庙宇的家族大小成正比，家族势力随即成为判断土地庙神力大小的决定因素。

在邰家之外的人们看来，20 世纪 80 年代重修的庙宇代表整个邰家，吴祖庙代表吴家，两个姓氏对自己庙宇的权威高下争来争去，邰家庙无疑是处于上风的。

(二) 邰氏家族土地庙的等级认同

龙塘"苗邰"人数最多，分别是邰该九、邰略九、邰英九三兄弟的后人。老大邰该九的后代主要居住于邰家中寨，现有四十多户。老二邰略九的后人居住在邰家下寨，有六七十户。邰家上寨则是最小的祖公邰英九后人的主要居住地，三十余户。姓氏家族与土地庙也并非一一对应的关系，有些姓氏根本没有敬拜的土地庙。而邰家却有一大一小两处：一处是已修复的土地庙，处于村寨中去往双井镇的老路口，位于邰家中寨地界。① 另一处则是叫作"包诺"的土地庙，至今尚未重修。

1. 邰家中寨土地庙

居住于邰家中寨的"苗邰"是第一个祖公的后代，掌握着家族祭祀的权力，每一代的"鼓藏头"②便由这个家族成员继承，"鼓藏头"邰FW就是出自这一支脉。

例21. 龙塘只有邰家吃牯脏，他们和平坝的邰家一起吃。其他姓氏是不吃的，吴家人少所以也不吃。吴家只有敬土地庙。龙塘以前的牯脏头邰LX、邰LK、邰LW都是那支的，牯脏头是代代相传的，到现在是邰FW家继承的。（报道人：吴ZQ，男，77岁，苗族，龙塘大寨人）

据当地的老人们讲，龙塘最后一次"吃牯脏"是在1966年，现今已不再举行。但在邰家内部的传统权力分配体系中，第一祖公的后人在家族有重要的地位，这支的土地庙在龙塘也是最早修复的。寨人对邰家中寨土地庙的看法有很大差异。外姓人多认为这个已修复的邰家庙是代表整个邰家，而事实上，这个土地庙的所有权仅属于邰氏第一公家族，敬庙权力也只限于这个家族的人。

---

① 处于村寨中的寨口处，由大小两个庙宇组成，分别在路口的两侧相对而建。其中较大的庙宇完全由人工所建，庙壁上有彩绘，内有两尊土地菩萨的石像。一尊为女像，一尊为男像。另一座较小的庙是以一棵大树为庙身，在树洞之内以石板垒砌，这两个庙也被认为是一个体系的。

② 即牯脏头，苗族传统祭祖仪式——鼓藏节（吃牯脏）中的主持者和管理者。

例22. 坡上的庙是整个邰家建的，不过只有中寨的人才去拜祭，其他家族的人不去敬，现在刘家的人也可以去敬了。原来旧社会时建的土地庙也有刘家参与，这次修复的庙宇全是邰家的人做的。（报道人：刘LJ，男，64岁，苗族，龙塘大寨人）

在邰氏家族内部有这样的共识，即大的土地庙只是属于第一祖公家族，其他两个祖公的后人不会去敬这个庙。与外人相比，邰氏家族对庙宇的归属权有着更详尽划分。

例23. 这个庙是由我们这支的邰JS、邰GJ、邰SQ、邰FR、邰FW、邰LH、邰LN、邰JB、邰JC提议修复的，也请其他邰氏家族的人参与商议，邀请了邰GH，他是第二个公那支的（被认为在当地是有权威的人），这个庙是我们这支建的，只有我们可以敬。（报道人：邰家媳妇，50岁，苗族，邰氏第一家族成员）

例24. 邰家每个家族都有自己的土地庙，坡上的庙不是整个邰家，只是邰家其中一个家族的。（报道人：邰W，男，30岁，苗族，邰氏第二家族成员）

2. "包诺"土地庙

在龙塘，除了邰氏家族以外的人，他们很少提起称为"包诺"的土地庙。邰氏家族内部，特别是上了年纪的老人家对此庙的印象格外深刻，认为这座土地庙才是寨中最大的土地庙。在他们的表述中这座庙最灵，权威也最大，但其归属权也是最不明晰的一处土地庙。

例25. 在旧社会的时候，农历九月二十五日是吴家敬庙，二十六日邰家敬庙，到了二十七日就一起到谷陇赶场看抬鬼。包诺的土地庙都是属于现居于下寨（第二个公那支），包诺庙是龙塘最大的土地庙。之所以这个庙至今没修复是因为包诺的庙位于上寨（第三个公那支的）的地盘上，有许多人都认为那个庙是上寨的，其实上寨是没有土地庙的。由于这个庙在上寨的地盘上，而庙又是下寨的，所以两面都有人在敬，但又达不成一致看法，就没法修复。（报道人：邰NF，男，82岁，苗族，邰氏第三家族成员）

例26. 邰家有三个公，"包诺"庙是下寨和上寨共同拥有的，每年九月二十六敬庙。这个庙没有修复是因为没有带头的人，虽然前些年也提过要重修此庙但最后也没成功。主要是家户多不好办事，另外这些家也不和。一个庙归两个家族所有，难以协商，另外上寨的现任村主任与以前主要负责敬庙的邰 WJ 家不和，这些原因一直影响庙的修复活动。（邰 LH，73 岁，男，苗族，邰氏第二家族成员）

例 27. 包诺的庙是他们这个公，原来的庙好好的，后来因"文革"被打倒了。庙里原有一个塑像，也不知是男是女，被扔到山崖下面断成了四节。在旧社会，每年的九月二十七日敬庙，敬庙是要杀猪的，像是告天欧、包诺都要敬，然后打平伙。（报道人：邰 LC，92 岁，男，苗族，邰氏第三家族成员）

对于"包诺"庙，人们认为是其归属权不清晰才导致现在的境况。多数人也都相信，这个庙是邰氏第三家族的，因为现在也只有他家的后人还在敬庙。第二祖公家的人对此庙不是很关心，虽然有人也来此敬庙，但人数不多。从敬庙的情况上看也很难分清"包诺"庙的归属。另外，寨上也有这么一种说法，认为时任（2008 年）龙塘小学校长家的那支祖公是老大，"鼓藏头"就出自那支。文书家的祖公是老二兄弟，是"活路头"①。而村主任家的祖公是最小的，"包诺"庙就是他家那支。如今，只有第三家族的人依然固守敬拜"包诺"庙。在第二个祖公家，还有其他途径去整合和维系内部成员的关系，比如一起挂清祭祀"乌姆席"。②

例 28. 自己家族是没有土地庙的，村主任家那支的庙是最大的。每两

---

① 活路头，即传统村寨农事生产的领导者和管理者。按照当地习俗，邰 KL 是活路头，在农事生产上有优先权，之后其他家户才可以进行。如今的龙塘寨已没有这种做法了。

② 乌姆席（？~1872 年），苗族，贵州省镇远县涌溪乡人，后与龙塘寨村民邰我结为夫妇。咸丰五年（1855 年），乌姆席成为苗族义将领包大度的得力助手，负责传递军情和联络各支苗民义军的任务。战败被俘后，由清兵押送至镇远被杀害。至今，在施秉、台江沿清水江一带及镇远县鼓楼坪苗族民间，仍流传着《乌姆席歌》。歌词直译为"……打来又打去，打了七年半。清军人太多，苗军打不赢，寨头被攻破，苗寨齐悲哀。山龙在咆哮，老虎也哭泣！姆席藏山洞，鞋子丢洞边；清军真狡猾，拿糖哄小孩，请小孩带路，去找乌姆席，看到绣花鞋，捉到乌姆席。姆席被捉了，送到湖南皇帝家（以前黔东地区的苗民认为皇帝住在湖南），八匹马拉她，拉她手和脚，身体分四半，尸首抬回乡。可怜乌姆席，人人流眼泪。她带头打屯兵，夺回田土千家种，如今失败了，受苦却是她一人。"现在龙塘寨中，乌姆席的故居遗址尚存。

三年就要集体挂一次重清（每年清明上坟的活动，叫作挂清。）挂重清是他们一支的人都要参加的。大家一起在乌姆席原来居住的地方杀猪祭拜然后打平伙，认为这是他们这一支最大的活动。虽然没有土地庙但以另一种形式（以乌姆席的权威）把人们都召集在一起。（报道人：邰W，男，30岁，苗族，邰氏第二家族成员）

可以看出，邰氏第二个祖公家族的人数最多，而且承担着"活路头"与龙头（管理龙灯的人）的职责。第三个祖公家族的人最少，在家族传统权力分配上也没有获得更多的权力。"包诺"庙的归属不明确，有可能是第二和第三个祖公家族共同祭拜的结果，通过共敬一个庙来增强两家的关系。这或许也是邰家内部认为"包诺"庙是最大的且最有权威性的实质原因所在。

另外，村民又普遍认为"包诺"庙只属邰氏第三家族。权力掌握在哪个家族的手里，哪个家族的人就最有面子，这个最大的土地庙也就变成谁家的。邰家内部对土地庙现状的解读，也恰恰反映着当前各个家族在龙塘的社会地位和处境。

龙塘村民对土地庙的看法，一方面修建庙宇是增加家族威信的一种途径，吴祖庙的重建被认为是家族团结的表现，而至今仍未修复的"包诺"庙则被认为是邰家家族内部有"矛盾"的结果；另一方面，庙宇的权威与其是否重建及其规模的大小并无直接关系，更重要的是这个庙宇背后家族的势力。如果说，神是社会的自我神化，宗教通过一整套信仰体系和仪式实践，象征了超越个体的社会本身①的话，那么，对土地菩萨的信仰与敬拜则是血缘组织神化的一种形式，实质则是对这一组织自身的朝拜。

龙塘寨基于各个姓氏及姓氏内部对土地庙的表述构建庙宇的等级，并通过村寨的历史记忆，寻求对其家族庙宇认可的合法性依据。庙宇本身创造了一种权威制度，家族通过土地菩萨信仰来展演这种权威。然而，庙宇等级制度的背后是龙塘寨各家族生存竞争的社会事实。

---

① 参见〔法〕E. 杜尔干《宗教生活的初级形式》，林宗锦、彭守义译，林耀华校，中央民族大学出版社，2006，第10页。

第三节　村寨传统权威与现代权威的互动

一　权力的更迭：对村寨资源的争夺

从1949年至今，国家在龙塘建立的行政机构从农民协会再到村委会，名称几经变更，但机构性质大同小异。家庭联产承包责任制的施行，国家对地方的控制也有所削弱，从初始的集中式的管理逐渐走向分散。但是，随着国家对农村社会投入力度的加大，村委会成了村寨资源最主要的利益既得者。龙塘各个家族在村内控制权的竞争，集中表现在对村委会职权的争夺上。回顾村寨六十余年的历史，村委会职权始终在几个姓氏家族中更迭。

（一）村委会成员

龙塘农民协会于1949年成立，其协会成员多以小姓氏的人员为主，如潘、王二姓，在位持续时间均不长。1959年前后，陶LW和邰QW为当时村寨的保管员，邰ZG做事务长。邰LL（其子邰ZG）于1956~1961年担任六年的村支书；1964~1983年以及1996~1999年，村支书则都是由吴ZQ担任。

从村干部的任职来看，主要有两条路线：其一，吴ZQ与邰GM的村支书路线（1964年至2007年）；其二，邰LL的家族继承路线。邰LL从1956年到1964年做支书，其子邰ZG做事务长，之后邰ZG任文书一职长达十四年。如今邰LL的孙子邰YJ担任龙塘村主任。不难看出，近三四十年来村支书一职，始终控制在吴ZQ与邰GM两人手中，而村主任一职更换频繁。

此外，村委会成员的另一个特点：多是退伍军人出身，且有一定的办事能力，如龙SH、邰GM、邰CM。从家族背景来看，邰氏第一家族几乎无人担任村干，邰氏家族在整体上并没有处于村委权力的核心位置，来自外界的权威体系对村寨的权力结构影响很大。

村支书是由村寨党员共同推选出来，经双井镇与施秉县进行审批。村主任一职，先由镇政府提出候选人，再由党内决定，上级审批后，最终回到村内进行村民选举产生。可见，村委成员很大程度上是依赖外界的力量，同时村寨党支部的权力很大，村内的干部首先都必须是党员，支书成为一个很重要的职位，村委权力也多集中在支书手中。

对于龙塘的很多村干部来说，他们基本是由吴 ZQ 培养出来的。邰 GM 就是其中一个，吴全力把邰 GM 培养成自己的接班人。

从吴 ZQ 的政治背景来看，吴家在龙塘也具有一定的村寨势力。他性格内敛，文化水平也不低，又是寨上的鬼师。龙塘小学的落成，吴也有部分功劳在其中。另外，吴为人处世相当活络，也很积极地与上级干部交往，喜欢依恃外界的关系，这或许是他可以维持自己在村寨地位的原因之一。

廖 LT 只当了龙塘一届任期的村主任。① 据村民邰 YJ 讲，廖 LT 原来是廖家的人，后随母亲改嫁到邰家。他本人文化程度不高，但做事很圆滑，这或许与他的家世背景有很大的关系。与廖 LT 有些相似，龙 SH 也当过龙塘的村主任。只是龙氏家族在龙塘也并不算大，龙 SH 主要凭着个人能力和做事公正，得到村民的信服。但由于缺少外界的支持，他也没有保住自身长期的村寨地位。

例 29. 龙 SH 这个人为人正直，在村中的评价很好。他当村主任时，十分清明，自己住的一直是很破的房子。他孩子的舅舅在村里乱砍滥伐被他骂，龙 SH 去世时，他孩子的舅舅都不过来看望。（报道人：龙 GQ，女，65 岁，苗族，龙塘大寨人）

村主任邰 YJ（2007～2010 年），在家族背景与个人能力等方面均有优势。邰 YJ 家祖辈是贫农，1950 年的其祖父被选为龙塘寨的支书，后来又当了很多年的村主任。邰 YJ 说："我自己能够当上村主任，是因为我是村

---

① 廖 LT 的上台，也有村民说是当时廖的一个政府部门的朋友刘 ZG，不想让廖在龙塘受苦，就通过自己的人事社会关系，提拔廖当了龙塘的村主任。

上的专业能手。"

例30. 原来村上都是熟食养猪,但是熟食养猪一方面费燃料,另一方面在煮食过程中容易产生有毒物质,猪食用后易中毒。我首先开始搞生食喂猪时,遭到村上人们的嘲笑,认为如此养法还不如把猪放到地里吃草。还有人说,用生食养的猪肉是臭的,猪皮特别厚。我便杀了一头180斤的猪请全村的人吃,才得到村里人的信服。后来又是我家第一个搞磨豆腐卖,接着村里的年轻人又纷纷效仿,我家里不做了其他人也不做了。后政府有支持搞金秋梨,我作为龙塘村的骨干到湖南做了考察,当时梨的价格是每斤三块五。后回来政府无息贷款一万元折合成树苗与肥料,每个树苗三块钱。我和我弟弟两家一起搞了三百棵,还有塘珠寨子的一些家搞的比较少,总共五十棵。(报道人:邰YJ,男,苗族,邰氏第三家族成员)

邰YJ能当上村主任,除了邰氏的家族背景及祖辈一直参与村政外,还迎合了某些新的时代特点。邰YJ说,镇领导上一届就想让他接任龙塘村主任一职,一心想提拔他,但他并没有答应。作为一村之长,首先要具备一定的文化知识和干劲,还得有经济头脑,积极发展副业,才可以为村民起带头作用,树立榜样。这样的用人标准与当今国家注重发展农村经济,以缩小城乡差别,关注解决民生问题的政策方向是一致的。也正是基于邰YJ突出的个人能力,加之家族在村寨的社会地位,镇领导培养邰YJ做村主任也是情理之中。

2004年龙塘寨与塘珠寨合并为龙塘行政村,由塘珠寨的潘YZ担任龙塘行政村的村支书一职。用村民的话来讲,他也是个头脑灵活,很会搞经济的人,在塘珠建立了烤烟和药材等种植基地。如果说在20世纪80年代初国家要求社会治安的稳定,造就了像邰GM等一批的村干,那么,当下国家发展乡村经济的迫切需求,也必然会选择邰YJ之类的村干。

邰GM与时任村主任邰YJ相比,两个人在处理村内事务时的方式多有不同。邰YJ认为,自己是有文化的人,做起事来多应用国家法律,依靠国家政策,遇到事情首先要讲道理,而不是用命令与武力。

例 31. 狗咬小孩事件

2008 年 11 月有一家养的狗把另一家由此经过的小孩咬了，小孩打针花了 320 元钱。但养狗的主人说只付一半的医药费。所以小孩父母找村委调解，村主任到狗的主人家，那家人说如果小孩不到其家门口就不会被咬，所以只能赔一半钱。村主任说，第一，你养狗没有养狗证。第二，国家的法律有一条规定你必须负全部的责任，否则让我来调节，你不但要付医药费还要付给我误工费。后来两家就不为此争吵了。（报道人：邰 YJ，男，35 岁，苗族，邰氏第三家族成员）

例 32. 私奔事件

2008 年初第一组龙家的小伙子，在马号乡交了一个女朋友，但女方父母不同意，两个人就私奔了。女方父母便带了二十多个人来找男方家里的麻烦，男方家里只有一个老母亲，她十分害怕便找到了村委。对方要求老妇人把其女儿交出来，并且还要付误工费。我说，国家的法律规定婚姻是自由的，你们无权干涉。另外，孩子已满十八岁已经成人，做事情应该自己负责，不应为难老人家。我一面与对方理论，另一面又叫了龙家家族的人。对方一看，说也说不赢，打也打不赢，便吃了一顿饭很生气地就走了。（邰 YJ，男，35 岁，苗族，属于邰氏第三个祖公家族）

邰 GM 与邰 YJ 两人村寨治理方式的差异性，是基于不同的时代背景产生的。改革开放初期，新思潮的涌入带来价值观念的改变，法制建设的不健全和不完善，对于如何解决新出现的社会问题也正处于一个摸索状态。于是，在社会转型背景下寻求一种新的社会治理路径，成为当时亟须解决的重要问题。基于此，我们看到 1982 年前后，面对日益猖獗的偷盗现象，龙塘村民采取了传统苗族社会的治理措施——"议榔"，以强制性的规约达到村寨治理的目的。可以说，这是处于社会转型时期乡村治理的一种新的尝试，也是对国家法律的有益补充。同时我们也应该看到，邰 GM 在任期间那些较为激进的处事方式，除了个人因素外，也是家族的、村寨的以及历史的等多种因素造成的结果。随着国家政治与经济改革的不断推进，村级行政愈来愈规范化，村委注重村内的经济发展，处理事件时多依赖国家的现行政策。而这样的改变也鲜明地体现在邰 GM 和邰 YJ 两人的执政方式上。

（二）村委会的开展与运作

村委会议可分成两级会议，一级会议由村支书、村主任、文书及各小组长等组成并开会表态，算作决定型会议。二级会议是将一级会议的表决结果，进行广泛讨论的过程。龙塘村委会的运作情况，我们可以从一次会议中窥见。2009年7月11日，中午12点，龙塘村召开村委会，讨论"过卯节"的相关事宜。参加会议的有20多人，多为中年男性，有的曾在村委任过职。以下是我们对这次村委会议的记录。

第一级会议是在龙塘小学的电教室开的。首先由村支书介绍这次会议的主要议程，文书做记录，村主任提出具体的规划方案，最后是小组长发表意见和商议。

村支书首先发言。他说，这次会议主要讨论两个问题：第一是关于这次"卯节"的具体安排；第二是村寨修路的问题。过节要搞好村内的卫生和节日的经费问题，你们搞个预算，还有踩鼓比赛的问题。修路就是要各组组织好，把路段分好，不要产生矛盾。

接着村主任说，上次"过卯节"搞了三天，镇里出了一千元钱，村里出了一千元钱，还有每户每家收了十元钱，一共凑了不到三千元钱，去年花了不到五千元。接下来是一场激烈的讨论。最为积极的是第二组和第一组的组长。

支书说，经费的问题就这样，这次报告预计五千元钱。我到镇上去要些钱，如果是搞建设项目很容易，过节这种就有点不好办。另外，过节的花费一定要公开。

第一组组长建议，这次过节还是由年轻人负责，把预算搞好，钱分好。村主任说，这次踩鼓不进行比赛了，比赛的好坏很难评判，还有给谁奖不给谁容易闹意见。人家说了，我们在那边都得了奖你们这边怎么不给。所以，这回没有名次，来了就给奖，踩鼓还是由第一组组长负责。另外，把踩鼓的报名费提高，不然五六个人也算是一个队的，质量不高。报名费二十元，有十来个队就可以了。

关于过节期间的卫生问题。支书强调，节前一定要把路修好，踩鼓场周围的卫生，都要搞好，不能这么脏。村主任下达任务，要求分组负责，踩鼓场附近的卫生由第四组负责，小卖部摊点的卫生由自家负责。

这次修路，新路老路一起都要修，大寨四个小组，还有寨落一起均分。小组长要负责，拉沙石拉了几车要有票，拉一车发一个票。第四组与第一组分的沙石多，人多就多干些。第一组和第四组修新路，另两组修老路。修路的上下半段由路所在的相邻小组协商解决，或者是抽签决定。第一组与第四组的组长很默契，第四组要了下半段，第一组要了上半段，两人没有异议。第二组和第三组抽签决定，文书做了签给两个人。三组组长没有去抽，二组组长主动抽了签，看到写的是下半段很高兴。

两件事都商量完后，再到活动室开第二级会议。这时村支书说要到施秉县去办事，骑摩托就先走了。去活动室开会的时候，已经有一些人在室外等待了。村活动室由两间房组成，一间会议厅和一间办公室。活动室里没有任何桌椅，陆续来的人都蹲在了地上。看人来的差不多的时候，村主任就站在中间，宣读了一下刚才的会议决定，并向大家征询对过节的看法。说完大家就散了。

第二天村主任请了第五、六、七组的小组长还有镇上的驻村干部等人，商量过节的事，向他们传达会议内容和结果。

这次抽签只有二组和三组抽了，一组与四组之间一团和气。这是因为一组与四组大部分的成员都是邰氏家族，而二组与三组的成员比较复杂。三组成员以邰姓居多，组长姓刘，刘家的家族势力在三组中显得很单薄，在事关组员利益时十分谨慎。二组有吴、龙等姓氏又以吴姓为主，二组的吴组长，一方面要维护本组成员的利益，另一方面要代表吴家发声。

会议决定在随后的几天纷纷被落实了。[1] 对村寨事务的决策，虽然主要在于村支书和村主任，其他人员不会对决定产生影响，但在执行过程

---

[1] 由于近期雨水很多，一些小路塌陷，另有一部分水渠被堵塞。第一组组长来找我们的房东龙婆婆修路，婆婆有事没去。过了一周（19号）龙婆婆去修新路，从中午一直修到下午七点多才回来。据说是因为小组长安排的不合理造成的。第四小组在会议结束后的两三天也开始修路了，也是第一个修好的。一直到我们这次离开龙塘，在这二十多天里第二组和第四组的路还没有修完。

中却有赖于各个小组长的能力，特别是家族背景。这次参加会议的村民代表就是家族势力的代表，也多是在村寨任过职。他们的在场，是个人以及家族社会地位的象征，家族势力作为一种村寨权威，其意义依然强大。

二　家族势力的拘囿

在龙塘，曾经拥有传统权威的个人，如牯脏头、"活路头"以及龙头（正月十五龙灯节的负责人）等都已被村委成员所取代，那些之前由这些传统权威所形成的村落组织，也渐被行政组织所代替。家族势力逐渐退出政治以及经济舞台，但个体依照血亲与姻亲编织起来的亲属关系网络，来确认自己的身份地位，这样的基本方式从未改变过，并深深地内化于人们的日常生活之中，成为个体之间重要的社会分界线而存在。个人的身份与地位，不完全因为其个人社会地位的改变而引起本质性的更改，以此得到他人的认同。按照村民的话来讲，那就是"黄牛就是黄牛，永远不会变成水牛"。

（一）酒堂与村小组

以血缘纽带组织起来的酒堂，与依靠地缘行政建立起来的村小组，并行存在着。酒堂代表的家族组织与村小组代表的行政组织，同时作用于村民的日常生活。

正如我们前文所提到的，龙塘大寨主要有"告丢"、"告别"、"告天欧"和"包诺"的四大酒堂。"告丢"酒堂有58户人家，主要成员包括：邰氏第一个祖公的后人，由杨姓改为邰姓的9户人家、3户王家、1户陶家，以及2户杨家共同组成；邰氏第二个祖公的后人，由1户潘家和2户廖家一起组成"告天欧"的酒堂；邰氏第三个祖公的后代独立成为"包诺"酒堂，而吴、龙、刘三姓和1户谭家合在一起是"告别"酒堂。

四个大酒堂又分若干小酒堂或一房人的酒堂。请多大的客、要请哪些人，这通常根据事情的性质还有自家的经济条件来决定。请大客一般是在婚丧嫁娶中进行，请一个大酒堂的人来参加，而像孩子办满月酒之类的就叫请小客。

例33. 我们酒堂有58户。请大客一般是儿子结婚，或有人去世，邀请全酒堂的人，一般姑妈来时就喊小酒堂。他们的小酒堂家户少，都是他们一房的人。（报道人：邰GM，男，56岁，苗族，龙塘大寨人）

村民在什么情况下请哪些人，哪些人该不该去是很明确的。以下是吴家与刘家"办好事"时的情况：

例34. 在龙塘最大的"办好事"就是老人去世，一般这种情况特别是全寨人都要去送老人上山，除了同为一个酒堂的，其他酒堂的人也有参加的。吴家酒堂叫告柳，全部为吴姓，是告别大酒堂下的一个小酒堂。他们分别住在第一和第二小组。吴姓分为两房人，一房有吴LW、吴ZH、吴ZD、吴LW、吴LC、吴LF等家。另一房有吴ZQ、吴LF家等。小客一般是办满月酒等，请一个小酒堂的人。有时也有一些意外事件，也是算小客。吴LD的女儿是个哑巴，2009年嫁到外省生了两个小孩，最近出了车祸被轧死了。他家的姨妈和舅爷来看望，吴LD就请了他这一房的人来陪酒。（报道人：龙GQ，女，65岁，苗族，龙塘大寨人）

例35. 刘家请大客时是吴家、龙家一起的。请小客有时只请龙家，但有时只是刘家本家的人。刘LJ请鬼师为其孙子栽花树，祈求孩子平安长大。像这种也成为办好事，请的范围就只有刘家家族的人吃酒，男人在一起吃酒，女人们分糯米饭，小孩子们分吃鸭蛋。（报道人：刘LJ，男，64岁，苗族，龙塘大寨人）

这些人口少的家户请客时，通常也会邀请附近邻居过来一起陪客，按照地缘邻里关系形成了新的小酒堂，这多发生在几个小姓的家族中。酒堂强化着家族血缘的界限，形成一个个独立的社会群体，彰显它内在的凝聚力。而身处其中的每一个体，通过"吃酒"这样的群体活动，彼此之间的亲属关系得到巩固与延续。

龙塘寨按行政管理划分为四个小组，这是在2003年由寨上的八个小队合并而来的。村民讲，当时是觉得小队太多，大家的负担大，便提议缩减数量。按照龙塘村民原有的生活居住习惯，以及血缘和地缘这样交织的社会关系，合并之后的小组，也基本是在这一原则下完成了组建，即"家族—小组"——大体对应的关系。如今，人们提到酒堂时也就习惯用小组来代替。正是因为这样的缘故，才有了将第一组指代"告天欧"酒堂，第二组代表"告别"酒堂，第三组是"告丢"酒堂，以及第四组的"包诺"酒堂等这样的说法。

村小组是依据地缘划分而来的，主要职能是组织人们对村寨内公共设施进行维护，传达村寨会议决策，组织生产的作用，对于本小组出现生产上问题都由组长解决。

例36. 旱田事件

第二组有一百多亩是旱田，第二组组长代表群众申请重修3000米的水道，把旱田变成水田。后村主任向水利局申请，2009年水利局同意批水泥给第二组。（报道人：邰CG，男，43岁，苗族，龙塘大寨人）

村小组除了负责生产活动，维护寨内的一些公共设施外。小组成员也经常利用在一起劳动的机会"吃酒"，在这一过程中酒堂的原则也会在小组活动中有所表现。尤其是成员之间出现所谓的交往禁忌时，[①] 村民也自有一套融通的办法来化解尴尬，那就是大家可以按照小组的划分一起劳动，却不在一起吃酒。

例37. 小组是按田地分，田地在一起就是一组的。2007年第二组去修水沟，校长家没有人去就付了二十元钱给小组，有一些去打工的人也付了钱，这些钱就由第二组的这些人去打平伙。（报道人：邰XZ，男，43岁，苗族，龙塘大寨人）

例38. 在龙塘这里，有酿鬼的人家很受排斥。哪个小组的一起打平伙，他们都不会一起吃酒，自己几家到一边去吃，不给他们打菜，他们也不敢过来要。（报道人：龙GQ，女，65岁，苗族，龙塘大寨人）

例39. 我家是后来"土改"都分完田地才来龙塘的，所以我家的地分到了第六组头道水。自己也不清楚什么是酒堂，谁家叫就到谁家去吃

---

① 巫蛊禁忌以及其他的身份差异。

酒，除了自己家别的汉族都属于第四组的。（报道人：邰 QL 妻子，女，60岁，汉族，龙塘大寨人）

酒堂作为个体生存的群体性保障机制，有着重要的社会意义，甚至某个家庭被赶出所在的酒堂，通过"疏远性的制裁"①，使被制裁人从互酬环节中被排除，这在苗族社会中是一种极其严重的惩罚措施。

例40. W 的第二个妻子去世时，出嫁的三个女儿抬猪过来。二女儿一直没有男孩，W 家的舅妈对二女儿说可以生男孩，二女儿就拿了几百块钱给这些舅妈打平伙。W 的儿媳对这件事很不满，便说她们不应该这么做。后来这些舅妈很生气，不让 W 家加入酒堂，W 家没有办法只好重新请客才恢复与其他家的关系。W 家出外打工的这些人，如果参加不了吴家的事，每年回家时都要拿出钱请吴家的人们吃酒，否则自己家再办什么事别人就不会参加。（报道人：龙 GQ，女，65 岁，苗族，龙塘大寨人）

在这件事上，村里的人都说这是 W 家家规严苛，但这也从另一方面反映出家族对于个人和家庭的重要性和依赖性。个体服从于群体，注重社会群体界限的存在，我群与他群的分界也就明确起来。

（二）酒堂的"出"与"进"

被隔出酒堂的家庭往往与不令家族满意的婚姻有关，两者是相互对应的。这更是男方家庭被赶出酒堂，或是女方被要求不可以回娘家原因所在。尤其是在关于"巫蛊"的事情上，个体家庭在酒堂的"出"与"进"体现得最为明显。

例41. 我和 T 家是一房的，我们一房的有一家是被排除了。因为他家不干净。T 的儿子结婚，女方家是不同意的。来的时候只杀了鸭子，有些人去了有些人没去，三分之二的人都没去。我们也没有隔那边，以后就看他们走到哪一步了，对他家只是有意见，但还没有搞他家，其实也没人敢搞他家（这一房的人都比较老实）。他家还有一个女儿没有嫁出去，也不

---

① 参见〔日〕栗本慎一郎《经济人类学》，王名等译，商务出版社，1997，第 161 页。

知以后怎么样了。（报道人：龙 LL，女，81 岁，苗族，邰氏第三家族成员）

例 42. W 那一房的还有一家，他本人是上了朝鲜战场的，后娶了外寨的一个姑娘，那姑娘家有酿鬼，家庭就变得低级了。他们酒堂的请小客或是挂重清都不会叫他们家，只有请大客时才会喊。（报道人：龙 GQ，女，65 岁，苗族，龙塘大寨人）

例 43. W 家及他的父亲和哥哥家，请小客时是不会被喊的。因为 W 娶的老婆家里有蛊。他的老婆是从外寨来的，但这个老婆是有蛊的，家族的人都不喜欢她，但 W 还是娶了她，所以被酒堂排斥在外了。W 家和他哥哥家也是一样的，W 的哥哥娶的是把琴的姑娘，家族的人不喜欢这个姑娘家，认为这个姑娘家低级，所以就排斥这两家，不喊他们两家。（报道人：龙 GQ，女，65 岁，苗族，龙塘大寨人）

个体家庭被隔离出酒堂，究其原因是与个体娶了有"巫蛊"家的姑娘，令家族不满的婚姻有关。此外，在被赶出酒堂的性质和方式上，多是将被赶的家庭隔离出小酒堂，不与他家一起吃酒、挂重清等。如果是以家族之名请大客，这样的家庭还是会被邀请参加。但大家都很清楚谁家有鬼或是有蛊，坚决不能对此进行公开指认。一个家庭娶了这样的姑娘会被赶出酒堂，这是家族成员内部处罚一个家庭的社会方式；而另一种方法就是，让出身"巫蛊"家庭的姑娘永远不准回到娘家去，或者让女方不认男方的父母，采取个人与其家庭彻底断绝的方式。

例 44. T 娶的老婆是 G 寨的 Z。Z 先嫁到了 P 寨，后来被退婚了。Z 与 T 是在广东打工认识的，两个人的感情很好，但 T 的一个家族的人都不同意。Z 家母亲有蛊，她哥哥家的女儿就是嫁给了酿鬼家庭，家庭不好。但 T 坚持要娶 Z，T 家就让 Z 与那边断绝往来。现在 Z 虽然有两个男孩了，但家族的人还是看不起她。后来他们家自己又盖了房子，从原来人口居住比较集中的大寨，搬到了对面人口比较少的坡上住。Z 有时在自家没人的时候，就偷偷跑回 G 寨看亲人。（报道人：龙 GQ，女，65 岁，苗族，龙塘大寨人）

例 45. T 嫁到外寨，两个人结婚时，两家都不同意。婆家那边的家庭不好，娘家人不让她回家。后来她生小孩了，她妈妈又生病，就让她回娘家来看望，但是娘家一家族的人还是不喜欢。（报道人：邰 DF，女，50岁，苗族，龙塘大寨人）

例 46. S 是开挖掘机的，每月可以赚四千元钱，一家生活也应该算是好的，已经有三个小孩了。但他老婆家却再也不让女儿回娘家。娘家认为 S 家的家族太小，这几家还不团结，连挂清都不在一起。虽然是一个酒堂的，有时都不互相在一起。像这种家族小又不团结的家庭，很容易变成酿鬼家庭，会抬不起头的。所以，娘家人就不让她回来。（报道人：龙 FQ，女，46 岁，苗族，龙塘大寨人）

例 47. L 的老婆娘家是有酿鬼的，所以刚开始他家跑到头道水去住，后来老婆死掉了才回来。现在 L 三兄弟都是被撵到东边的坡上住的，这算好的，只是撵到了寨子的一角落住，有的会撵出寨子。他们一组打平伙时都是他们三家一起吃酒不敢与别家一起吃。（报道人：龙 GQ，女，65 岁，苗族，龙塘大寨人）

例 48. M 第一个老婆是我们这儿的，后来娘家人不同意了，就离婚了。现在的老婆是 S 寨的，据说家里有蛊，但不乱放蛊，所以名声没有臭。她第一次嫁到了 J 地，第二次又嫁到了 B 寨，后都因为他们知道内幕，说她是有蛊的，就不要她了。（报道人：龙 GQ，女，65 岁，苗族，龙塘大寨人）

隔离与断绝家庭关系，这两种惩罚方式都是很严苛的。特别是出身这种家庭的个体，在婚姻择偶的选择上存在极大的限制性。姑娘找不到好的婆家，小伙子也找不到好的媳妇，甚至根本无法找到。唯有"巫蛊"家庭之间的彼此联姻，才能变相缓解传统社会带来的外在舆论和生活压力。尽管，国家权力的介入给龙塘村民的传统生活秩序带来了很多变化，但在现实中，传统生活中的诸多禁忌和社会规约依然起着决定性的作用。以至于对个人来说，家族的锁链是绝对性的，也无法挣脱。

三 以庙为中心：两种权威的借用

无论是个体、家庭还是家族，基于历史以及现实利益的考虑，会有选择性地依附于不同的权威，以获取最大的生存资源和社会地位。在龙塘，利用庙宇这个传统权威的资源，赢得自身所需之外的其他形式的利益，这样的社会现象尤为突出。

20世纪80年代，龙塘最早修复的土地庙是现第三小组的"告丢"土地庙。村民邰GM说，他家酒堂的土地庙在"文革"时期被毁，之后是由酒堂里的58户人家一起重建的。"以前这个土地庙很大，是龙塘最大的土地庙，另外两个庙还要小些，因为是偷着建的，不敢建大。当时是每家出了十二块瓦，那时候有钱也是买不到瓦，拉砖也是偷着拉，买这么多砖，人家是不敢卖的，每回只买六块，一次一次地从双井镇扛回来。当时路还不通，主要是怕政府管，到双井拉砖都不敢说。"①

可以看出，在国家对搞封建迷信大力控制之时，家族成员对于重建土地庙的那份渴求。因为在那个时候，"告丢"土地庙的所属成员，并没在村委中任职，也没有获得相应的外在职权，这就迫使这一支家族从传统权威中寻找依靠。但在修建这个庙宇的过程中，却引来了另一段纷争。

第三小组的成员，除了邰氏第一祖公的后人外，还有刘姓以及改为邰姓的几户杨家。杨姓是从台江县施洞镇的良田迁来，是怕被寨上的人欺负才自愿改为邰姓；以前住在离大寨较远的新、老路交叉口附近，1960年前后迁到寨中。

引起家族纷争的原因是，在修复庙宇三年后，庙里的土地菩萨不知事由地被扔到庙外的坡下。邰家认为是杨家所为，因为杨家一直想压制邰家，而且其他家族也没有必要这么做。经过土地菩萨被扔的事件，这支邰家妥协了，说是为了不伤和气同意杨家一起敬土地庙。② 这之后，既然杨家可以敬，那么同在一组的刘家亦可以敬那个土地庙，最后刘杨两家都有权敬这个土地庙了。

中寨邰家在无奈的情况下才让杨家共同敬庙，重建土地庙的目的是使自己家族的人看起来比较团结，增加在寨内的权威，重新塑造本家族的势力。但最后的结果有些遗憾，至于让刘家一起敬可以说是对杨家的一种反

---

① 资料来源：2008年8月龙塘寨田野调查。
② 这也从另一个角度说明，这支邰家在当地的权威已经开始衰弱，并不能和以前做"鼓藏头"时相比。

抗，也顺便给刘家一个人情，找回点儿面子。这似乎也在告诉别人自己是庙的主人，只有自己才可以有决定他人是否敬庙的权力。

例49. 农历九月二十七，他们一个酒堂的人一起来敬土地庙。（刘家敬庙却没有参加这次活动）当时的组织人有邰 FS、邰 GH、邰 CF、邰 CL、邰 GM、邰 LJ（邰 GH 的弟弟），这些都是有能力的人。邰 GH 在大办食堂时做过副支书，邰 FS 当过会计。当时每家收了二十元钱，并且其中 39 户还收了大米，但后来觉得米多了就没有收。（报道人：邰 GM，男，56 岁，苗族，龙塘大寨人）

相对于邰家修建土地庙，吴祖庙的重建不无巧合，这也是吴家失去村委会中优势时寻找其他途径的表现。

例50. 吴家祖庙是在每年的农历九月二十六日，全族人共同祭拜祖庙。祭品由全族商量决定，一般有鸭、鸡、猪等，祭祀过后全族人要在庙前一起聚餐。吴祖庙在 1952 年"土改"时被毁了，1996 年重修，主要是因为做事不顺利又重修了，又因为吴祖庙没有杂姓，所以心齐，很容易做事。（报道人：吴 ZQ，男，77 岁，苗族，龙塘大寨人）

相比之下，"包诺"庙一直没有得到重修，其原因除了归属权问题，还有本身"包诺"酒堂内部人员不和的问题。但本质上主要是这两支邰氏，在村寨内的权力阶层一直都没有失去过位置。如现任村主任家一直处于优势的社会地位，并不在乎庙宇的重建。而处于同一家族的邰 WJ 家，在龙塘处境不好，也没有足够的号召力重建庙宇。同时，有些家庭却积极地要求重新恢复土地庙，认为家境的不顺是土地庙未重建造成的，家族内部对重修庙宇的诉求也不尽相同。

例51. 邰 EJ 家最近自己家在敬庙，杀了一头猪许愿请求土地菩萨的原谅，害怕因不修复土地庙而遭受责罚。因他家祖辈原是主办土地庙的人家之一，土地庙在他们家的心中被认为很灵，是可以保护家族兴旺的。现在自己没有权势了，没有能力管修复土地庙的事。（报道人：邰 RT，男，66 岁，苗族，邰氏第三家族成员）

邰 WJ 家积极自发地去敬庙，与村主任家现今已经不去敬"包诺"庙，形成了鲜明的对比。在邰 WJ 家看来，他们生活的好坏是由"包诺"庙是否保佑所决定的。村寨中庙宇的重建除了所谓家族成员心是否齐之外，另一个重要的原因在于各个家族的生存状态。当人们无法在国家行政体系内，找到自身家族的立足之地时，人们便会感到自身潜在的或已经处于一种弱势地位。这时各个家族都会寻求新的途径，通过展演自身家族的能力建立界限与内聚力，引起寨里人们的关注，重新树立家族的权威，邰家第一个家族就是一个很好的例子。同时，杨家作为外来者，主动把自己改为邰姓，这种行为被村里人瞧不起，许多人都在强调他家原来不姓邰，就像是对邰 GM 家原来不是苗族一样。当同在一组的邰家建庙时，杨家有被排斥的威胁。

能在村寨路口建护寨土地庙的家族，是那些在寨中有根基、有地盘的大家族才可以办到的事情。虽然有家族在"土改"时被打倒了，但传统权威并未完全消失，如坡上的土地庙依然归属于邰家，别人则无权重建。又如廖家在头道水的土地庙，现在已无廖家的田地，而现在的土地庙也是当地人重建的，村民依然可以去敬，只是把此庙降了一个等级。头道水的人视为护寨的大土地庙，在龙塘大寨人眼里却是用来敬桥的。

庙宇归属以及姓氏的划分，带来了以庙为中心的等级地位以及神力的差异。杨家作为原来在寨上弱小的姓氏，在当地社会秩序被打破时，找到了新的获得自身崛起的机会。如今的杨家希望自己的生存资源可以扩展，扩展到和拥有传统权威的大家族一样的资源。土地庙对杨家来讲是种权威物化的标志，可以敬坡上的土地庙，就意味着自己村寨社会地位的提升。杨家为更彻底地改变一个外来小姓氏的弱势地位，从改变庙宇的祭拜权到归属权，最后到调整村寨对庙宇的历史记忆，为自己家族重新规划地位。

随着时间的推移，有些庙的归属也成了问题，就像"包诺"庙一样。基于以上种种表述判断，这个庙似乎应该是邰氏第二家族的，但事实上却归第三家族所有。原因在于，一方面这个庙处于邰氏两个家族居住地的交界，离第三家族地盘更近一些；另一方面是，现任村主任家就是出自第三家族，村主任家在村内拥有的社会地位，也使人们自然而然地认为那是第三家族的庙。国家权力的进入对村寨原有的社会秩序产生了诸多影响，这也给一些人带来了新的机会，并靠着外部权威给自身的成功找到了途径。但这却打不破传统的文化固守，逃不出家族的限制。现代权威与传统权威双重作用下，无论是对个体、家庭还是家族本身都增加了变数，村民也不可能完全按照原有的传统的社会秩序去生活，他们不得不参与到对新一轮生存资源的竞争之中去。

土地庙作为家族权威的象征，对它的等级的解读，更是在这种新形式下出现了另一表现方式。正如村民在原有的等级之内重新解读，发现村主任这一家族在村委会一直留有一席之地后，人们也希望村寨内最高等级的土地庙也是属于他们那个家族的。如今国家加大了对农村的投入，加之市场经济观念等因素的影响，人们可以获得资源的渠道变得更加多元化。然而，在面临挑战与机遇并存的当下，龙塘村民又如何选择最终道路呢？

第四节　多元性权威的建立

在国家权力以及商品经济观念等各种因素影响下，个体之间的界限也随之发生了微妙的变化。不同的权威来源，使社会身份可以重新定位，也带来了更多可以流动的机会。个体、家庭甚或是家族也努力地抓住尽可能多的权威资源，以此来稳固和增强他们的社会地位。

近些年，政府给予了龙塘诸多的惠农政策，如稻鱼工程、粮农补贴、房屋重建补贴，进行寨内街道硬化以及公共场所的修建等，加快了龙塘的发展。面对这些种种利民优惠政策，村寨内一些"能人"也开始跃跃欲试，借助政策上帮扶，努力成为"上等人"，以提高自身的村寨地位，改变原来的生存状态。

例52. 我四岁时跟父母离开龙塘去了凯里。成家后和妻子一直在上海打工开店面。最后我还是回到了龙塘，觉得在外面终究不是久留之地，因为随着孩子的长大教育费用越来越高，一家人无法在那长期生存。我这次回来带了一些资金和人脉准备回家来创业。利用龙塘的良好的自然资源，搞副业养猪、养鸭、种植蔬菜等。现在一家重庆老板支持我搞养殖，我打

算明年养一百只羊，租下龙塘附近的山地在附近放养。（报道人：刘 H，男，33 岁，苗族，龙塘大寨人）

利用国家政策，在外界商业精英的支持下，开创自己的事业，对刘 H 来说是最好的选择。这次回乡创业，刘 H 本人也说自己几乎把全部的积蓄都投在了龙塘。虽然他出生在龙塘，但他爱人的侗族身份，使他一家至今还没有被村民们完全接纳，这让他在各个方面处于比较尴尬的境地。他想要实现自己在家乡搞事业，要付出比当地人更多的心血。不仅要有先进的经营理念，而且还要打通当地社会文化圈，得到大家的认可，以获得社会资源。

如果说，刘 H 想发展自己的事业需要寨里人们的支持。那么，汉族邰 QL 家的做法更是靠经济，改变自身在龙塘的社会地位而获取人们的尊重。

汉族邰 QL 的妻子，在她小的时候，父亲就过世了，后随娘改嫁到了别处，最后带着丈夫回到龙塘。村里并没有给她分田土，说是姑娘没有继承权。她就开始闹，闹了半年，最后也只分得了一小部分。为了维持生活，她上山砍柴，发现后就被罚了钱。用她的话说"家里没权没势，自然就有人欺负她"。由于她家住在村寨的水源附近，大家对她家的用水监督得极为严苛，只要是到河里伸一下手，被人看见，就会遭来谩骂和指责。村里人一直瞧不起她家，她也只好忍气吞声。她做建筑生意的大儿子，近几年有了积蓄，花了十几万元建起了村里最漂亮的三层砖房小楼，这多少引起了其他村民的羡慕。

2009 年 4 月我们再去龙塘的时候，小楼已经完全盖好了。邰 QL 家的大儿子、媳妇都在外面工作，平日里只有他和妻子及小儿子在家生活，盖好的房子一直空闲着并无人居住。从被人瞧不起到盖成村里最漂亮的楼房，可以说，这个小楼完全是为了争口气而盖的，其中的象征意义也不言自明。生活宽裕、经济富足成了证明自己社会地位最有力的存在。

和其他地方一样，早在 20 世纪 80 年代龙塘就有年轻人开始外出打工。市场经济的价值观念也冲击着那些出去的年轻人，这也成为个人摆脱传统束缚的手段之一，尤其是在个人的婚姻大事上。跳出传统的婚姻限制，与以往相比有了更大的自由权。

拥有一项特殊的技能也是一种获得社会地位与资源的方式。龙GQ是廖家的媳妇，从38岁守寡已有23年，尽管廖家如今在龙塘只有两户，但她在龙塘也算得上一个知名的人物。读过初中的她是村里少有的文化人，结婚以前在镇里做过文书的职位，能说会道。她还能辨识草药，会做一些巫术。因此，村里有人病痛或是遇到什么困难，需要写材料都会找她帮忙。如帮写一份救助申请；又如邻居家儿子的摩托车因无照驾驶被交警大队没收了，请她帮忙希望通过她的关系可以赎回车；再如哪家有小孩子晚上哭闹也都会来找她等。也正是因为她的办事能力和开朗的性格，结识很多来龙塘的外界官员，让她在龙塘有了一定的威信。①

无论是传统的地方性知识，还是现代的文化知识，都成为龙GQ在龙塘可以获得人们认可与接纳的手段，而这些知识也给了她扩大社会关系网络的机会。由于她的热情好客，外人来到龙塘也多愿意住她家，这其中也包括我们。正是在这些人际交往中，她在村寨成为一个不可忽视的角色。

同样拥有一技之长，J的才能却没有给她带来同样的好运。她擅长画"乌姆席"，画好后剪纸做刺绣。在追捧传统技艺的今天，人们对纯手工的东西越来越重视，到龙塘来收购苗衣服的外地人，无论是研究人员还是商业人员也颇多。J的手艺可以说是令人羡慕的，但她的技艺并未给她带来财富与当地人们的认可，反而成了她的负担。

例53. J的手很巧，很会画乌姆席。后来做了一件乌姆席的衣服，很好看。人家来看都是要钱的。有一个游客，要花三万元钱买她的衣服，但后来可能听说她家不干净就不要了。寨上的人们就传，说是因为她家是酿鬼家庭，卖两三百元人家都不要。J个性是很倔的，后来她因为这件事情说，就算是给二三十万也不会卖掉的，以后也不给人家看了。J本来以自己的能力可以获得人们的尊重，在寨子中找到自己的位置，希望大家可以接受自己，但是她的能力却没能帮上她的忙。（报道人：龙GQ，女，65岁，苗族，龙塘大寨人）

---

① 这一点，我们深有体会。当我们在龙塘调查时去了几次WLW家，都没有什么进展，后来与龙GQ一起去，境况才有所改善，我们的多次调查也是在龙GQ的帮助下才可以顺利完成。村里人对她办事能力的肯定更是毋庸置疑的。

在龙塘，人们可以依赖的权威形式是多样的，不管是否成功人们都在努力利用各种权威形式，扩展自己的生存空间。

小　结

龙塘苗寨的"地鬼"信仰，具有自身的特点。人们对于土地菩萨的称谓更多是为了表明其善鬼（神）的含义，这是苗族与汉族两种文化相遇时互译的结果。在汉族的信仰观念中，民间未被认可的鬼怪都要努力地成为正神，即国家信仰体系中的一员，获得一个国家承认的政治身份，成为"帝国的隐喻"[①] 的象征。但是，龙塘的"地鬼"却并无此愿望，"地鬼"没有成为国家信仰体系中的一员，也不需要国家认可其政治身份。

土地庙重建与祭拜程度差异，折射出人们对社会力量本身的崇拜。在对"土地菩萨"的信仰过程中，血缘组织的权威得到再生产，整个村寨内部的社会界限得到强化，并在其过程中使深藏于社会现象之下的社会结构与其秩序得以展现。村寨传统社会关系网的稳定性，是身处现代社会的人们在借用多种途径获取生存资源时，依然倾向于传统权威的根由。由此可见，在当下乡村中各种传统文化的复兴现象，其背后有着重要的社会根源，而这种网络关系生成出来的权威形式对乡村社会的建设依然具有重要的指导意义。

---

① 〔英〕王斯福著《帝国的隐喻》，赵旭东译，凤凰出版传媒集团、江苏人民出版社，2008。

第三章　民间节日运作与权力博弈

　　随着旅游业的蓬勃发展，民族特色文化旅游在近年来备受推崇，远离现代城市喧嚣的民族村寨在这一背景下日趋被卷入商品经济的游戏规则中。在政府与市场的主导下民族文化从人们的一种生活方式成为一种"商品"，一种可以获得经济利益的资源。而与此同时，作为文化的持有者在文化商品化过程中也渐失去了其主体地位，成为被"看"和被"凝视"的对象，政府与市场等外界力量则主导着民族文化的内涵及其发展形势，文化资源成为当地居民和政府以及市场争夺的焦点。当民族文化成为利益可图的资源时，其主体性的归属问题亦关联着各自政治抑或经济方面的诸多诉求。

　　基于此，面对民族文化商品化、资本化的过程，当一种立于生存的基点建立起来的文化，转变为一种进行价值交换的商品时，民族地区人们的生活有着怎样的变迁？旅游业在给民族地区带来新的生存资源的同时又带来了怎样的社会问题？本章的内容也就此展开，以清水江流域施洞地区的独木龙舟节为例，来探讨旅游背景下传统的民族节日的现状，以及在文化商品化过程中利益主体的权力博弈。

第一节　施洞地区独木龙舟节

　　"划龙舟"苗语称"qab niangx vongx"，汉音译为"恰仰翁"；其中，"qab"有划、疏通之意；"niangx vongx"是龙舟。龙舟竞渡之后，亲朋好友会在一起聚餐，这称之为"nongx ngix vongx"，汉音译为"弄尼翁"，即

"吃龙肉";① 主要盛行于今黔东南清水江流域的镇远、麻江下司、台江施洞等地区。施洞地区的划龙舟是以台江的施洞镇为中心，上起施秉平寨，下至清水江岸的平兆以及小江河的嘎等、榕山等地，影响范围波及清水江沿岸以及巴拉河上溯十余公里的两岸共60多个村寨。

有关龙舟节的文史资料，清乾隆时期《镇远州志》载："清江的苗人于五月二十五日作龙舟戏，形制诡异，以大树挖槽为舟，两树并合而成。舟极长，约四至五丈，可载三四十人，皆站立划桨，险极。是日，男女极其粉饰。"②"好斗龙舟，岁以五月二十日为端午，竞渡于清江宽深之处。其舟以大整木刳成，长五六丈，前安龙头，后置凤尾，中能容二三十人，短桡激水，行走如飞。"③ 又"本县施洞口一带边胞，于每年五月二十三日，有划龙船之举……龙船为独木舟，其形式与普通船异，闲时妥慎收存，届划龙船季节，始能使用，每届划龙船船数无定，大概每一较为接近之宗族，有船一只，惟以族中分辈登高声大者二人为船首，留时听其指挥……其竞赛系在水中，竞渡以胜利为荣，往往有为争胜利曾坠河而死，亦不以为意，且其俗以为坠河者，则多年岁愈益丰稔，太平，若坠死独子，尤为大吉大利，故往往竞争而死。划龙舟是，男女艳装观览，盛极一时，船主之亲友咸来庆贺，并馈赠猪羊鹅等礼物，各村人客，大至畅饮，往往达旬日之久。"④

施洞镇位于台江县城北38公里的清水江南岸，与施秉县的马号乡隔河相望，是台江县重要的古集镇，政治、经济、文化中心。全镇总面积108平方公里，辖20个行政村、1个居委会、45个自然寨和96个村民小组，总人口1.69万，其中苗族人口占98%，是典型的少数民族聚居区。施洞，苗语称"zangx xangx"（音：展响），意为"贸易集散地"，清水江主要码头之一。施洞古时叫狮洞口，相传很久以前，在今施洞对岸山上，有一头很凶猛的狮子，经常危害人畜，当地人将其捕获后，把它埋在山上，后修

---

① 又称"nongx vongx nangl"（汉音译为"弄翁囊"），即"过下龙节"。其中，nangl是"下方"（东方），意为苗族远古先民居住过的遥远的东方，指清水江苗族龙舟节这一古俗已在下方形成，并非当地的苗族独创。
② （清）徐家干著《苗疆闻见录》，吴一文校注，贵州人民出版社，1997，第171页。
③ （清）徐家干著《苗疆闻见录》，吴一文校注，贵州人民出版社，1997，第171页。
④ 贵州省民族研究所编《民国年间苗族论文集》，1983，第177页。

一庙宇将其镇住，以示永不得翻身。由于靠河的地方是狮子洞，洞口正对着今天的施洞镇，故得名狮洞口，后改称施洞。①

施洞地区的龙舟节是当地特有的节日集会，在中华民族的文化版图上占有重要的一席之地。早在20世纪的五六十年代，就有国内外的影视剧组前来拍摄纪录片。改革开放以来，每年更是有数以万计的中外游客、专家学者，前来感受苗族龙舟节的独特魅力、领略苗族风情。

第二节 龙舟节的传统性表达

每个民族都有着自身的文化去维系人们的生产与生活，是社会秩序正常运作的保障。节日是民族文化集中表现的重要外在场景。在施洞地区的龙舟竞渡过程中，龙舟既可以代表一个村寨，也可以是一个血缘组织。它们之间的比赛更是村寨或各个血缘组织之间的社会竞争。通过划龙舟，我们既能看到施洞地区苗族的信仰、服饰、体育竞技、传统工艺等文化现象，亦能由此探究苗族社会文化的深层结构与秩序。

一 "龙"的神圣性建构

龙舟并不仅仅是一只供人参赛的船，而是有灵性、有生命的"龙"。人们从制作龙舟到龙舟的下水仪式都遵循严格的程序，认为只有这样才能使龙舟节顺利进行，并求得年景风调雨顺。

（一）龙舟制作

龙舟制作材料的选择非常慎重且颇有讲究。龙身由三根高大、笔直并挖成槽形的大杉树并列绑制而成，龙头龙颈用弯如新月形、质轻且韧的大水柳树②来刳空雕刻。木料的选择，除了要高大挺直外，还要选那些长势

---

① 参见台江县志编纂委员会《台江县志》，贵州人民出版社，1994，第44页；台江县民族宗教局及施洞镇文化站内部资料。
② 苗语称"动加机"，选择水柳树是因为其木质不脆，易雕刻。

匀称好看、枝叶繁茂且没有被雷击过的大树。① 这些木料如果本寨没有，则须向外寨购买，价格要比一般的木料高出一倍至几倍，有的还要用一头斗牛换。芳寨一村民说，20世纪70年代，偏寨的龙舟木料是从施秉县的鸡旦寨买来的，芳寨的龙舟则是在台江南宫②做好的。用于雕龙头的水柳树比较好找，选中以后，如果树主不愿卖，那么就偷砍，即使被发现了，树主也不责骂。但偷砍者一定要把一篮糯米饭、一只公鸡、一壶米酒放在树下或送到他家，作为礼信和酬谢。

砍树要求甚严，砍伐时鸣锣烧香祷祝。首先要由当地巫师（鬼师）选择砍树的吉日，其次要由鼓主家准备一些糯米饭、一只活公鸡、一只雄鸭、一块刀头肉、一尺青布、一绺丝线和生麻、一壶酒以及香、纸等交给砍树人带去敬树神，请山神、树神受献。然后由一个知古规古礼、富贵双全的老人向树做砍树前的祈祷。这些都做完后，由一名事先选好的有福之人③先砍一斧，然后大家才开始砍树。在砍树中，要使树梢倒向东方④才算吉利。砍做龙头用的水柳树时，仪式相同。树砍好运回途中，沿途亲友都要用酒迎接，赠送鸭、鹅，还要把一匹长约一丈的红缎系在龙树上，大家互相唱着祝贺的歌。运到寨子时，全寨男女老少用酒、肉、绸缎来迎接，欢呼着"龙来啦，龙来啦"。最后，鼓主家要设宴为砍树人洗尘。

龙树运到寨子后，即选吉日制作龙舟。先要备一只白公鸡、香、纸等礼品敬保护神"嘎哈"，以求保护龙舟制作顺利成功。之后，请木匠师傅发墨⑤，划好尺寸后由氏族和寨上青壮年男子帮忙制作。龙舟的船体是三合一的母子龙舟，母船位于中间，两旁是子船，母船长21~24米，前部衔接龙头处离水面0.9米高，尾部围长1.28米，宽约0.7米⑥。龙舟的中间隔成六个舱，里面可存放节日时亲友赠送的家畜、家禽等礼物，还有鼓主家给舵手们的午餐等。两个子船较小，长约15米，宽约0.5米，是桡手们

---

① 贵州省民族研究所编《民国年间苗族论文集》，1983，第177页。
② 南宫为台江县一地名。
③ 规定为父母双全，有一双儿女的中年男子。
④ 因为东方是苗族迁徙前的老家。
⑤ 此时木匠师傅的妻子一定不能在孕期或产褥期。
⑥ 龙舟数据引自台江县文化局，以下同。

站立用桡的地方。龙头置于母船前端，长3~4米，直径约0.3米，具体大小视龙舟的舟身大小而定。龙头上雕有角、耳、鼻、眼、腮、胡须等。龙颈下部剜空，再以小木板封住洞口，便成逆鳞状。① 颈背刻龙鳞，涂着金、红、黄、绿、白各种颜色，并嵌上小玻璃片，闪光生辉。龙眼珠嵌上小镜片，使其炯炯有神。龙嘴里有一个活动的珠子，嘴下悬吊一个红绣球，龙头昂扬朝天，栩栩如生。最具有特色的是，龙头两边安上一对弯弯的大牛角②，左右两只角上还要分别写上"风调雨顺""国泰民安"等吉利话。

这些都初具规模后，木匠师傅要详细审查并加工修整，最后桐油上漆，整个造船工作就完成了。制作龙舟都是义务工，只需给雕匠的师傅一篮糯米饭、一只红公鸡和一壶酒作为答谢。

龙舟做好后，除了祭祀和庆祝之外，还要拉至江中试划一次。全氏族和寨上各户凑钱购酒办菜举办欢宴，最后把龙身抬到龙船棚里停放，龙头抬到本届鼓主家保存，等到龙舟节举行过隆重的祭祀仪式后，才放入清水江练习和正式划行竞赛。

（二）出"龙"仪式

龙舟节的仪式主要是龙舟开划仪式，又叫出"龙"仪式。每年农历五月十八或十九日，沿江各寨子要把龙舟移至河中，擦拭一新。到二十三日，用篾条将母子船并列捆在一起，龙头安放在母船前端，用铆楔套合、竹篾箍紧。二十四日清晨举行出"龙"仪式：鼓主备一只白公鸡、三碗米酒，一元二角钱，一块刀头肉以及香纸，放在河边方桌上。桌子脚上捆有一根剥皮去叶、上面留有三个丫叉的五倍子树，一束白纸剪成纸串，三棵芭茅草。根据苗族传统观念，五倍子树象征上天的天梯；三个丫叉，象征三个神，即飞神"香达"、跳神"嘎哈"，还有一个请雷公的神。祭祀由手持黑伞的巫师主持，众人手持芭茅草参加。③ 巫师面对龙舟念经，先唱古歌里的《十二个蛋》和《跋山涉水》词，然后念："我手里拿只白公鸡/

---

① 据说若不掏空，船龙将与水龙相斗，实则掏空后可减轻船头的重量，有利竞渡。
② 苗族传统观念，认为龙有水龙和旱龙，旱龙即水牛，故龙舟安水牛角。
③ 余未人：《苗人的灵魂——台江苗族文化空间》，黑龙江人民出版社，2005，第48页。

一罐米酒甜蜜蜜/这山叫一叫/那山喊一喊/请你们下来保龙船/让它平安游大江/向前石不挡/掉头草不拦/身子光滑像石板/来去稳如胜久山。"① 事毕，巫师把白公鸡杀死，用鸡血淋五倍子树，并摘取鸡翅上的羽毛夹在树丫叉上。鸡煮熟后烧香纸祭祖。接着，龙舟在寨子附近的水面划上一圈，然后放三声铁炮，才起程去比赛地点。

老人们讲，现在有些寨子开划时已不再祭祀，只在上龙舟前由龙头大喊三声："兄弟们！划龙船去了喽！"大家便启程。龙舟出发前，都要用三炷香、三碗酒、一块刀头肉来敬龙，然后放铳炮启程，中途不能停顿休息直至终点。回到终点后，还要把放在船尾的一束芭茅草高高举起并投到江中。至此，试划仪式就结束了。

例54.（龙船）下水时要请鬼师看时辰，一般都是早上八九点下水，下午两三点敬龙神。鬼师念经，大致意思是保佑寨子团结，老人长寿，身体健康，小孩读书聪明，粮食丰收这方面。用三杯酒敬水龙神，将白纸剪成纸串挂在杉树上，三碗熟猪肉，敬菩萨、龙神。还要用芭茅草来驱邪气，鬼师在每个划船人的身上扫一扫，出发时候把芭茅草挂在龙尾保平安。（报道人：刘YW，男，黄泡村人，镇办公室工作人员）

例55. 龙船下水的时候，要一只大白公鸡，能叫的，还要一把茅草来驱邪。鬼师念咒语，呼唤水龙、旱龙、山神、水神，来支持我们木龙，保佑一帆风顺，祈求当年五谷丰登。然后砍一只鸡翅膀，用五倍子树杈夹起，这样是让龙永远腾飞。因为，放炮用的火药是用五倍子树烧成灰、拌着硝和硫黄做成的，用五倍子树烧成碳才有火力。所以，做龙舟时候也要用这种树。（报道人：刘CQ，男，62岁，芳寨人）

由此可见，每只龙舟不但具有观念上的神性，它背后更是代表着一群以血缘关系为中心建立起社会网络的人们。"龙"的神圣性权威、划"龙"的好看与否、龙舟竞渡的输赢，都是每一个人群外在的衡量标准。广阔的清水江上穿过的不仅仅是龙舟本身，更是龙舟代表的群体及其尊荣。

---

① 此为施洞地区一个山名，唱词引自台江文化局资料。

二 家族血缘观念的强化

划龙舟通常以一个血缘家族为单位，但也存在以地缘为单位结成的龙舟群体。有的寨子虽大，但由于各个姓氏居住杂乱，家族人口少，人力物力不济，可以将寨子按照一定的划分标准分成若干片，如上寨、中寨、下寨等各制一条龙船参赛。

例56. 寨子的龙舟一般有三种分法：一是按人户数，一般一个寨子一只龙舟，200户以上的一般有两到三只龙舟。二是按排①，一个排一个龙舟。三是由酒堂划分的，几个酒堂一般就有几个龙舟，八更只有六七十户人家，就有两只龙舟。在偏寨，三个酒堂就有三只龙舟。（报道人：张ZC，男，58岁，偏寨下排人）

龙舟竞渡每条船上有鼓主1人，锣手1人，撑篙1人，理事1人，舵手1人，桡手32人（两只子船各有16人）。

鼓主：身着夏布长衫，外套镶黑边（也有红、黄、青等色）的绒背心，戴墨镜，头顶宽边斗笠，颈挂银项圈，手提一面龙鼓，坐在母舟前端，背靠着龙头。在龙舟划行中，鼓主有节奏地敲鼓。鼓声之后，锣手紧接着敲一下锣，形成"咚咚哆"的响声（咚为鼓声，哆为锣声）。鼓的节奏有二下、三下、五下、九下四种。行进时多以两下、三下、五下节奏为主，比赛的时候敲三下、九下鼓点，以制造紧张气氛，指挥激发桡手挥桡划船，奋勇前进。鼓主既是龙舟上的主角，又是龙舟比赛的组织者，由全寨民主选出的那些有威望、受尊敬的长者担任。

例57. 选鼓主的综合条件就是选那些已生儿育女的青壮年男子，家庭要人丁兴旺，家境要好，这样才有福有财，也要为人正直、办事公道。今年（2009年）我们偏寨中排的鼓手是82岁的张GZ，他有一儿四女。鼓头要选女儿多的，就是姑妈多，这样才好看。鼓主戴着一个草帽，把胸脯挺

---

① 排与酒堂类似都是苗族的血缘组织，多为一房或几房人组成，亦有因人数问题根据地缘而结成。

起来，表示大家要努力。划龙舟期间大家全是吃鼓头家，他负责伙食。选锣手也都是由鼓主自己去选，一般都是选鼓主家族的人。龙船上敲锣的娃娃，龙舟结束后要提一只鹅给这个娃娃家。煮饭的那些人也要有儿有女的才好，表示又开花又结果。（报道人：刘 ZM，男，56 岁，偏寨中排人）

例 58. 龙船要有打鼓的才好看，这样一敲别人就都知道了，"咚咚哆，咚咚哆"，别人听到才来看。选鼓头的时候，要这个人在寨子里（表现要）突出一些、老一点、勤快点，能起带头作用。他家还要有多个姑娘，这样她们嫁了才有多个姑妈接龙，姑妈要拿猪接龙的。其他人都是要鼓头同意并且喜欢的，比如负责船尾的需要好技术，让鼓头去选。划船人的就不用特定地选。那时候敲鼓，谁敲谁就请全寨的人吃饭，也是大家送你打你才打，就是大家觉得你家能打得起，才送你。到时候整个寨子的男人就把鼓送你家了，你家接了就是鼓头了，要请这些人吃饭。鼓是谁敲就放谁家，来年的时候再送下一家。放鼓请鼓的时候都要放炮，还要唱歌。（报道人：杨 XC，男，71 岁，杨家寨人）

例 59. 鼓头是哪个年龄老哪个去，愿意去就去，不去就再选一个。鼓头的衣服是自己的，银子也是自己的。鼓是集体筹钱买的，明年谁敲，就放在谁家。选定他时，放鞭炮把鼓送到他家。如果个个不接受，就随便先放哪家，再来选鼓头。做鼓头家族之间没有什么争的，村里自己给大家排队，没有必要争，也没有能力争啊。比如你我都想做鼓头，你没有我经济雄厚，你就靠边；再看亲戚多不多，还要年长一点的。争的话就按各项指标来排队，大家来公选。（报道人：刘 SL，男，芳寨人，镇文化站工作人员）

鼓主拥有至高无上的权力，从龙舟的组织到人员的选择，甚至是煮饭的人都是要他亲自去选。这种特有的权力是传统赋予他的、是大家默认的，也内化在人们心中。

锣手：由一男扮女装的男童充当，他戴项圈，穿银衣，坐于鼓主对面的龙颈和船身连接处，伴着鼓点敲击铜锣。锣绳挂在一根雕有小龙的木柱上，与鼓主应着鼓点节奏敲打，合成为"咚咚咚咚咚"的鼓点。

例 60. 锣手要那些家里生活条件、说话办事方面都好点，有钱一点的人家。因为他要穿女装要戴银子，家里有钱银子才多嘛。锣手选年龄合适的，一般十一二岁，也不管属相什么。年纪再大点的就不好看了，小的又不懂事，还比较危险。要选长得漂亮一点的，这样看着有人才。敲锣有人教，一般教几下就懂了。男孩子不一定是鼓头家孙子，如果是他家里的孙子，会隆重些，面子大；如果他家没有年龄合适的，就选用别人家的。别人家也乐意，这毕竟是面子啊。（报道人：李 DB，男，53 岁，偏寨下排人）

炮手专门管放铳炮。他腰间挂着装有火药的大牛角，主要任务是配合龙舟在划行中渲染气氛。篙手则要选力气大、识水性的人。个别篙手也兼收礼物，另备两根竹篙，分别架于龙角之上，遇有鼓主亲友赠送礼物，就将竹篙伸向岸边，接收礼物后悬挂在龙头、龙角、龙颈上。

例61. 拿篙的人就是龙头，要力气大、会撑船的，也要个头大一点。今年我们寨子是杨 BH，整个寨子都同意选他。现在寨子里有七八个都会撑。篙手要有点技术，说话声音要响亮，也看他办事有没有能力，是否公道，说话算不算数，有没有领导能力才行。（报道人：杨 XC，男，71 岁，杨家寨人）

例62. 掌篙的也不一定是鼓头家儿子，主要是选那些会掌船的。因为有暗滩，有岩石什么的，要会拿竿子的，一撑船就会划走，又能避开岩石，这些人都要有技术的。划龙舟从开始到收尾都是他们负责。（报道人：刘 YW，男，黄泡村人，镇办公室工作人员）

理事：主要负责接收、登记鼓主亲友们所送礼物，以便节日结束时，鼓主好依次还礼，也有请篙手兼任。

桡手：分立于两只子船上，母船船尾另有四名桡手，都由中年男性担当。穿着特制的家织布对襟短衫，蓝色裤子，忌卷裤脚。[①] 腰缠银泡花带，头戴高尖顶斗笠，帽檐插一个长尾小银雀。以前的桡手还身披蓑衣，头戴纸糊斗笠，以示求雨。龙船上的桡手一律站着，不能坐。

---

① 若卷裤脚，即怕雨水打湿，对求雨不利。

舵手：由力气大、水性好并善于应变的人担任，任务是掌握船行方向，掌控桡手用桡的快慢节律。

例63. 船尾的五个人，按道理来说，只要鼓头家有人还选他家的，没有就要请别人家的。这些人要掌舵好，这样比赛的时候才不会犯规，才不会碰到别人的龙舟，掌舵全靠船尾的人。龙头龙尾都要很有技术水平，要看得准龙舟行走的方向，龙头下水不看方向，上水要看，龙尾的人是舵手。因为下水的时候，龙舟走中间，龙头要看龙尾的人，龙头不管事，要靠龙尾的人掌舵。中间的水手就用力划就行，要步调一致，要用力统一。（报道人：张ZC，男，58岁，偏寨下排人）

传统上，主办龙舟节的人叫"鼓头"而不叫"龙头"。因为龙舟节是以"鼓"为单位主办的，而苗族传统观念是以鼓作为血缘组织的代表，所以称主办人为鼓头。每个鼓头手持一个小鼓，作为身份象征。鼓头是由各血缘组织推选而来。其办法是：每届龙舟节结束后，原鼓主杀猪办酒打平伙①，并决定下届鼓头，认为谁威望最高，就选做下届鼓头。此时，原鼓主将鼓送到新鼓头家，一是报喜，二是请他保存鼓。同姓家族按资排辈担任鼓头。通常情况下，大家都不会放弃当鼓头的机会，因为当鼓头是件很荣耀的事，能得到大家的尊敬。但当鼓头也很不容易，必须由那些德高望重、亲戚女儿多，家底又厚的人担当。这样不仅能给龙舟增加荣誉，收到的礼物也多，也有财力招待客人。轮到那些经济较差的人家当鼓头，他有意放弃时，其亲友会在财力、物力上尽力支持。

为了解决当鼓头的困难，过去办龙舟的寨子，都设有专门的公共的田、土、山、林等作为资金来源。当然，有些人实在太困难，不愿意当鼓头，也不勉强，只得另选。新当选的鼓头，要备办点心糖果，亲自或派人通知亲戚朋友，或在赶场时告知客人，再由客人互传，这叫作"通气"。目的是希望所有亲朋故友都来支持自己当鼓头，明年划龙舟时，多送礼物，让自己有面子。

从农历的五月二十五日起，各只龙舟都要划到事先约定的地点去参加

---

① 即宴请全体龙舟成员。

比赛。龙舟所过，两岸村寨人们纷纷跑来观看，亲友们要放鞭炮，送红绸、鹅、鸭等礼物接龙。姑爹要送一头猪，到龙舟结束时候鼓头家回敬一只鹅。送礼的亲友还要向鼓头和舟上所有人敬酒，同时用苗语唱道："天天等龙来/今天龙来了/龙来龙心好/送来百把个好儿孙/千万个娃娃给父母亲。"①

龙船上的鼓头、龙头、锣手是比较引人注意的三位。鼓头敲鼓、龙头掌篙、锣手敲锣，整个龙舟节才热闹好看。以前划龙舟是一家人来做，鼓头、篙手、锣手一般是祖孙三人，即使不是嫡传的祖孙，鼓头也会选自己本族内的子孙，这样家族才有面子。

例64. 以前的时候龙头、鼓头、敲锣的是祖孙三代，全是他家的人。你家做鼓头，亲戚都来送鸭、鹅、猪、羊。那些家里有吃有穿比较富裕的，要名誉，就送牛。现在改革了，都没有搞，现在是全寨人集体打鼓。今年小河（榕山）还有一家这么搞的，就是鼓头一家做，请全寨的人吃饭。现在大部分都改了，没有那个事（鼓头一家做）了。（报道人：杨XC，男，71岁，杨家寨人）

例65. 现在，一个人接龙头的就叫个人打鼓，不是个人就是集体打鼓。个人打鼓的，就买些糖去散，通知他家的亲戚说"明年我要打鼓了，请你们给我挣些面子"。这样，到打平伙时候，他家亲戚接的猪，不管多少，我们打平伙只要其中一个最大的，其他的都是他家的。集体打鼓的，是村寨大家一起筹钱。解放前就有个人打鼓。现在老屯乡的榕山，每年都是个人打鼓，岩脚寨也是。（报道人：张ZC，男，58岁，偏寨下排人）

每只龙舟就是一个血缘组织的代表，血缘关系越是亲近，对于鼓头来说就越有面子。鼓头家人丁兴旺、财力强大都是面子的重要组成部分。这里人们所说的好看与热闹，是靠以鼓头及其血缘、亲缘和地缘等关系建立起的人际关系网所支撑的。这样说来，各只龙舟的竞赛比的也不仅仅是速度，龙舟复杂的造型设计以及家族势力等，都是比较的重要内容。

---

① 苗歌汉译。

三　村寨秩序的权力分配

鼓主是龙舟节的上主角，代表这一家族的兴旺发达。那么，将划龙舟这一文化事项置于清水江流域，可以说，各个村寨之间亦存在经济上抑或权力上的博弈。龙舟节也俨然成为寨际之间相互比较、竞争的舞台。

在当地民间流传有诸多关于龙舟节的版本，其内容也大体相同。以下是我们得到的相对完整的一个。

传说老屯乡榕山有一位老人，名叫购报（苗名）。一天，他带着独生子去巴拉河打鱼，父子俩来到巴拉河下游距巴拉河村约五百米处的水塘中，购报正在撒网打鱼时，一条大龙突然从水塘中冒出，一口咬住站在船尾的小孩，迅速地将其拖进水里。购报潜入水中，找到了龙巢，看见一条长龙正盘旋酣睡，他的孩子已被龙咬死，当作枕头垫睡。这时孩子身上已长了三块鳞片，购报知道孩子不久就要变成龙，就悄悄返回洞口，潜回水岸。为了替孩子报仇，他天天砍柴。砍了两个月的柴后，他就把柴堆到龙洞口内，然后用火镰点火，把龙巢烧了起来。火在龙洞里烧了三天三夜，天黑了九天九夜，牛无法上山吃草，人无法上山做活。

到了第九天，清水江对岸的胜秉寨有一位妇女点起火把，带着小孩去河边洗菜、挑水。这位妇女正在洗菜时，她的小孩将扁担放在水面，扁担在水面上渐渐漂流。小孩随着扁担的漂流，嘴里有节奏地喊着"咚咚哆！咚咚哆"，随着小孩的喊声，天渐渐地亮了。天亮了以后，胜秉寨的人们发现清水江边躺着一条死龙。消息传出后，施洞地区沿江村寨的村民都前来分割龙肉，胜秉割得龙头，塘坝割得龙身，平寨割得龙颈，老屯稿仰村割得龙脊，杨家寨割得龙的肚子……晚上，龙托梦给各寨的寨老说："我杀死了老人的孩子，老人将我烧死，我罪有应得，但愿各村老少行好，用树子做成我的样子，每年在江河上划上几天，我愿为大家兴云作雨，使施洞地区风调雨顺，五谷丰登。"于是各寨的寨老集中商议，确定各村寨都修龙船。并根据各村分得龙肉部位，打造不同颜色的龙舟，其中最典型的是杨家寨和稿仰村的两条龙舟。由于施洞杨家寨分得龙的内脏，因此龙头全部染成绿色；老屯稿仰村分得龙脊，人们认为这是鬼神的象征，是一种不吉利的东西，故涂成红色的龙头。也因为此，每年龙舟节，从不允许稿仰村的龙舟划到施洞清水江河段。

起初定于每年农历五月初五划龙舟庆贺，于是便有了端午节划龙舟之说。但是举办了几年以后，人们认为，五月初五正值春耕农忙，不便过节，于是各寨寨老相约在塘坝村召开大会，协商解决。初步决议将龙舟活动的日期后延二十天，改在五月二十五日。表决会上各参会寨老意见有分歧，争论激烈。塘坝的寨老威望最高，提出龙舟节五月二十五日、二十六日、二十七日都在塘坝举行；巴拉河沿岸村寨要求安排一天在老屯榕山，芳寨寨老要求在芳寨举行一天，平寨、平兆、六河等寨老也有同样的要求。最后大家决议：五月二十五日在塘坝举行，二十六日在榕山和六河同时举行，二十七日在芳寨。因平寨和平兆两村失宠于会，没有得到安排。于是，平寨私自抢先在五月二十四日举行，而平兆干脆弃权淘汰，仍按原来的五月初五过节。于是施洞地区形成了不同地点和日期举行独木龙舟活动的习俗，但以农历五月二十五日在施洞塘坝村河段举行的最为隆重。

关于龙舟节的起源，各版本大同小异，划龙舟的时间都是在农历五月二十五日至二十七日之间，出船顺序也都归因于分得龙肉的相应部位。按照规定人们于农历二十四日在平寨举行龙舟的下水仪式，二十五日、二十六日在塘龙和老屯，二十七日移至芳寨。虽然按传说划龙舟的时间与顺序应与各个寨子获得龙肉的时间与顺序相一致，可事实上却与各村寨寨老的威望有关。塘龙的寨老威望最高所以龙舟在塘龙先划，获得龙头的胜秉寨没有列入划龙舟地点的范围，获得龙颈的平寨"私自"决定二十四日开划仪式地点。人们一方面要使故事符合逻辑，即每个寨子获得龙肉的时间以及部位与各个村寨的地理位置距离相关；另一方面各个村寨的实力和寨老的权威又起着关键性的作用。施洞地区的龙舟节，其权威中心在塘龙，同样映射着塘龙寨在众村寨中有着凸显的地位。

在龙舟节所创建的时空中，每个参与其中的人成为"看"与"被看"的对象，在"看"与"被看"的互动过程中强化着血缘关系、姻亲关系以及地缘关系；同时，每只龙舟为巩固各自所属的血亲群体互相较量着、攀比着，清水江已然成为传统社会关系进行展演的盛大舞台。

第三节　龙舟节的组织与管理

村寨内生性的传统力量，为村民提供着社会交往、人际关系以及社会互助等行为规范，同时也是村寨共同体存在的基础。传统习俗依然可以作为解决村寨各种纠纷的制度性要素，成为约束村民的道德力量。

与此同时，国家制度也在影响偏远的苗族村寨。村寨按照国家制度的安排，逐渐完成了组织上的新构建，村民也被纳入国家设置的这些新的组织结构之中，现代国家力量利用政策、法律规范以及舆论宣传，影响着村民的行为。同时那些具有合理规则的制度，也逐渐成为村民可以引用并证明他们的行为合法性的工具。改革开放以来，特别是民族旅游的发展，慢慢改变着当地村民的价值观念，外界无限的诱惑，打破了原本封闭的村寨社会关系。民族旅游适时带动了村寨经济收入的增加，同时也引发了村民生活方式的改变，村寨社会阶层进行新的分化，经济回报逐渐成为衡量人的价值和声望的评判标准。

一　多重权威的交织

（一）寨老

寨老在村寨中的社会背景和经济条件上都具有一定的优势，对推动村寨的工作具有积极的正面影响。大多数寨老对村干部的工作比较支持配合，村干部也持相同观点，但大多数村民也表示，如果遇到村干部和群众发生矛盾的时候，寨老的意见就非常重要了。虽然当地也有村民代表，但是他们只是按照《村民组织法》的规定表达意见，不具体参与村寨管理，地位远没有寨老重要。

当地寨老最主要的职责是维护公共秩序，在村寨中乡里纠纷往往非常具体，大到山林水土、婚丧嫁娶，小到天旱时放了邻家的田水、自家的鸭子吃了别人家的秧苗等问题，如果不能妥善处理都会引发矛盾。而这些具体琐碎之事往往无法通过国家法律、法规来解决，成本也过高。因此，在某种层面上讲，寨老们就承担起了民间法官和调解员的作用。而且各村商讨制定的乡规民约也产生了有效的作用，比如"谁家的鸭子在抽穗的季节进了别人的水田，水田的主人就有权把鸭子吃掉，养鸭子的人不得争论"；"年轻人说脏话侮辱女性或者长辈，每次罚放一场电影"等。有了大家认同的规则，就可以化解很多矛盾。一般的小纠纷一个寨老就可以解决，大一点的矛盾则必须所有村里的寨老出面。为了保证处理问题公道，如果矛盾涉及寨老的直系亲属，他就要避嫌，让其他寨老出面调解。

例66. 有能力、有责任心的都能当选，一般要上岁数的，年纪太轻说话别人不愿听。我们偏寨现在有四个寨老，寨老主要负责解决村里的事，村委协助寨老解决，村委会负责管理国家安排的事务，村委的权力大，一般寨老只能负责龙舟节的组织，每年的渡船问题，还有哪家的牛吃了别人家的庄稼由寨老负责协调，若寨老解决不了就由村委甚至政府出面解决。像土地等问题就由村委解决。（报道人：张YL，男，81岁，偏寨中排人）

寨老还担任治安调查员的职责。比如家里鸡鸭被偷等类似的案子，寨老会利用自己的经验和观察，进行"破案"。有一些涉及群众利益的问题，寨老也当仁不让地出面扮演村民代言人与政府沟通。尤其是在房屋拆迁补偿的问题上，寨老们的作用也不容小觑。

例67. 镇上大多房子是木房，一旦失火往往会烧到一片，政府号召在各村清理出防火线，这就要拆除村内一部分房屋，但由于补偿标准不一，村干部根本推行不下去，于是就请寨老们出面，他们通过细致的工作，挨家挨户摸清情况，最后的补偿方案让家家户户都觉得比较公道。（报道人：张YL，男，81岁，偏寨中排人）

寨老的公信力在村寨事务中发挥着积极作用，例如建鼓楼、修公路这样的公益事业以及募捐，也要寨老出面才能顺利开展。寨老们白天和普通村民一样下地劳作，通常晚上便有人上家里来寻求帮助，主要是一些调解工作。如果寨老处事公道，让人满意，村民就会宴请请寨老，或送上两斤猪肉表示感谢。

（二）村干部与基层村委

在村寨的行政机构设置上，有村主任、支书和文书三个职位，也有小组组长、妇女主任等。龙舟节是施洞地区一个传统的民间活动，随着政府的介入，其组织安排也在悄然发生着变化。

以往的龙舟节是鼓头一家所办，一切都由鼓头说了算。而现在龙舟节演变为由整个村寨组织，这些村干部们就不可避免的运用自己的身份参与进来。在龙舟节期间，村干们有双重身份，一是村寨的村民、龙舟的一员；二是村干部。虽然村干部这个身份在龙舟节中是隐性的，但是在平常生活中村民已经习惯了他们的职位，以至于在划龙舟中他们一般都担任了重要的角色。村委会也尽可能地举办踩鼓、斗牛等活动来"闹热"龙舟节。施洞居委会就曾主办过"清水江之夜"踩鼓活动，由芳寨村的妇女队长负责，每一支参加踩鼓的队伍都发50元作为奖励。

例68．政府不管龙舟的事，他只管你的龙舟在哪里集合，哪个先划，最后哪个得第一，落水救人等事，他负责安全。龙舟是大家齐心做的，不是政府做成的，政府只能管安排秩序。我们也想让政府管，但是现在我们齐心了，政府也用不着帮我们了。我们想划，他也管不了。现在这两天是凯里麻江下司的龙船比赛，比如说麻江那里需要几只龙船去参加比赛，政府就问每只龙舟的组长："你去不去划啊，想就安排你们去。"（报道人：李DB，53岁，男，偏寨下排人）

例69．政府只协调干扰龙舟的事情，打架啊什么的。也跟联防队（应急成立）、公安来保护，也支持我们去讨钱，以前颁奖，是龙舟协会宣布请某某镇长给某某村颁奖，现在多是指导工作，外宾啊，旅游啊都是他接待。旅游的人多了，也汉化了，这些都看政府的指导了，想出去的人多

了，思想胸怀也开放多了。（报道人：刘 CQ，男，62 岁，芳寨人，龙舟协会成员）

随着人们生活水平的提高，外出旅游的人越来越多，政府也抓住节日的机会吸引旅游者，举行招商引资等活动，并把"姊妹节、龙舟节划进黔东南州旅游东线，利用旅游搞经济，利用旅游挣钱"。[①]

龙舟节期间政府所做的安全指导工作，主要有颁布了《施洞镇"龙舟节"安全生产事故应急救援预案》《施洞镇"龙舟节"期间水上交通安全管理实施方案》；成立了施洞镇龙舟节期间安全生产工作领导小组和水上交通安全工作领导小组；制定了"2009 年独木龙舟节活动日程表"、"迎国庆 2009 年多彩贵州施洞独木龙舟赛表"以及"施洞镇龙舟节农家乐接待一览表"等。另外，节日期间到此的旅游团，镇政府办公室也负责相应的接待工作。

（三）龙舟协会

龙舟协会成员的来源有二，一是退休的官员，二是村寨里比较有权威的老人或前任寨老。龙舟期间由他们制定相关活动及比赛方案，然后报给政府批准。龙舟比赛期间出现纠纷，先是由各寨村主任、寨老进行调和解决，解决不了的由龙舟协会出面，然后是政府的协助解决。

关于龙舟协会，政府与民间都有诸多说法，我们摘取几条进行说明。

例 70. 龙舟协会是 1986 年前后群众自发组织成立的。现在协会有 9 个人，芳寨的刘 SL、刘 CQ、杨家寨的杨 ZHQ、塘龙的吴 Y、塘坝的龙 GQ、白子坪村的周 RH、芳寨的王 TH、张 CF、刘 YZ。刘 YZ 以前是施洞镇的镇长，还有张 XQ，刘 YG，有的退了。芳寨有 5 个，这一届都参加了。龙舟没有人管理的时候，为了名次经常打架、争吵。后来政府介入了，也有吵的，但少多了。现在大家有意见，就调解一下。以前是你做你的龙舟，我做我的，互相不通气。龙舟与政府之间如果有意见不统一，龙舟协会保留意见，我代表政府和他们谈。谈不成，就再和书记镇长商谈、协调。

[①] 资料来源：施洞镇文化站刘 SL 提供。

龙舟协会每年五月搞一次（工作），组织龙舟比赛。龙舟比赛现在不光是五月份了，也到外地比赛，这也不是这两年的事。比如说，1989年的时候，榕山岩脚的龙舟就去过吉林；1987年长滩和坪敏的龙舟去过湖南岳阳表演，现在（长滩的）龙舟还放在那里，陈列在岳阳了，现在也不通知我们去了，龙舟是卖给他们了，（龙舟）没有个十万八万是做不成的，谁（会白）送（给他们）？一九九几年的时候，还到过贵阳的红枫湖，也是去表演；二〇〇几年到过（麻江）下司，今年又去了，是去比赛的；2007年、2008年、2009年都去过镇远、施秉表演；2009年还去了广州比赛得了第一名。没有节日（龙舟节）的时候，就开始开会，在节日前的一两个月。一个月要开一两次会。（报道人：刘SL，男，54岁，镇文化站工作人员）

例71. 改选一般是两年改一次，到时候跟政府说一声，人员重新确定后要报给政府。至于怎么选政府不管。报给政府了，政府同意了，明年划龙舟的季节，就由我们组织，政府只是做资助、协调，我们互相配合工作，至于怎么开展工作，活动方案都由我们协会来定。定好了让政府看，要报给镇里分管文化的副镇长征求她的意见，她一般都（是）会同意的，因为她又不懂这些老规矩，不懂划龙舟这个事。到节日来了的时候，政府也是很紧张啊，也怕出事，怕安排不好。为了办得热闹一些，政府就征求我们的意见，请我们去开会。

龙舟协会与政府的关系方面，政府搞治安、动用乡镇派出所、民兵等，维护治安。来的龙舟要听龙舟协会制定的条款，比如一条船要多少人、赛程是多少，不准打架闹事，什么时候集中，比如农历二十五日那天，就是按规定十二点半去塘龙集中。各个龙船龙头或者是村主任，将条款讲给大家听。

龙舟协会里面的人，有的原来就是寨老，比如说现在的龙舟协会的主席刘CQ，就是以前芳寨的寨老，他老了，就退休了，让给年轻的（人）做。龙舟协会里面有寨老，有政府退休的干部，还有各村爱好这个的德高望重的人员，是从每一个村爱好这个活动的人中推荐出来的。比如说芳寨认为谁几个合适，白子坪认为谁几个合适，再上报做出选择。

龙舟协会可以以民间名义成立，如果是政府组织，要是有什么不吉利的事情或者是不好的东西，比如说撞船了，有什么纠纷吵架什么的，政府不好说，不好收场，而这些都可以用土政策来说。（报道人：刘CQ，62岁，男，芳寨人，龙舟协会成员）

大多村民对龙舟协会的了解则较少。

例72. 龙舟协会啊，是政府牵头的，他们去县里州里讨钱。划龙舟以前是娱乐活动，是为了组织娱乐活动的需要成立的。（报道人：吴JK，男，38岁，塘龙寨人）

例73. 那是由十位老年人组成的，说是各村都要有一个，实际不是的。偏寨就没有。（报道人：张DH，男，47岁，偏寨上排人）

例74. 龙舟协会是最近几年才成立的，是施洞镇成立的，当官的才搞，过去没有。（报道人：张YZ，男，63岁，偏寨中排人）

2007年，龙舟协会还发布了《致来宾的一封信》，大致内容如下：热忱欢迎来到独木龙舟的故乡——施洞，共度这个美好的佳节，并邀请参加出龙仪式、龙舟竞渡、吃龙舟饭、吃龙肉。同时提醒各位游客入住施洞期间，请尊重苗家习俗，苗家人热情好客，每逢贵宾临门，必以酒相敬，若不胜酒力，也应当点滴尝饮，不可辜负主人迎宾美意。此外龙舟协会制定了龙舟比赛的竞赛规则和活动方案。

二 传统力量的消解

在传统龙舟节的举办过程中，权力主要集中在鼓主（一般是寨老）手里。随着国家政权向村寨的逐步渗透，龙舟节也由传统的村寨家族打鼓转变为现在的集体打鼓。寨老的传统权力经历了从"完全进入"到"有限进入"，再到现在的"有限退出"，最后慢慢走向"自然消解"的过程。

龙舟节在政府所提倡的发展旅游中，加之商品市场经济的影响，进行着所谓从传统到现代流变的过程。村民是划龙舟和进行龙舟比赛的主体，村主任、寨老都作为村寨的一员参加龙舟活动，村主任听从政府的调度，村民听从寨老的调解；政府为龙舟活动提供安全等方面的指导，龙舟协会在政府的大原则指导下策划龙舟活动的具体方案。但从中我们也可以看出，龙舟节期间村民、寨老、村主任、政府四者之间错综复杂的关系，从而折射出四方的权力博弈。

以前的寨老是村寨的管理者，拥有无上的权威，每年的龙舟活动是由寨老或者鼓主组织进行。在中华人民共和国成立后的人民公社时期，偏寨与其他农村一样，遵循国家相关制度成立了村委会，管理者变为村干部，龙舟活动也由于种种原因转变为由整个村寨集体举行。在实践中，村主任受着国家权力制度性安排和规范化建构，按照韦伯对于科层式权威的定义，村主任当归属于国家科层式权威之下。[①] 村干部集经济管理和社会管理职权于一身，拥有较大的公共权力，而寨老则退隐幕后。一个是处于国家行政体制的基层领导，另一个则是依据传统规范管理村寨的寨老。然而，从当下施洞龙舟节举办的实情分析，寨老处于村寨管理中的边缘位置，和村主任等相比，所拥有的资源也相对有限。在龙舟节这一特定的场景中，寨老需要全寨人的配合完成比赛，村主任按国家法令在政府指导下进行间接的管理。

寨老势力的削弱，与国家正式权力组织的完善和村寨政权的逐步建立有直接的联系。随着村寨村委会等组织的建立及加强，寨老的权力在整个村寨的大环境中失去了自己的权威。

可以说，在苗族村寨，寨老拥有至高无上的权力和权力赋予他的威严，每年龙舟节中的整个划龙舟活动，也都由其掌管。改革开放以后，经济市场逐步确立，村民的价值观也随之发生着变化，这也从根本上动摇了寨老权力的根基。同时市场经济追求物质利益的本性，不断强化人们的经济观念，增强了人们的经济独立性；随着市场经济的推进，传统权威开始让位于人的职业、能力和个人业绩等方面，寨老传统权力开始弱化。龙舟节期间，从传统的寨老打鼓到现在的整个村寨集体打鼓，便

---

① 根据韦伯（Max Weber）关于科层式权威的认定：其命令权力的"妥当性"基于一个具有（经由协定或指令所制定的）合理规则的制度。在此制度下，当根据规则所"委任"的人要求服从时，服从乃是服从于具有一般性约束力的规范。在此场合里，每个命令权力的担纲者，都由上述具有合理性规则的制度赋予正当性，只要符合规则运作，他的权力即正当的。参见〔德〕韦伯《支配社会学》，康乐、简惠美译，广西师范大学出版社，2004，第19~22页。

是最好的体现。

三 竞渡中的冲突与纠纷

龙舟比赛是村寨、家族综合实力的再现和较量，在比赛过程中也难免会有一些冲突发生。为了能处理好事端，村委、龙舟协会以及各寨之间的权力博弈得到了最为充分的展示。我们先来看几个纠纷案例。

（一）平寨纠纷

龙舟比赛的第一天是在平寨进行的，主办方负责人是平寨的村委及寨老们。比赛一直进行得很顺利，其中四新寨与大冲寨的龙舟对赛，因为四新寨违规占对方赛线又不服主办方的说法，四新寨龙船上的人围住主办方主席台进行理论，由此引发与主办方之间的纠纷，影响比赛的进行。①

例75. 平寨闹的那次纠纷那是因为龙舟犯规了，后来就搞成平均了，没有一、二、三名了，每只船都给成350块钱了。本来四新寨的龙舟按道理是超过另一只船（大冲寨子的）了，他说他们超过了，就将龙舟调头往回看，这样就占线犯规了嘛。后来四新寨的说，你说我们犯规那这次就不算，我们再来比一次。当时我也在，他们和我说，我说是你们错了，不要再争了，即使你们跑前面，这件事也还是错了。

你看本来是四新寨的船跑前面了，他看自己走前面了，就（把龙船）弯过来看大冲寨的龙船，来嘲笑他们。龙舟弯过来就占了大冲寨的线了，还说什么"我们超过他们一大截，他们根本追不上了"，当时还没有到终点，大冲寨的就说"你占着我的线了，我再划就冲着你的龙了"。当时我们龙舟协会的去了五个人，我们劝他们四新的不要争，就是你们的错。后来平寨的主办方也没有办法，钱就平均给了，一、二、三名的锦旗也没有发出去。（报道人：刘CQ，男，62岁，芳寨人，龙舟协会成员）

例76. 在平寨那次比赛中，是四新寨的不对。本来我想去协调的，知

---

① 因各个寨子距离平寨较远，必须在天黑前划着赶回参加第二天的比赛。四新寨这么一闹，其他寨的龙船看天色渐晚，就开始往回划，在平寨参加龙船比赛也没能进行。

道他们不对后，就不能去协调了。他们没到终点，就进别人赛道，就犯规了。四新寨的还说自己搞赢了，真正是赢了？他跑了三分之二，还有三分之一没有跑完，就认为稳赢了。（报道人：刘 SL，男，54 岁，镇文化站工作人员）

（二）镇远冲突

去镇远县比赛，施洞镇派了偏寨的两只新龙船去参加。本来是一件热热闹闹的喜事，可结果却不遂人愿。一提到去镇远进行的龙舟比赛，偏寨村民脸上流露出一种无奈的表情。施洞镇文化站和龙舟协会都对此事也相当愤懑，他们在讲述这件事的过程中，情绪也显得很激动。

冲突的起因是偏寨的两只新龙船到镇远参加龙舟比赛，当地坡又陡又高，龙船下不去，偏寨村民要求使用吊车把龙船放进河里。而在刘 CQ 看来，矛盾好像从龙船出发的时候就出现了。

例 77. 在镇远基本上没有吵起来，吊车是他们要求的，是无理要求。龙舟本来是体现力量的要求的，人们看到一个寨子的人共同抬龙舟下水，就是看团结的力量，难道在家里划龙舟你也要吊车吊吗？要体现团结、力量，吊车怎么体现啊。他们这是无理取闹。比赛，是去展示力量的，喊吊车就是去那里享受。

出发的时候把龙船装上了汽车，让人在车上守着，以免路上碰到路边的电线杆、灯。其他人就挤着上另一辆小车，小车是指挥车。去的时候，前面有交警车带路。

这事我们都不想谈。他们那个支书也难，我跟他说你当这个支书太费力了。村两委没有寨老的支持，脱离群众了，你说你的，我说我的，出来的都是老大。

一个船本来是 45 人就可以，他们两只船去了 100 多人，其中还有 80 岁的、瘫子、哑巴都去了，本来是体现精神的，结果每家每户都去，我就说你们没有男人了？他们这样一搞，伙食、住宿全部超额。总之，和他们寨子做事，就要上当。你拿好处给他，他还说你吃了他的好处，不满足，人心不足蛇吞象。（报道人：刘 CQ，男，62 岁，芳寨人，龙舟协会成员）

例 78. 镇远龙舟比赛冲突，是偏寨的上、中排和政府闹了些矛盾。他们到那里争东西，说对方接待的怎么怎么样，饭菜不好、累得很。这是寨老、支书组织方面的不到位，讲的和做的不一致。（报道人：刘 YW，男，43 岁，黄泡村人，镇党政办公室工作人员）

例 79. 去镇远比赛，那是施洞镇邀请我们去的，是表演赛。当时小河寨和大冲寨都有新龙舟，我们寨子的龙舟三十多年都没有做了，这次就做了两只，比较隆重。施洞镇龙舟协会直接来请我们的，当时一只龙舟去了 60 个人，有的人打工去了，当时还有人没有回来。

政府给我们一只龙舟 4000 块钱。我们去了三天，划了一天。比赛是为了要名誉，也不是为了得奖，我们这里是龙舟的发源地。两只龙舟总共去了一百多人，由龙舟协会管理组织，运费、食宿也由他们承担，这些钱我们拿来打平伙。去的时候，我们也是先开会，告诉大家要有组织有纪律，划龙舟的时候找不到你要罚款；要有礼貌，去听人家的安排；自己带的银饰自己保管好，与房东打个招呼，等等。我们有五六个老人专门负责看管东西。寨子里 18 岁到 60 岁的都去了，回来按人分误工费，三天每个人 50 元的误工费。我们也是要个名誉，人家说起来偏寨搞了新龙船去什么地方了，也挺自豪的。

到了镇远，那里的河边没有河沙坝，全是台阶，是硬石墙，我们的龙舟不知道如何下河。所以请的吊车，是镇远给吊的。就因为这事，与龙舟协会有了小小的摩擦。

当时去的时候，一个车要拉一个龙船，他们才叫了一个四米长的车，我们的龙有七丈二，二三十米长，他们叫这么小一个车怎么能行？我们又叫他们搞大车，这样时间越拖越晚。本来说是上午十点出发，下午一两点到镇远，然后龙船下水，时间排得好好的，这样第二天的安排也不紧。结果等他们车来，到了下午五点左右才走，到镇远都晚上八点了，天都黑了，又找不到地方下龙舟，都不是河沙坝，没有办法才叫的吊车。一个吊车一千多块，计划中是没有这一项钱的。龙舟协会也没有去考察，以前他们也去了两三次了，不过那时候没有那个硬坡，是他们组织不好。起码他们要跑一趟，看看地形吧，都是老思想，以为还是老地点、老样子。龙船上岸的时候，也是用的吊车，抬不上来啊。当时两只龙船大大小小的子母船有 6 只要抬,吊车就吊了三个小时。那里的水又深,人先下去,拆开龙舟。那几个人也辛苦,不过大家有股劲,既然来到了,再辛苦也要搞成。我们叫他们要(提供)吊车,他们也为难,是他们自己安排不好,自讨苦吃,让群众也跟着受罪。当时我们到镇远,下了龙船,还要摸黑来绑子母船,如果组合不好,还会有安全问题,因为人都站在子船上。他们应该知道的,他们村寨也有龙舟啊。这样是两边难,他们不舒服,我们也为难。(报道人:刘 ZM,56 岁,偏寨中排人)

(三)下司比赛

2009 年 7 月龙舟邀请赛在麻江下司举行,施洞派去了四只龙舟作为代表参赛。

例 80. 这次去下司比赛时候,船上的旗啊伞啊,全部拆去了,连个红绸布也没有,光秃秃的。他们说带着伞挡风,龙舟划不快,可是都是我们少数民族的习惯啊,村民说这些都是老规矩,这样不合礼数。(报道人:张 YT,男,36 岁,巴拉河村村民)

例 81. 去下司比赛,大冲的龙舟也是这样,最后本来是第六,给了他个第四。因为施洞的一至四名全拿了名次,所以就让出个名次给他,(让他)有点面子。本来大冲的龙舟跑得很快的,可以和第三名竞争,但他跑到别人赛道了。这些本来是电脑算的,他是第六名,因为犯规了,所以全部是零分,组委会商量,给了他第四名。当时是六只龙船同时比赛,10 米宽的河道,他自己掌握不了方向,龙舟有 24 米长嘛,就跑别人赛道里面了。觉得委屈也没有办法,他们回去要骂也是骂掌舵的,当时我们说:为了我们施洞施秉苗族的名誉,大家不要吵,回去怎么样都行,保持名誉嘛,两兄弟可以打架,打要在家里打,别让别人看笑话。台江施秉的龙舟都是龙舟协会的成员,只是从行政上分开了,不让别人看到我们的负面,最后,也没有吵,六只龙船欢欢喜喜地回来了。(报道人:刘 SL,男,54 岁,镇文化站工作人员)

清水江沿河两岸有好几十条龙舟,每个寨子的龙舟在五月举行的龙舟节期间都下过水，外出比赛时要让哪些龙舟出去？哪些龙舟代表整个施洞地区？这中间有一定的选择标准，也与掌权者的利益取向有关。由以上政府代表、村民的口述可以看出，平寨纠纷是一个常见的违规事件，四新寨子的龙舟"按道理说是违规了"，他们寨的人上到主席台和主办方理论，却被主办方回绝。而偏寨在镇远闹事，更是让镇领导对他们存在某种看法，以至于下司寨的划龙舟比赛，就没再让偏寨的龙船去。

第四节 龙舟节的现代性变迁

一 龙舟竞渡的现代性

所谓龙舟竞渡的现代性就是指龙舟运动由传统向现代的转型，即龙舟竞渡的体育化、正规化、制度化。龙舟比赛由家族走向社会、走向对外旅游，由清水江走向全世界，龙舟活动也随之得到了扩充拓展。

清水江龙舟竞渡的传统能够延续至今，是因为龙舟文化长期植根于广大民众的生活之中，同时在自身发展过程当中又保持着自己的特色，不断吸收外来新的因素扩充自己、拓展自己。换句话说，这就是龙舟文化在内外交互的作用下逐渐实现了转型，适应了社会的发展。

例82. 新中国成立前，龙舟比赛每年只举行一次。今年都举行五次了：三月在台江，五月先是在镇远，后又去广州，请石家寨的人去划的，得了金奖，然后是清水江，六月去麻江。以前每年一次，老祖宗的规矩一年一次，老百姓也说这样不好。政府说是为了提高声誉，扩大知名度，宣传独木龙舟，是为了你们好，政府也是善意，却破坏了民族文化。那些60岁到80岁的老人不愿这样，说龙舟不能到外地也只能在施洞地区划，年轻人无所谓。

按风俗讲，这些老人说是这样划龙舟扰乱了风调雨顺。他们这些话站不住脚，胳膊拧不过大腿。我们也进行了保护，是在文字上、鬼师等方面。按道理，这些都不给公开搞的，为了保护它，所以才公开。本来以前的时候也是公开的，文化大革命时候，说这些都是迷信，不让他们搞这些，现在才有（提倡）文化遗产申报国家保护，让搞了，鼓励他们搞。我们把歌词记下来，细节记下来，原生态的给它保留下来。（报道人：刘 SL，男，54 岁，镇文化站工作人员）

例 83. 现在龙舟都到处跑了。我们的龙舟上写了"风调雨顺、国泰民安"，还有写的是"风调雨顺、五谷丰登"。龙舟下水，就是期盼好年份出现，期盼一个和谐、团结、安定的社会，所以龙舟多下水也好。我们这里本来是五月端午才划，五月端午的时候正是插秧的季节，就把时间改在五月二十四日到二十七日划。划就是期盼当年的风调雨顺、国泰民安。"风调雨顺、国泰民安"这几个字历来就有，从古至今。

比赛就是看你这个寨子的团结力量，人的团结、齐心。今年能下水的龙舟，就能体现今年你的经济好不好。龙舟是经济、团结、力量的象征。特殊情况是特殊情况，一般连划三年，要休息一两年，芳寨都连划五年了，所以今年就没有下水，劳力都投入建设村委活动室了。

现在龙舟到处划。三月也划，四月也划，三月十五日在台江划，是政府的船，还是芳寨给做的新船，有两只，差不多有六万，有一只还拉到广州去比赛了。（报道人：刘 CQ，男，62 岁，芳寨人，龙舟协会成员）

过去的龙舟竞渡，一般都是寨老或鼓主组织的，范围只是清水江沿河两岸的苗族村寨，每只龙舟也只代表一个村寨或者某个宗族。而现在的龙舟比赛通常是由当地政府和龙舟协会进行指导，每只龙舟外出参加各种龙舟比赛，它所代表的群体也由一个小村寨扩大为整个黔东南，甚至是贵州。龙舟比赛也逐渐成为开放性的比赛，实现了由村寨之间的小规模到外出的大型比赛，完成了龙舟节内容实质的转变。

二 现代观念下龙舟节的开展

随着民族旅游业的发展以及政府对龙舟文化的推广，人们对龙舟节的观念、行为也在发生着变化。主要体现在以下几个方面。

首先，传统龙舟节是在每年农历的五月二十五日至二十七日举行。现在为了发展旅游和宣传的需要，在龙舟商品化的过程中，龙舟由过去的一年一度的"出游"发展至一年几次的外出比赛，2009 年的"龙"更是不论时节出去了五次。传统龙舟节举行期间，每天都有具体的分工，比如所有的龙舟二十四日都要去平寨，二十五日是塘龙，二十六日去老屯，二十七日移至芳寨。而现在的龙舟只是象征性地去其中一两个地方，表示一下即可。

其次，划龙舟由以前鼓头独办演变为集体组织，并且也有了政府及后来的龙舟协会的参与。传统的龙舟节，是由寨子里推选一位德高望重的老人作为鼓头，由他家组织打鼓，鼓头、龙头、锣手一般是祖孙三人，即使不是嫡传的祖孙，鼓头也会选自己本族内的子孙。而现在是整个村寨集资、村主任干部组织进行，并且是谁家有钱、有能力，谁家就可以做鼓头。

再次，龙舟节期间的各种仪式也比以往简化了很多。有的村寨对龙舟节的举办能省就省，即使举办也很简单，并且有很大的人为因素在里面，没有了以前的那种敬畏和禁忌。2009 年偏寨龙船"出龙"当天，要先请鬼师做出"龙"仪式，再下水。因为仪式开始的时间比较早，其中有一个摄影者来晚了，没有看到仪式的全过程，他就恳求鬼师重做一次，鬼师也真的又重新为他"表演"了一回。除此之外，龙船歌随着商品化的推进，会唱的人也越来越少，现在举办的龙舟节基本上没有唱歌仪式了。

在龙舟赛前准备上，从龙舟制作到鼓手、锣手的选举都有一套严格的程序。选好鼓手后，要由村寨里的男人们唱着鼓歌将鼓送至鼓手的家里，当选鼓手是非常荣耀的事情，拥有至高无上的权力。现在的鼓手上龙舟，只是走一个形式、过场，显得好看。龙船上的用品设置，以前完全是按传统来的，比如说每条龙舟的颜色，是与传说中分得龙身上的部位相对应的。而如今，有些寨子的龙船颜色按村寨人的审美习惯和需求进行了些微改变，杨家寨的龙船除了本应有的绿色外，还掺用了蓝色。龙舟上的伞，以前都是黑布伞。现在都是随意拿一把就行，也不管伞形和颜色，多数是商家进行促销活动时赠送的伞，有的上面印着"某某信用社""某某医院"等宣传字样。有些村寨，为了龙舟竞渡时轻便，竟把这些伞和小旗子全部丢放到一边。此外，敲锣的锣手原先的用具是柚子，取谐音"佑子"的意思，现在出龙的龙舟则很少用了，多是木制或者金属制成。

龙舟所经之地，鼓主的亲朋好友都要来接龙，其中姑妈在龙舟节里扮演着重要的角色。以前过龙舟节，姑妈是要抬猪以及糯米饭等礼品来敬贺；如今在举办龙舟节前姑妈们就开始集资，在打印店里订制出一幅写有同村姑妈名字和所捐钱数的红布匾作为礼品，少了接龙时的诸多程序。

在农事生产上，龙舟节已不再是祈求龙神、水神实现五谷丰登的唯一方式。以往村寨里年轻人每年的农历五月都会"出龙"，现在随着打工浪潮向村寨的推进，大家对划不划龙舟看得并不是那么重要了。小河村2009年赶制了新龙舟，他们寨子都有十年没有划了，问及其中的缘由时，他们的回答很简单也很干脆"不想划就不划了嘛，不划也好，划龙舟很累的，现在都商品化了，没有啥意思了"。这样的看法，也不乏少数。

村寨外出打工年轻人越来越多，农历五月划龙舟的时候，在外的年轻人还处在正常的工作时间，寨子里只剩下老人和小孩子。划龙舟是一件很耗体力的活动，如果没有年轻人的参与，也就没有办法进行下去。为此，经常有村寨因为外出的年轻人太多，已经有好几年没有划，用他们的话来说就是"划不起来"。天堂寨的龙舟棚就建在河边，里面的龙舟看起来很新，一位村民说："龙舟棚是2007年新修的，龙舟也有很多年了。我们的龙船今年不划了，人手不够，大家都出去打工了。他们离家太远，回不来。"而有的村寨为了节日的热闹，直接明文规定龙舟节期间外出打工的人如果不回来，就罚钱。

此外，龙舟节性质的变化也是一个重要的方面。龙舟节是一个节日集会，也是青年男女游方、谈情说爱的好时机，现在随着信息时代的来临，这个功能也基本消失了。姑娘们怕热怕中暑，基本都选择在家里看电视，即便出去也仅仅是穿上盛装，去清水江边照一张照片就又回来了。当天晚上的踩鼓活动也只剩下了中老年妇女前来参加。同时，龙舟节是一个通过各个寨子在清水江上的比赛来展现村寨的团结和凝聚力的机会，现在龙舟节成为官办的节日后，龙舟文化也严重的商品化了，这种比赛大都成了一种表演赛。正如当地的老人讲："以前看龙舟比赛是一种力量在里面，很是起劲。现在都是表演赛，没有什么意思。农历二十五日那天，各个寨子的龙舟来来回回地表演着，都没有真正的比赛，和老传统不一样了。"龙舟协会的工作人员也说道:"我们现在是表演赛,来的龙船都发钱,也不用再争第一了。"

小　结

  在旅游开发的背景下,龙舟节的变迁是不容置疑的,特别是龙舟节的主办单位的改变:由"鼓头"所代表的血缘组织,转变为由龙舟协会和当地政府共同管理。龙舟节文化的持有者逐渐丧失了举办龙舟节的主动权,逐步地依赖龙舟协会抑或依赖政府的资助。同时,市场因素成为龙舟节举办的又一重要原因,经济成为一种支配当地文化的"权力"要素而存在。政府为发展当地经济,主创旅游业打造符合市场要求的龙舟节,制定了龙舟节新的标准与规范,改变了龙舟节原有的形制。这也使得政府以直接或间接的方式(通过龙舟协会)介入村寨生活的各个方面,传统的寨老形式的权威被挤压,而那些新型的,处于寨老与村干部中间的综合型的权威人物,获得了更多的认可。[①] 龙舟中心区域塘龙寨地位的削弱以及芳寨中心的兴起,也和这样的权威人物有着千丝万缕的联系。市场等现代性因素的影响,促使村寨之间传统的社会结构进行调整。旅游业的兴起,不仅使得龙舟节作为一种文化现象发生变化,而且隐含着苗族社会内部的转变——社会内部传统权力的消解与外界权力的浸入对当地社会产生了巨大的影响。

[①] 如龙舟协会的刘 CQ,就是传统的寨老与现代村干综合型的人物,正因如此他所在的芳寨在龙舟节中也越发具有中心地位。

第四章　苗族婚姻中的权力关系

　　婚姻，我国古代又称"昏姻"或"昏因"。我们通常所认为的"婚姻"就是男娶女嫁，是"合两性之好"的一种方式。男方通常在黄昏时到女家迎亲，女方随着男方出门，这种"男以昏时迎女，女因男而来"的习俗，就是"昏""因"一词的起源。婚姻是把具有缺乏和优势的物体互补的结果，即让具有互补性的男女能更好地发挥性能的一种关系。这种关系的体现就是"共同生活"，也就是指居住在一起，成为同一个家庭的成员，处在同一个生活消费共同体中。费孝通认为，"婚姻是确立双系抚育的文化手段，是人为的仪式，用以结合男女为夫妇，在社会公认之下，约定以家及共处的方式来共同担负抚育子女的责任"。[1] 当然，这种观点主要是基于我国的传统文化之上的，即"上以事宗庙，下以继后世"。[2]

　　有鉴于此，我们认为，婚姻的本质是社会关系的联结点，是人类社会为了繁衍种族以及平衡性别差异的一种以经济为核心的社会组织。婚姻策略的基本和直接职能是提供确保家族再生产，即劳动力再生产的手段。继而婚姻关系也就总是表现为"倾向于满足物质和象征利益并根据一定的经济和社会条件安排的策略的产物"。[3] 从横向上看，婚姻是个体及其各自家族的一种优势互补或强强联合以及权力资源的获取与占有方式；纵向来说，则是为了延续种族的一种文化手段。基于这样的理解基点，婚姻本身构成了一个权力网络，而婚姻规则和与之相关的婚姻关系则是其中的网络结点，维系着整个婚姻过程。本章的调查与写作，也正是在这样的基点上展开：苗族传统文化是如何形塑婚姻关系和规则，又是如何体现这其中的

---

[1] 费孝通：《乡土中国》，北京大学出版社，1998，第124页。
[2] （清）阮元校刻《十三经注疏》下册，中华书局，1980，第1680页。
[3] 参见〔法〕皮埃尔·布迪厄《实践感》，蒋梓骅译，译林出版社，2003，第235~236页。

权力关系。在现代思潮、价值理念和意识形态的冲击下，婚俗中权力关系的维持度又会发生何种变化。置于这样的大背景之中，婚姻关系的动态变化成为我们研究婚姻中权力关系与机制运作的一个重要方面。

本章择取清水江流域两个苗寨作为主要田野点。一个是位于黔东南州剑河新县城附近的革东寨，另一个是台江县施洞镇的偏寨。通过对这两个苗寨的调查，我们旨在能更好地把握和审视苗族传统婚姻过程中的各种权力关系、婚姻机制的运作以及婚姻对构筑和整合社会关系的影响。而在本章的写作方式上，我们将以苗族神话叙事歌《仰阿莎》作为婚俗分析文本与切入点，这是因为《仰阿莎》古歌本身就是一则婚姻及婚姻纠纷案例，古歌中详述了苗族女性从游方、择偶、结婚到离婚这一过程，同时也明晰了苗族传统婚姻伦理与规则。由此，展开我们对苗族传统婚姻中诸多权力关系的探讨，以及在现代语境下婚俗及诸多权力关系的变化。

第一节　《仰阿莎》古歌

叙事歌《仰阿莎》流传于贵州省黔东南的凯里、剑河、台江、黄平、施秉、麻江、榕江、镇远等 8 个县市的苗族地区。在剑河县，根据地理位置、土语及服饰的差异，《仰阿莎》的传说可分为三个版本：西部版本分布区域在革东镇、岑松镇；北部版本分布区域在观么乡、柳川镇；西南版本分布区域在久仰乡、太拥乡。观么乡巫包苗寨有一口相传为仰阿莎出生的大水井，井旁还有六个水塘。巫包苗寨至今仍保留着传统婚俗，即凡新媳妇进寨的头一天，必须到仰阿莎井中挑水孝敬公婆，这样才会像仰阿莎那样获得美满幸福的婚姻。关于《仰阿莎》的起源时间，却难以考证。

《仰阿莎》只在苗族地区用苗语传唱，直到 20 世纪 50 年代一批民族文化工作者深入苗族地区收集和整理后，才逐步揭开了口传叙事歌《仰阿莎》的面纱，使这一苗族口头文化遗产为世人所知。1958 年，民间文学资料第一集汉译本《仰阿莎》出版；1983 年，民间文学资料第六十二集苗汉文对照科学本《仰阿莎》出版。20 世纪 80 年代开始的三套集成编撰，当地的民族文化工作者深入各个苗族村寨，通过调查、走访、收集和记录，对流传在剑河县境内苗族地区不同版本的《仰阿莎》进行汉译和整理，收入《苗族古歌·礼俗歌》并印刷发行。①

仰阿莎在苗语中被称为"niangx ongs sail"，"niangx"为草，"ongs sail"是清水的意思。她是苗家一位由清水变成的美丽女神，同时也是一个普通的苗家姑娘，同别的女孩一样喜欢漂亮的服装和银饰。

例84. 仰阿莎从井里生出来后，长得非常美丽，各种鸟兽都非常倾慕她，追求她，但仰阿莎只和他们友好相处，没有接受他们的爱情。后来天上的太阳看中了仰阿莎，指使乌云给他做媒，乌云施展种种手段，迫使仰阿莎嫁给了太阳。但太阳并没有把美丽的妻子放在心上，为名利，整天在外面奔跑，一连六年不归家，仰阿莎就这样寂寞又痛苦地生活了六年。最初她还满怀幻想希望太阳回到她的身边来，但自私自利的太阳除了把她当成财产留在家里外，并不满足她的任何要求。于是，仰阿莎的幻想破灭了。在太阳家里，唯一和他相处的人就是月亮。月亮虽说是太阳的弟弟，但实际在家里是太阳的长工。月亮勤劳而诚实，很同情仰阿莎，仰阿莎在月亮那里得到了她不曾得到过的温暖，而且也从月亮的身上看到她所幻想的东西。后来，她爱上了诚实的月亮，逃到很远的地方结为夫妻。事后经过理老的评理，仰阿莎与月亮终于获得胜利，而月亮也就把江山赠给了太阳。②

这是剑河县政府在《国家级非物质文化遗产名录项目调查报告》中记录的仰阿莎故事，其中描述了仰阿莎与太阳的婚姻过程，以及与月亮的关系。如今，仰阿莎已经成为剑河县的旅游文化品牌，为了配合这一旅游形象的推介宣传，以仰阿莎命名的"仰阿莎湖""仰阿莎大道""仰阿莎广场""仰阿莎酒店"等旅游景观相继出现。特别是2007年以来，当地政府更是举办了每年一届的"贵州·仰阿莎文化节"深挖这一旅游资源。仰阿莎业已成为苗族家喻户晓美好的女性形象、对忠贞爱情追求和向往的歌颂对象。

---

① 资料来源：剑河县文化馆。
② 资料来源：剑河县文化馆馆长杨茂提供。

民间《仰阿莎》古歌在革东寨和偏寨及清水江流域附近地区，以各种形式流传着。革东寨的老人们讲，《仰阿莎》歌通常都很长，一般是有客人来的时候，以一问一答的形式唱的，而且要唱很久。比如说，仰阿莎的衣服很漂亮，是什么做的啊？仰阿莎的裙子很漂亮，是用什么做的啊？对方就回答，仰阿莎的衣服是用最好的布做的，她的裙子是用最好的丝线做的等。

通过调查搜集整理，这些地区仰阿莎歌的内容基本一致，只是故事中的人物关系有些许的出入，如太阳和月亮之间的关系（主仆关系或是兄弟关系）。对比剑河县政府的官方版本，民间版本内容可谓丰富完整，从游方到结婚再到婚姻纠纷都有细致地描述。①

例85. 仰阿莎是我们贵州苗族的一个很漂亮的女孩子。她出生得非同寻常，长大了以后，她有很多很漂亮的衣服，她的头发溜光，她的脸庞漂亮，她的人才生得很好。有很多人都想跟她在一起，有水沟啊，有岩石啊，有花草啊，所有的都想和她好，但是她眼光很高，都看不上。后来太阳和月亮也过来追求她，因为月亮比较诚实、态度很好，人品很不错，所以，仰阿莎就想和月亮好。太阳不服气，就过来哄仰阿莎，左手拿芦笙，右手拿木叶，吹给仰阿莎听，还说很多甜言蜜语，要仰阿莎跟他回去，仰阿莎相信了，但还是担心，就告诉他，你的家在东方，如果我白天跟你走，别人都能够看见，我晚上跟你走呢，我的父母又会知道，我该怎么办呢？太阳很狡猾，就要她在喂猪的时候走，因为那个时候，她家里人就会以为她去喂猪了。走的时候，太阳使了一个诡计，故意把仰阿莎的鞋子朝向西方放置，因为他带仰阿莎去东方，那这样的话，仰阿莎父母就不知道她去哪里了，跟哪个走了。后来仰阿莎的父母找不到她了，就和家族的人一起找，还是找不到，就问家里的猫，问道：我们平常都对你很好，有好的吃都会分给你，现在你跟我们说仰阿莎去哪里了？猫回答：我不知道啊，仰阿莎去哪个方向了我也不清楚。仰阿莎父母就很生气，在猫的头上敲了两下，猫就说啊：你们叫我是过来捉耗子的，也不是来看着仰阿莎

---

① 因《仰阿莎》歌流传广泛，我们将择取其中的一个作为分析文本，其他文本将作为补充资料附录其后。

的，我怎么会知道她去哪里了呢？仰阿莎父母又去问狗：狗儿啊，我们平常对你很好，有好吃的都会拿给你吃，你告诉我们仰阿莎到底去哪里了？狗也说不知道，仰阿莎父母就敲了两下狗的头，狗也辩论道：你们是叫我来看门的，又不是叫我来看仰阿莎的，我怎么会知道呢？仰阿莎的父母没有办法了，因为猫和狗说的句句在理。

正好这时候，仰阿莎和太阳走在路上，仰阿莎记起没有带那双很漂亮自己又很喜欢的鞋子，就跟太阳说：我想回去找我的鞋子，没有了漂亮的鞋子，我的人才就显示不出来啊。太阳不是很愿意，就哄她开心，仰阿莎不依。月亮听说仰阿莎不见了，就想着肯定是被太阳拐跑了，所以就跟了过来，正好看到了，月亮很生气，觉得太阳是骗了仰阿莎，做了见不得人的事情，要不然，怎么连仰阿莎的父母都不告诉呢？月亮答应仰阿莎去帮她找，仰阿莎觉得，还是月亮人比较好，对她也诚实，就又想跟月亮在一起。后来，月亮就到天上去告状，告太阳拐跑仰阿莎，没有经过她父母的同意，就把仰阿莎骗到东方。太阳这时候也不甘心，他看见仰阿莎有点偏向月亮，又要变心，就也去上天那里告月亮的状。天就说，太阳骗了仰阿莎，还使了诡计不让仰阿莎的父母找到她，所以太阳没有理。上天又说啊，你们大家看，太阳做了坏事情，害羞了，才不想让大家看见，大家一看他，他就用针刺大家的眼睛。月亮就不一样了，他坦坦荡荡，很诚实，随便大家怎么看他。最后，上天断案，决定：仰阿莎跟着月亮走。月亮走哪头，太阳就走哪头，太阳有两条路，一条路是在热天，他要跟着火走，一条路在冷天，他要跟着水走，这样他才知冷知热，诚实地过日子。而月亮冷天热天都一样。（资料来源：剑河县革东寨刘礼洪及其父提供）

《仰阿莎》是一首脍炙人口的古歌，其演唱场合也不固定。只要大家高兴就可以随时演唱，年轻的姑娘们在绣花时哼唱《仰阿莎》，小伙和姑娘在对歌时也唱《仰阿莎》，大多数是老人们在喝酒时或摆故事时演唱，三天三夜都演唱不完。用苗语传唱是《仰阿莎》传承的基本特征之一。作为叙事诗，《仰阿莎》应该是朗读的，实际上是被唱出来的。用于演唱《仰阿莎》的曲调有许多种，不同年龄、不同性别的人在演唱不同段落时各自选用相应的曲调。因此，《仰阿莎》可以独唱，也可以对唱，还可以一人领唱众人合唱，领唱者唱诗词内容，众人唱衬词。一般每句五言，曲调低沉。

《仰阿莎》不仅是个爱情故事，同时也是一个婚姻案例，向我们展示了清水江流域苗族的传统婚俗。以下我们将以《仰阿莎》古歌作为文本分析的线索，结合调查的实例，对苗族传统婚姻过程中的权力关系进行深入解析。

第二节 游方

按照清水江流域苗族传统婚姻习惯，十五六岁就可以出去"游方"。游方是音译词，意即谈情说爱。有些地方也称"摇马郎"。在《仰阿莎》古歌里也有美丽的"仰阿莎"游方的描述：

> 仰阿莎在山谷里唱歌，
> 樱桃花在半山上开放。
> 樱桃花喊仰阿莎：
> "仰阿莎！仰阿莎！
> 请你到我树边来坐。"
>
> 樱桃花红绯绯，
> 仰阿莎喜欢樱桃花，
> 跑到树脚下，
> 和樱桃花唱歌。
> 蜜蜂满山飞，
> 看见了仰阿莎：
> "仰阿莎！仰阿莎！
> 请你到我们寨子来耍。"
>
> 蜜蜂很勤快，
> 仰阿莎喜欢勤汉，

跑到蜜蜂的寨子，
吃蜜又唱歌。

画眉看到了仰阿莎：
"仰阿莎！仰阿莎！
请你来和我唱歌，
我有九挑八箩歌，
让我看看你的歌，
有没有我的多。"

仰阿莎和画眉唱歌，
仰阿莎的歌哟，
和画眉一样多。

仰阿莎爱唱歌，
仰阿莎去游方，
乌云看见了：
"鸡崽大了要找窝，
仰阿莎大了要找情哥哥。
我到天上去，
劝太阳来娶仰阿莎。"[1]

如今三十五岁以上的苗族青年，大多都有过游方的经历。而且地理位置越偏僻的寨子，游方就越普遍。也有学者把游方称为"节日择配"，在固定的时节里，青年男女挑选心上人。

对于游方，清水江流域各地的习惯比较一致，都是在寨子里设一个或几个游方场。只是有些寨子的游方场设在寨子中间，有些则设在寨子周围。通常是晚饭后，就会有一些附近的或者远方寨子的男青年邀约过来，他们以各种各样的方式告知寨子里的女孩，有吹哨子的，也有唱歌的。听

---

[1] 资料来源：苗族/苗族人 三苗网、苗族联合网（http://www.3miao.net），由张讲波、张务民等27位歌手唱，唐春芳、伍略、赵钟海、桂舟人搜集整理。

到这些提示后，女孩就一起到游方场上和男孩谈天或唱歌。游方主要在农闲时候进行，以过年过节为主，主要是农历一月到三月。在游方场所的选择上，亦有一些需要注意的细节和规矩。革东寨与偏寨之前的游方场都设在寨子中间，据当地人讲，这样可以避免年轻人一些不雅的举动，父母亲比较放心女孩出门。在施秉县双井镇的龙塘村，游方场则设在寨子外围的一个坟场上。村里老支书给我们的解释："有祖宗看着，这些年轻人也不敢乱来。"另外，游方场上也有一些不成文的硬性规定，游方场以各个家族而建，不允许外家族的人进入本家族的游方场，否则要受罚，并且要向对方赔礼道歉。男女青年群聚在游方场，不允许单独相处、超越游方场的范围界限。通常来说，能够相互游方、通婚的寨子比较固定，男女双方认识以后一定要得到父母同意才能在一起。

在村寨做调查时，老人们也时常说，以前的游方都固定在农闲时节，外寨的男青年到本寨的游方坡与本寨的姑娘游方，本寨的男青年则应回避；本寨小伙子要游方，需到外寨去与当地姑娘游方；游方不是单个的青年男女，一般是外寨的一群小伙子与本寨的一群姑娘游方，其行为也有严格的规定。[1]

例86. 游方场上有很多规矩，不合规矩的年轻人要受罚。就算是别的寨子的年轻人犯了我们的规矩，也要受罚。如果其他家族的女孩引男孩到我们这个游方场上，只要是我们本家的人看到了就会打骂。而且在游方场上谈恋爱的那些男女不能到其他地方去，如果人家看到了就会说这个姑娘不要脸。严重的还会被寨里罚三个一百二[2]。（报道人：邰 GH，男，68岁，苗族，革东寨人）

例87. 每个寨子都有自己固定的游方场。男女双方开始一伙人与一伙人对歌，对上眼了就可以两个一起，但不能超出游方场的范围。游方场范围内，男女间如何亲密，没人会管，一旦超出了这个范围，是不允许的。

---

[1] 参见曹端波《苗族古歌中的婚姻伦理与规则——以黔东南苗族为例》，载《苗学研究》2010 年第 1 期，第 26~30 页。
[2] 苗族习俗。只要犯了大事，当事人要被寨子罚一百二十块钱、一百二十斤酒、一百二十斤米。

只要有女孩认为在游方场外自己遭了侮辱，本寨的人都会对马郎客[①]进行惩罚。如果遇到女方的父亲、兄长等，马郎客就应该低头或侧过头，这样表示尊重和回避；但不能走开，那样会被认为不礼貌。（报道人：刘GD，男，43岁，苗族，施秉县人）

游方是苗族青年男女一种交往、沟通的方式。有其自身群体性、季节性、礼仪性规约，如游方设置的时间、地点，游方群体等都有固定性。从这个层面上讲，游方是作为苗族传统婚姻中一项制度要素存在的。它对婚姻过程进行最基本的利益维护，是一种资源的占有，同时也界定着通婚范围。游方的男女严格限定在可婚对象范围之内，不可婚群体直接排除在游方对象之外。

古歌中唱到仰阿莎和樱桃花、画眉、蜜蜂都谈过恋爱。但是，在乌云的劝说下，仰阿莎最终嫁给了太阳。事实上，仰阿莎与太阳从未谋面，也从未有过任何其他形式的接触，她与太阳的结合纯粹就是乌云的撮合。在革东寨调查时，我们了解到，这里的姑娘可以去游方，但是在选择对象的时候，一定要和父母说清楚，到底是哪个寨子哪个人家的，这个人家的亲戚怎么样，是否有酿鬼，这家的家族大不大等；再者，如果舅舅不同意的话，这门亲事也是不能缔结。

这里我们会首先提及婚姻择偶的问题。正如古歌中唱到的那样"鸡崽大了要找窝，仰阿莎大了要找情哥哥。我到天上去，劝太阳来娶仰阿莎"。乌云的角色是否只是一个普通媒人？乌云是下雨时候不可少的事物，从这个角度上来说，乌云与仰阿莎（水）是有亲戚关系的，就是因为有亲戚关系，仰阿莎才会相信她的话，才会跟随她去和太阳成亲。而且，在古歌中，仰阿莎的父母并没有出现，只有在革东寨流传的仰阿莎故事里，仰阿莎的父母才在仰阿莎被太阳拐走的时候出来寻找女儿。

另外，无论是在革东寨还是偏寨，甚至整个清水江流域的苗族，都不存在专业的介绍人——媒人。所谓介绍人，一般都是男女双方的亲戚，这些亲戚了解彼此的家庭背景以及男女青年的性格品行，是更为值得信任的

[①] 外村前来游方的年轻小伙子。

人。因此，通常情况下，只要是姑妈、舅妈介绍的人，双方父母都会极力赞同。这样说来，所谓苗族青年自由恋爱，在根本上是受到亲戚关系及家长权威的控制。他们只拥有自由玩耍的权利，而不具备自主选择的权利。个体在婚前处于相对自由的状态，婚姻过程中则受到整个家族、村寨关系的限制。从某种意义上说"游方"维持和规范着村寨婚姻资源的初次整合与调配。

第三节 婚姻选择

恋爱过程不可避免地要融入我们个人的婚姻观念，这些婚姻观念实质上属于文化的一种映照，既包含我们日常生活背景，也包括传统婚姻制度对个体的要求和规范，究根结底，就是指婚姻选择。婚姻选择表面上是个体行为意识，实际上却是文化的产物，也是各种权力关系的产物。正如我们在前文提到的苗族青年男女在游方中受到的诸多限制和文化约束一样，这是婚姻的第一重限制。在具体的婚姻选择层面则更加严格，如婚姻圈、姑舅婚、鬼蛊家庭等，也成为苗族传统婚姻中最为重要的一环，不仅影响着家庭、家族甚至村寨关系，更体现着这种资源利益的配置以及各种权力关系的建构。

一 婚姻圈

苗族传统婚姻有固定的婚姻圈层，即特定的地域限制，"男不外娶，女不外嫁"，这种稳定的婚姻圈又与其服饰圈相吻合。换句话说，同一个服饰圈才有可能结亲，不同服饰圈的不在婚姻的考虑范围之内。如施秉县双井镇的龙塘村与附近的凉伞村、把琴村就属一个通婚圈，为姑表关系。龙塘男女青年游方也主要在这两个寨子进行，村里的媳妇百分之八十都来自这两地。老人们也都很喜欢这样的亲属关系，彼此知根知底。因此，龙塘村两代媳妇来自同一个寨子的也不算少数。通过这样的婚姻缔约，这三个寨子形成一个稳固的姻亲联盟，婚姻资源也在三者之间有序流动。大稿午村与革东寨同属于革东镇管辖范围，相隔只有两三里的路程，服饰、习俗等都基本相同，属于一个服饰圈和婚姻圈。另外，台江县的李子寨与展下寨相距不过四五里，开亲应当很方便，但因服饰不同，彼此很少通婚。李子寨的青年们，宁可走上两三倍的路程，到服装相同的九龙乡各寨和巫脚去选择对象。① 与革东寨同属一个服饰圈且与之毗邻的源江寨就不在革东寨的通婚范围之内。当地老人说，倘若寨子中有人家同源江寨联姻了，这家就会受到祖先的诅咒，永世绝子绝孙。

例88. 老人们说，在很早的时候，源江有个鬼师。他去寨章那边带了鬼回来，到我们革东寨这段河的时候，没人给他渡船，那他就说啊，从此以后源江和革东寨再也不通婚！（报道人：张FT，男，61岁，苗族，革东寨人）

例89. 老人家是有那种说法，说要是和源江那边的人通婚了，家里就要断子绝孙，而且以前要是有人家和源江的人通婚了，寨子里的人就会孤立他家。后来两个村在半路还立了个碑，十多年前被那些年轻人给弄碎了。他们说源江和革东寨离得这么近，不通婚太不可思议了，以后喜欢谁就嫁谁，喜欢哪个就娶哪个，不用管老人家那一套。现在两边也有人家结婚的，人家也是一样生了小孩，那是老人家的迷信。在我们这边，影响还是很大。一般的人家还是不敢轻易去试，像现在和源江通婚的应该就只是那些在外面读书好（谈恋爱）上的，或者是父母有工作的。（报道人：邰CL，男，54岁，苗族，革东寨人）

对于革东寨与源江寨不通婚的缘由，有些人说是祖上有仇，也有认为祖上是结拜兄弟，究竟是什么原因，现在也没有人能够讲清楚。

例90. 原来源江村里有人想到河对岸，在岩包②被困了。那时候的革东寨人思想很保守、很落后，没有人愿意用船去接他。于是，源江被困的人就说，谁去接了他，他就请那个人到家里去喝酒、吃粑粑③，这时候才有个人摇船给他渡过河。还有一件事。原来一起分肉的时候，源江人就多

---

① 贵州省编辑组编《苗族社会历史调查》（三），贵州民族出版社，1987，第98页。
② 河中间凸出的陆地，相当于小岛。
③ 苗族对糯米团的称呼，煮熟的糯米被敲打成饼状。

派人。比如本来去十二个人，得十二份，他们就派了十三个人，得了十三份，两个寨子就互相闹矛盾。后来，革东寨的小伙子来源江游方时，这边（源江）的男人就睡在马路上拦着。源江男孩到革东寨去找姑娘的时候，他们（革东寨）也穿着带钉子的皮鞋在路上不让过。自那以后，两边就不来往了。两边老人商量，在进源江寨的路口栽一个大石头，相互诅咒。如果两个寨子的人结婚，过了这个岩石，就一定会断子绝孙。（报道人：张DB，男，79岁，苗族，源江寨人）

革东寨的邰 CB，并不接受两个寨子因矛盾而不通婚的说法。他说："以前两个村子的人是结拜兄弟，所以不能相互通婚，还立着碑。可是后来这个碑被我父亲那一代的年轻人给弄出来了。当时寨老们对着石碑下了诅咒，谁家通婚了，谁家就断子绝孙。像我们村里，以前有一家真的只生了女孩，没有男孩。"其实不止革东寨与源江寨，就是偏寨村的石家寨与杨家寨也因祖先互相结拜为兄弟，至今互不通婚，而且两个寨子相隔仅十几米。每次有杨家寨的男孩子来和石家寨的姑娘玩，她们都会躲开。另外，源江原来并不分上寨下寨，而是两兄弟组成的一个寨子，后来因为青年男女找对象太远、太麻烦，两兄弟就商量分开来住，叫孙辈称对方为舅舅，这样源江的上下寨就开始通婚了。

通过通婚圈，我们更能看出苗族传统婚姻的制度性规约。实质上，通婚圈层的设定可以说是一种资源利益的共享与维持，在这个利益基点上，婚姻的缔结整合着村寨关系。通婚圈构成了一个封闭的、"同质"的社会圈，同时也构成了划分我者与他者利益占有的标识。

二　姑舅婚

苗族社会普遍存在姑舅表兄弟姐妹间的优先婚制，即舅家儿子有娶姑妈家女儿的优先权，俗称"还娘头"。后来这种形式演变为给舅家一部分彩礼，这份彩礼苗语叫"也缰"（nix diangb），汉译为"娘头钱"或"舅爷钱"。舅家将所需财礼的数目刻在一截枫木棒上，苗语称"刻道"（kheit det）。过去，刻在木棒上的财礼数目大得惊人，贵州黄平县流传的《刻道歌》中要求的财礼是：三百头大水牯牛，三百匹骡马，三百两白银，三百只活鸭，三百只公鸡，三百幅绣花布……至于其形成与发展的原因，学者们从两个方面进行了分析，一方面是补偿婚姻，也就是一个家族给另一家族提供女性，后者同样要回赠一位女性，而且这位女性最好是出嫁姑娘的女儿，这种情况下的姑表婚其实就是以女人作为交易品的群体交换行为。另一方面，则是亲上加亲。共同的生活方式以及家族关系为再次联姻创造了条件，"肥水不流外人田"是这种行为的思想基础。

清水江流域苗族也有这种现象，只不过随着时代的变化，以另外的方式显现而已。中华人民共和国成立前革东寨姑表婚特别频繁，现在的柳川苗族一带仍然兴还娘亲。尽管表现方式各样，人们已经不再像之前那么注重姑表婚，但我们在清水江流域，苗族日常的婚姻过程中依然可以看到很多姑表婚的影子。[1] 当然，姑表婚不一定完全是亲姑舅表，而是一种泛姑舅表。[2] 如果姑娘不愿意嫁到舅家，舅家会过来抢人。因为一般娶姑妈家的女儿，舅家可以少花很多礼钱。抢到的话，两家继续交往，甚至比以往关系更紧密；没抢到的话，舅家甚至整个家族、村寨以后都和女孩家没有来往，两边断了亲戚关系。这对于历来十分重视群体关系的苗家人来说处罚最重。

例91. 我们这里娘亲舅大。一般嫁女儿之前要问舅舅，该不该嫁这家。如果舅舅说可以，那就嫁；舅舅说不可以，那就不能嫁。如果女方还是坚持嫁到对方家里，那舅舅就有意见，说既然不听我的，那我们两家也没有什么走的了，从此以后就不相往来。姑娘结婚的时候舅舅要喊钱，如果有几个舅舅的，男方就先通知小舅舅，小舅舅就会和其他舅舅商量要多少钱合适，然后由最大的舅舅去喊。这个也是不能乱了辈分的。（报道人：邰KH，男，35岁，苗族，革东寨人）

例92. 娘亲舅大，爹亲叔大。最大的应该是舅舅，家里有什么事情，叫舅舅过来，那就是一句话。舅舅可以喊钱，姑妈不可以。姑妈最多介绍

---

[1] 本文所述姑表婚主要指清水江苗族较为流行的母方交表兄弟婚，即一个女子需要嫁给母亲兄弟的儿子，舅家的儿子有娶姑家女儿的优先权。
[2] 曹端波：《苗族文化的社会控制》，《中央民族大学学报》（哲学社会科学版）2008年第1期，第63~69页。

个人家，送点布，其他的什么也不管。我们小的时候和舅舅、姑妈家结亲的有百分之八十了，改革开放以后就少得多。现在我们很多人都可以读点书，都知道近亲结婚不好，血统是越远越好。（报道人：邰 GH，男，68岁，苗族，革东寨人）

例 93. 我们这有些人家的女儿如果生的日子太大了，（至于什么叫大，我也不知道）怕以后没有娃娃，就和舅舅家里商量，把女儿嫁给他家儿子，舅舅家不同意就算了；舅舅同意的话就挑个日子买只公鸭带去，把公鸭杀了以后一起吃，婚事就算定了。定了以后，如果姑娘长大了，就要嫁给舅家儿子。当然，舅家儿子如果不同意，那就算了，不要赔什么东西；如果这个女孩不愿意，舅舅家愿意，那也得嫁。不过我们这里的人一般也看小孩自己了。（报道人：邰 CY，女，33 岁，苗族，革东寨人）

革东苗寨、观么乡等地的姑娘出嫁时，父母得不到任何礼钱，倒是姑娘的舅舅有权跟男方家讨论礼钱的事情。而且一般舅舅要多少，男家就给多少。这就是"还娘头"，当地也叫"舅舅喊钱"。新娘如果有几个舅舅，就由大舅舅喊钱，新娘的外祖父或外祖母分钱；如果外祖父母不在世，由舅舅们自行商量；要是得钱比较多或舅舅比较好的话，就会分部分礼钱给新娘的父母。这是因为新娘母亲出嫁时，舅家吃亏了，不仅劳力少了一个，还花钱为姑娘的妈妈准备了一身苗衣。姑娘出嫁时就有义务来帮她母亲来还这一份人情。

例 94. 男方家派本族中有头脸的人挑个公鸭、四五斤米、四五斤肉到女方家里。女方家则把这些东西挑到舅公家，问舅公家要多少礼钱。因为当年女孩母亲嫁过来的时候舅公家花费了。女方家陪男方家一起去，这在当地叫"休舅公"，男方拉着女方的爸爸去问舅舅要多少礼钱。当然，在路上双方都会大概讨论个价钱。这时候，舅公会把钱放在桌子上，比如他放十张 1 元钱在桌子上，然后说 1 元代表 100 元，要男方人去挑。如果在路上商量的是 600 元合适，男方代表会捡起六张。舅公要是觉得不够，就会说你再挑点吧，男方代表就会象征性地再捡起两张。舅公同意就表示说好亲了。如果舅公要的钱太多，女孩的母亲就会在旁边说我当年出嫁并没有陪嫁多少之类的话。（报道人：曾 K，男，60 岁，苗族，巫包村人）

多数学者认为，姑表婚体现了一种舅权思想，这是原始母系氏族社会在人们心目中留下的集体无意识状态，也是母系氏族社会存在的根据。清水江苗族的"还娘头"婚俗是舅权的典型体现。可以肯定的是，姻亲关系中舅舅是母亲一方最有发言权的人。当妇女在男方家里受到欺负或者被歧视的时候，舅舅是理当走在最前面来为自己的姊妹赢取利益的人。如革东寨吴SN二儿子说的："我们这里只要夫妻吵架了，比方说如果我和我爱人吵架了，她有理，我没理，而且打她了，那她就会去娘家告诉她兄弟。她兄弟就会带整个家族的人，来我家里吃饭喝酒，等吃饱喝足了就问我们两个是为什么啊，谁有理。所以，我们夫妻之间一般都不会闹得很凶。"在偏寨也是如此，结婚时候舅家的人坐最好的位置，送的礼也比较多，因为他是属于亲属关系中最亲密的那一层。

"舅权"在苗族村落生活中具有不可忽视的地位和作用，也是女方得以依靠的权力来源。对于女方家发生的任何事情，舅舅有权第一个过问，包括女方子女的生活、成长及家庭婚姻大事。这种传统观念在苗族村寨一直都很强，它不仅是一种权力资源，也是权力制衡的一极。舅舅有权通过民间传统办法，如去男方家拉财产、杀猪杀牛等方式处理事情，别人没有干涉的余地。在调查期间，我们还听到了这样的故事：一个县长的女儿，她舅舅主张两家结亲，县长家里不是很同意，姑娘舅舅就找整个家族的人过来抢人，抢了以后，直接抬一头猪过来，就算是定了婚事。县长也没有办法，因为当地的司法机关，对这一类传统性很强的事件毫无办法。

有趣的是，在清水江流域的苗族地区，一般姑妈做媒的很多，舅妈却比较少见。如革东寨的邰MF，她的婚事是由一个姑妈介绍撮合的。对于姑妈来说，娘家结亲顺利，能找到满意的人家，自己也就成了两个家族联姻的介绍人，地位自然要比以前高些；而舅妈毕竟是姻亲的姻亲，关系自然远了一些。

此外，苗族有"抬姑爹"习俗，苗语称"丢第优"，意为耍姑爹[①]。

[①] 苗族群体热闹互动方式之一。一般在结婚场合进行，主人家的姑妈、姑爹等前来送礼道贺，其间，大家"戏耍"姑爹助兴。耍者通过各种名义向被耍者讨钱娱乐，被耍者碍于面子等都会满足耍者的要求。

我们到龙塘村的第三天，就见一户人家院子里特别热闹，男人杀鸡、女人烧水，忙得不亦乐乎。经了解后，才知道大家在打平伙。年初有人家结婚的时候，一个酒堂的人抬姑爹了，得了1000多元的赏钱，便趁"卯节"刚过，大家都在的时候，买鸡买鸭，打打牙祭，夜里还要一起到坝上去踩鼓。

例95. 我家堂哥结婚，请姑妈、姑爹和舅舅、舅妈等亲戚喝酒，大概有一百多个，都是男方家的亲戚。看日子的好坏举办喜酒。喝酒的第一天，每个酒堂的人家都分些客人在家吃饭，最后一天，就到大坝上，一起喝酒唱歌，我妈妈和一个酒堂的妇女就去抬姑爹。一般男人不去，我伯母也不会去，因为是主人，不好意思。抬的时候，姑爹和舅老爷都得意思一下，有时候还会给不少钱。（报道人：邰L，男，18岁，苗族，龙塘寨人）

表 5-1　革东镇苗族亲属称谓①

女性（daib gef）		男性（daib dieb）	
普通话	苗语	普通话	苗语
妈　妈	mais	爸　爸	bad
奶奶/外婆	wouk	爷爷/外公	gheut
大　姨	mais loul	舅　舅	daib nenl
小　姨	mais miul	大　伯	bad loul
姑　妈	daik	叔　叔	bad yet
女　儿	daib gef	儿　子	daib dieel
媳　妇	dail niongb	女　婿	dail jid
舅　妈	daod mongb	姑　父	daib yous
婶　婶	mais miul	大姨爹	bad loul
伯　母	mais loul	小姨爹	bad yet
孙　女	mangb gef	孙　子	nlangb dieel
外孙女	mangb khait	外　孙	nlangb dieel

当地苗族的亲属称谓，主要由性别及亲属关系远近来区分。从表 5-1 可知，称谓相同的有，爷爷与外公、奶奶与外婆两组；姨娘与妈妈、叔伯

---

① 苗语由革东镇大稿午村吴涤清老师提供。

与爸爸的称呼类似等。值得注意的是，妯娌与小姨的称呼一致，都称作 Mais Miul，这是否表明了苗族有些地方妯娌之间象征着姐妹关系，似乎暗含"兄长娶什么样的媳妇，弟弟的媳妇也要差不多"的说法。当地人也总是在说："两个媳妇不能在人品、家庭背景、能力上相差太多，要不然不好相处，因为她们要像姐妹一样。"奇怪的是，舅家和姑家可以通婚，与姨娘家却绝对不允许。或许可以从中推测：称呼表明了血缘关系的远近，同时也关系着是否在通婚之列。把姨娘当妯娌一样看待，这不仅表明女性亲属平常关系的亲密，同样可能也体现了姨娘家的孩子也如叔伯家孩子一样，关系比较近，不能结亲；又或者是因为，两家关系已经拉得太远，属于姻亲的姻亲关系，即双重姻亲。亲属称谓体现的亲族关系上的远近是对事实婚姻的一种补充，即告知人们过于疏远的姻亲也不利于家族的发展，从而要避免重复疏远。这就要重新建立自己的姻亲关系，从而有利于扩大家族发展的需要。

尽管当地人都说舅舅和姑姑都亲。但是，舅舅总是具有优先权，定娃娃亲和办其他事情都是如此，如结婚时舅舅就可以"喊钱"，姑妈却不能。在结婚送礼上，以前姑妈要送布以显示自己的身份和地位，现在都是送钱，很难再体现那份血缘的特别。总而言之，革东苗寨舅舅的权威较姑姑要大些，舅舅本身就是母亲娘家权力的象征，"舅舅喊钱"这一事项也实实在在地凸显了"母舅为大"的社会关系。20 世纪五六十年代，革东寨表兄妹结婚的还是比较多，有一半以上。就算双方不是表兄妹，也基本上是姑妈家或者舅家相应家族的人，以相同的称呼体现。自 20 世纪 80 年代后，国家加强了对生育健康的引导和宣传，加之人们思想观念的转变，姑舅表婚的形式发生了变化。

正如我们之前已经讨论过，姑表婚尽管已非古时的表兄妹成婚的形式，现在清水江流域苗族的姑舅表婚以另一种方式存在。这种方式就是亲属关系的延续，即本村所有的姑娘嫁出后都被称为姑姑，而姑姑所嫁的村落与本村是联姻关系，则只要本村的未婚者是经姑姑们介绍，或者其他途径与先前的联姻村落再次婚配，这种性质也类同于姑表婚。前辈学者在探讨婚姻选择时，首要提及的就是婚姻禁忌所引发的内婚制与外婚制，而姑表婚在某种程度上来说应该属于内婚制的范围。严格的姑表婚是在早已结盟的婚姻共同体中举行的。因此，重复联姻加强了联盟，使得通婚被限制在原本的联姻体之间进行，从而形成了另一文化层面的婚姻圈。

三　巫蛊

巫蛊，也叫"酿鬼"或"鬼蛊"。它是苗族婚姻选择的第一大忌讳，被视为巫蛊的人家总是打上诸多不祥的烙印。巫蛊家庭的子女，要么找同类（同样有"巫蛊"的家庭）进行婚配；要么就远嫁他方。在婚姻所组成的社会网络中，"巫蛊人"显然关联着社会道德情感——"邪恶"与"正善"、"异类"与"同类"之区分。这是一个社会的两个对立性范畴的概念建构，是社会强加的对立角色，是被社会认定的伤害他人的非自愿获得的角色。[1] 就是因为这种角色的可构造性使得"巫蛊"成了人为划分群体的典型标识。

从人类的交往形式来说，"巫蛊"作为一种社会文化的控制手段存在，它协调着人类群体的交往模式，让人们在婚姻或其他交往形式中得以分类，从而有秩序地维持整个群体的发展。[2] 婚姻制度实质是人们分类的一种手段，"巫蛊"也不例外。只不过这种手段进行得更为隐秘，更为难以捉摸。当"巫蛊"与婚姻结合在一起时，这种分类就更为明显。苗族社会的整合基点在于亲属关系，非亲属关系的人也就成了他们的对立面——异类；这些异类不是有"蛊"便是有"鬼"，以此为据社会被划分为"干净"（无鬼蛊）和"不干净"（有鬼蛊）人家的二元对立。"巫蛊"是带有巫术思维特征的社会性分类标签——我群为人，他群为鬼。有了这样的标签，就能够分辨敌友、自我和他者的界限，不过这个标签在苗族中只是人与鬼的分类，衍生到人与人的分类。这种分类不仅是"非我族类其心必异"，而且是"非我族类非人也"[3]。一方面，联姻使小规模的空间得以扩

---

[1] 参见刘锋《"鬼蛊"的想象与建构——以黔东南苗族聚居区为中心的考察》，载《思想战线》2007年第5期，第9~15页。
[2] 参见曹端波《苗族文化的社会控制》，载《中央民族大学学报》（哲学社会科学版）2008年第1期，第63~69页。
[3] 参见刘锋《"鬼蛊"的想象与建构——以黔东南苗族聚居区为中心的考察》，载《思想战线》2007年第5期，第9~15页。

展,这有利于人们获取更多的生存资源;另一方面,姻亲集团必须高度稳定才能满足游动社会的人口再生产。

因此,以"巫蛊"观念想象与建构我群与他群的界限,"洁"与"不洁"的区隔,最终实现了群内资源的稳定利用。根本上,由"巫蛊"影响的姻亲间结盟有利于实现小社群的高度整合[①]。而整合又反作用于联姻,使得后者更具集聚力。可以说,"巫蛊"划分的类别加强了婚姻圈的封闭性。同样值得一提的是,被划分为有酿鬼的人家,无奈之下,也会做出一些超出婚姻规则的选择。比如,在这些人家,可能族际通婚会更为普遍。因为,用当地人的话来说,汉族不在乎这些不干净的东西。从这个角度来说,封闭性被部分打破,有其开放的一面。

苗族社会具有"均"和"亲"的特色,如果某一家发财、做官,或者其家庭与整个社会团体不和,即有可能被视为有"蛊"、有"鬼",遭到整个社会群体的心理驱逐[②]。

其实,"巫蛊"包括"巫/鬼"与"蛊"两类。革东寨邰 HS 说,"酿鬼"和"蛊"是两码事,"蛊"比"酿鬼"更严重。"酿鬼"是别人的猜测或别人对这些人家的一种隔离方式。

例96. 鬼是什么东西,谁也不知道。酿鬼人家的小孩都没有人敢要,虽然我们也知道是假的,但是我们也不敢和这样的人家结亲啊。因为你一结亲了,你的亲戚朋友就都会隔离你,说你家不干净,不是"好客"。一般一个寨子有一两个酿鬼。蛊就不一样了,蛊传女不传男。像以前的女人,怕自己男人在外面乱来,就在他身上放蛊,他就会觉得身上不舒服,只有回到这女人身边才会好。放蛊可以有各种各样的方式。有些放蛊在菜里,比如你和别人一起去一户人家吃饭,那个会放蛊的女人喜欢你,就放蛊在你吃的菜里头。只有你吃了以后会中蛊,其他人没有反应。这时你会觉得肚子或喉咙不舒服。放蛊是因为喜欢你才放,而不是

[①] 参见刘锋《"鬼蛊"的想象与建构——以黔东南苗族聚居区为中心的考察》,载《思想战线》2007年第5期,第9~15页。

[②] 参见曹端波《苗族文化的社会控制》,载《中央民族大学学报》(哲学社会科学版)2008年第1期,第63~69页。

因为要害人。因为她身上养了太多了，难过，然后就找喜欢的人放。有时候她用脚轻轻碰你一下你就中了，然后她用手在你面前轻轻一挥，甚至都不用碰到你，就又没事了。（报道人：邰 DE，男，68 岁，苗族，革东寨人）

首先，"巫蛊"人家是"被归类"的人群，通过界定群体影响通婚范围。

例97. "酿鬼"是不能接触的。它就像现在的甲流和以前的 SARS 一样，是一种病毒，并不会因为你这个人本性善良，不想传染给别人和不害别人你就没有。它传染很快，只要被感染了，人就会陷入一种不由自主地害人的境地，使得自己处于一个坏人的角色中。（报道人：杨 J，男，40 岁，苗族，剑河县人）

例98. 有鬼的人家阁楼上都有乌鸦，家里有几个人，就有几只乌鸦在上面，所以本寨人能够知道寨子里哪家有鬼哪家没有。当地人只要身上有点毛病，就觉得是有鬼人家害的。他们一般有几种方式可以解决，一是去有鬼人家弄点中柱上的木屑烧水泡了喝；二是去他家弄一只鞋子吊在自己家，这样的话，病都自然会好。蛊事实上是蛇的胚胎。在很久很久以前，蛇的胚胎在河里漂着，从上游到下游。有一天，一个姑娘很早就去河边挑水，蛇的胚胎就顺着她的扁担爬上来，这以后，这个姑娘就有蛊了。蛊一般传女不传男。据说，很早以前，有个女人身上有蛊，她只生了两个男孩，没有女孩。但是这个蛊一定要传下去，所以她就传给了小儿子。因为她的蛊是青蛙蛊，她就让小儿子每天背一个装有青蛙的箩筐在背上。后来人家就问，小弟弟，为什么你背上总是背一个箩筐呢？那小孩就说，是我哥哥叫我背的。后来他哥哥放火把这个小孩给烧死了，他家也就没有蛊了。（报道人：徐英迪，课题组成员）

例99. 以前有个媳妇，早上挑水起得太早了，井里有很多虫，她就用扁担搅水，想把那些虫子赶走，但是那些虫子不但没有跑，反而沿着扁担爬到她的身上了，后来她就有"药"了。药一般是只传女人的。比如说一个老人家有，她就会在死前把衣服给她的女儿，她女儿如果接受了，那也就是带"药"的人了，如果她女儿说，妈妈，我不要你的衣服，谢谢你，我自己有很多，你带到那边去吧。那就不会着，那种"药"也就随这个老人家一起去了。如果家里没有女儿，老人就会挑一个自己最喜欢的媳妇，跟她媳妇说，这件衣服啊，或者这些首饰啊送给你，因为只要是她用过的东西都是可以传的。要是这个媳妇也说：妈妈，谢谢你，我已经有很多新衣服了，你自己带走吧。那她也是不会着的。"鬼"的苗话叫"久噢波"，也叫蛇。很早的时候，天上有一个大脚生了"银动莫"和"新动扫"①，生出来以后发现是个空蛋，里面什么也没有，就把它丢到地上。在虎的年岁，也就是十三岁的时候，蛋里的两个人才出来。但不知道为什么，没到十三年的时候，这个蛋不成事，臭了。那些长长的茅草就把它吃了，生出了鬼，也就是向勾②。有一天，一个爸爸早上去割草，回家后就着鬼了。然后有人家小孩肚子痛，就喊道：那个人想吃鸡啊，那个人想吃狗啊，想吃我们家里的梅菜啊。大家也就知道是哪家了。这个时候，生病的小孩家里就请个鬼师过来。鬼师用一个大筛子，把这些东西都装起来，喊那个人过来吃，口里头念叨：你家是好人，你吃了这些东西以后就不要过来找他了。这样那小孩的病就好了。再比如，我家一个嫂嫂刚生了个小孩，只有三个月，小孩眼睛睁不开了。我们大人就在旁边叫道：呸呸！我知道你们家里有，我们都是这里的好人家，平常也都一起喝酒吃饭，你怎么还是这样，你怎么好意思啊！你还是走了吧，要不然，以后在这里谁和你来往啊！那小孩就好了，眼睛也睁开了。我们这里还有一个刚嫁过来的新媳妇生病了，她在梦里喊道："妈妈啊，我起不来了，我看见了那个奶奶，她来抓我了。"她婆婆一听就知道是谁了。于是，家里请鬼师过来，鬼师说她要吃狗、吃鸡，还要杀鱼。家里就找了一个大筛子，把这些东西煮熟了，放在上面，边筛边说：你吃吧，吃了你就放了她，你就好好地走吧。（报道人：刘W，女，63岁，苗族，施洞偏寨人）

"巫蛊"不仅作为婚姻分类的方式，也是苗族日常生活的社会控制手段。人们通过这些去划分"我类"与"他类"，并通过所谓的"巫蛊"群

---

① 传说中的两个祖先，苗语音译。
② 鬼灵，苗语音译。

体，划定了联姻范围，也便从根本上决定了社会交换的标准与原则。

其次，"巫蛊"影响着人们的婚姻选择行为。苗族社会的"酿鬼"是对一个家庭或者家族的排挤，"蛊"则是对女人的一种指责。在龙塘村，我们听到这样的故事：很久以前，有一个地主家的女儿特别漂亮。一穷小伙喜欢上了这姑娘。因为两家的背景相差太大，地主并不答应他的求婚。于是，穷小伙开始散播谣言说他家有鬼，大家听信谣言后就没人敢到地主家提亲了，也没人敢娶地主的女儿。地主没办法，只得答应把女儿嫁给他。尽管小伙子最终得逞了，娶了心仪的姑娘，但自家因为和地主家里联姻也成了"鬼蛊人家"。① 另外还有一个传说，原来有两家争田水吵架，有一家不服气，想报复，就在外面散播谣言，说对方有酿鬼。以至于那家在寨子里只能夹着尾巴做人，儿女也找不到对象。

"巫蛊"划分群体最有效的途径在于划定联姻群体，它已经深入人们的头脑中，成为清水江流域苗族婚姻选择中的首要标准之一。正如革东寨邰 LS 认为的，"巫蛊"通过血液传染，一代又一代。当双方联姻时，"巫蛊"传染最厉害。所以当地人找对象的时候，首先要调查对方的家庭情况，是否鬼蛊人家，是否有亲戚传染了鬼蛊等。如果满意对方，就会说这家"客好"，反之则说"客不好"。"客不好"在很多时候就指有"巫蛊"，或者与有"巫蛊"的人家有关联。在他们看来："苗族中所谓的家族好不好，一般是划定一个区域；另外看亲戚广不广，只要你家有一个亲戚，或者舅舅，或者姑妈找了一个不受欢迎的人家，你也会受影响。还有就是弟兄少、姑娘多的人家也不受欢迎。"② 可以看出，苗族社会联姻，物质上贫富不是第一位的因素，"巫蛊"才是。

例 100. 我一个堂哥和嫂嫂是同学，两人谈了七八年。堂哥把嫂嫂带回家后我伯母特别不喜欢，因为她听亲戚说这家的"客不好"。我们这些亲戚也坚决不同意。但我堂哥坚持要娶嫂嫂，伯母没办法，也不帮他们举行婚礼。嫂嫂当天晚上按规矩来了，第二天伯母家就把她送回去。没有请

---

① 资料来源：施秉县龙塘村 2008 年 8 月田野调查。
② 资料来源：施秉县龙塘村 2008 年 8 月田野调查。

客,也没有办喜酒。嫂嫂也是地方上的,就因为同一个地方,才彼此知根知底,我伯母他们才坚决不同意。后来,我堂哥夫妻俩到外面工作了,另外举行了婚礼,我们家这边的人都没有去,连我伯母和伯父都没有去。但女方父母和她们的一些亲戚去了。现在他们还在外面,小孩都生了。我伯母现在的态度才软下点,毕竟是自己的小孩啊。但她对外面的说法也还是要坚决,因为这样人家才不会说家里"客不好"。只要这桩婚事你没有同意,和他们断绝了关系,那亲戚朋友还是会愿意认的。(报道人:张MF,男,27岁,偏寨人)

例101. 我姐姐(20世纪)90年代结婚,她初中毕业以后就出去打工了,认识了我现在的姐夫。姐夫的村子不远,听说他家有亲戚闹鬼,我妈坚决不同意他们的婚事,还威胁我姐,要是她嫁过去了,就和她断绝关系。就连我外婆和舅舅们也十分生气。相对我们家来说,姐夫家人少。我爷爷奶奶在村上还是有头有脸的人物,所以我们家里怎么说也不同意。后来我姐偷偷地跑过去了,他家里还大办酒席,而且当天就办了鸭子酒。我爸妈那个气啊,真是没有办法说。最后大家一起商量,打算第二天把我姐姐抢回来。但考虑到如果硬抢的话,肯定会闹个两败俱伤。所以就想了个办法,那就是将计就计。我们这边举办婚礼时,第二天男方要派人过来取嫁妆,我们计划先同意给嫁妆,让他们放松警惕,把我姐按常礼送回娘家。然后我们就在路上把新娘抢过来。大家商量好了,就按这个法子去办。第二天,他家派人过来时,我妈他们假装同意,因为那套嫁妆很值钱,在我姐回娘家时还要穿回来。就在我姐回娘家那天,男人们就在半路上等着。等男方家人到了,妇女们把我姐接到后,躲在山里的男人就直接把人抢走。我姐回来后被关在屋里,就像电视里演的那样。有一天,我姐趁爸妈不在的时候,从二楼那个房间的窗户跳下去逃走了,逃走以后就和我姐夫去外面打工,直到生了小孩才回来。这时候我妈他们知道已经晚了,我舅舅很生气,但这也是没办法的事啊。满月酒倒还是按常规办的,我爸妈现在只能默认了。但是,我妹妹就惨了,我家里人怕她走我姐的老路,初中一毕业,大概十八岁吧,姨妈就帮她介绍了人。两人没多久就结婚了,婚礼办得很隆重。在我们苗家,父母双方同意或者安排的婚礼一般都很隆重。父母不同意的,男女双方就只能偷偷地在一起。我妹妹嫁过去

以后没几年就生了小孩。我每次问她过得怎么样,她只是苦笑说什么感觉也没有。(报道人:张 HF,男,29 岁,偏寨人)

"巫蛊"对婚姻的限制,以及影响人们婚姻观念的程度可见一斑。调查期间,那些适龄结婚的年轻人告诉我们,他们自己现在也受到这方面的困扰。虽然年龄大了,父母也总催自己找对象,但是每次想到这些兄弟姐妹的遭遇就不寒而栗,也不敢轻易跟父母说自己喜欢的对象。要是对方"客好"还罢,"客不好"的话又不知要闹出多少问题。"巫蛊"影响了人们的婚姻观念,并指导人们的婚姻选择实践,最终划分出联姻群体。在这里,婚姻从另外一个角度成了一种社会控制、社会歧视的手段,酿鬼则是载体。联姻可以扩大家族的势力范围,这是一个不争的事实,但是,婚姻作为最有效的集团表现形式也成为社会反抗或者歧视他者的一种最有效的手段。如果这家人有酿鬼,那么他家里子女在当地就找不到对象,也就只得向外寻找对象或是婚配同样有"酿鬼"的人家。婚姻一方面排斥了一群人;另一方面,又整合了一群人。人们通过对"鬼蛊"的想象与建构,将社会群体分为"干净"与"不干净",主要作用在于使社会群体高度整合,而这一高度整合的途径在于排斥社会边缘群体。[①] 为我者与他者划分出一条明晰的界限,苗族社会也正是因为婚姻圈构成了无数个利益群体网络。

第四节 礼物

莫斯在《礼物》一书中,详尽地描述了礼物作为传统社会交换形式所具备的功能,他认为送礼与收礼在很多时候是一种义务,"馈赠作为一种具有二元性和通融性的行为与制度,其理想的实践和发展条件存在于那些人与人之间的社会基本关系式生产和再生产,人既是个体又是自身所属群

[①] 曹端波:《中国西南少数民族的社会分层与层级婚》,《思想战线》2008 年第 5 期,第 14~19 页。

体代表的社会中","只要有人际关系解决事情的场合,就有馈赠"。① 从这个角度上说,礼物就是联系文化网络有力的工具之一,因为有礼物,人与人之间的关系才更紧密。而且,礼物作为婚姻中必不可少的一部分存在,它影响着婚姻的质量以及姻亲关系的好坏,即礼物在婚姻文化中作为权力运用的手段存在。

表5-2 革东寨传统婚俗中的礼物

恋爱(姊妹节)		每年农历二月十五日姊妹节晚上,男孩会向心仪的女孩讨糯米饭,表示喜欢对方。女孩要送糯米粑粑给男孩。一般到出嫁年龄的女孩家里,在这一天都要准备糯米粑粑,大的有十斤,要一对。做粑粑的时候,女孩的家族朋友一起来,有几个有意中人了,就做几对。女孩平时可以送苗衣、手链等给男孩,但这个时候,装糯米粑粑的篮子里,还要放一些其他有代表性的东西给男孩,这些糯米饭叫姊妹饭。送给男孩的时候,如果在上面放松针,就表示喜欢针线,希望男孩买针线送给自己,送板栗树叶则表示希望男孩送钱;如果送的是辣椒和鸡蛋就表示女孩不喜欢男方了。在男孩退还篮子的时候就会装上女孩要求的东西。如果知道女孩不愿意了,要在篮子里放点糖和酒。
提亲		男方要买一只公鸭作为礼物。去提亲的人要单数,回来的时候则需要双数,往往是女方家再派人一起过来。如果女方家接受了,就会把鸭子杀了,并且杀一只鸡,整只鸡直接煮,因为他们要在煮熟以后,看鸡鸭的眼睛。如果两个眼睛是睁开的,就表明这门亲事很好,可以同意;如果眼睛是闭着的,则表明这门亲事不能答应,否则有祸。当然,鸡鸭的眼睛也不能一只睁、一只闭,这样也是不吉利的意思。
婚礼过程	取嫁妆	男方请家族中会唱歌、喝酒,且能说会道的两个中年人,去女方家告知新娘已经接到。不像提亲的时候是单数,这时候则要双数了,因为好事已经成了。这两个人提一只公鸭,公鸭的头上一定要是绿色,绿色代表吉祥。 女方家人就把给新娘准备的嫁妆,即苗衣、裙子、背带和银饰用篮子装好,另外还有一些日用品,一并要男方客人带回去。
	族人陪客	家族里的女人们每个人带一盘菜、一斤酒一同来陪客人。男人不允许参与陪客。菜品不论荤素,随各家经济情况而定。
	回娘家	男方家族兄弟抬一头两三百斤的活猪去女方家,还要带几百斤熟糯米、公母鸭一对,以及三条、五条或七条重七八两的鱼。
	坐家	只要是过年或者过节,男方都得按当时的节日需要送礼给女方家里。但不能少的是,每次都要一只公鸭和一两斤酒。之后接女方回男方家也是一样的礼物。

---

① 〔法〕莫斯:《论馈赠》,卢汇译,中央民族大学出版社,2002,第6页。

偏寨婚俗中所需要的礼物与革东寨相似。但两地婚俗中的礼物也在时代背景下悄然发生着变化。下面我们以施洞偏寨婚礼为例，进行说明。

表 5-3　施洞偏寨婚礼过程中的礼物变迁

婚姻过程＼年代	恋爱	提亲	迎亲	回娘家	坐家
20世纪60年代以前（受访人：张H，75岁，男，1956年结婚）	没有送礼。两人情投意合，亲戚介绍认识。	没有提亲	没有送礼	送女方一头猪，女方回赠一只猪蹄，二十斤左右；送女方家约五十件衣服的布匹和钱（这些都是男方亲戚送的），两只绿头公鸭，一只鸡，一坛二十斤左右的酒，五十斤左右的米。回娘家时候，新娘在新郎家里留一件自己的新衣服，代表出嫁了，与现在的"订亲"差不多。	过节时，如果新娘不跟着新郎回婆家，就什么都不送，如果回来，一般在端午节的时候吃粽粑；去接新娘的时候，用白帕子包一包两三斤的糖和一只公鸭。
20世纪60年代至20世纪80年代（主要采访对象：李B，55岁，男，1978年结婚）	男方有钱的话就买东西给女方吃，花生、葵花籽等，女方则送男方一大包糯米。	没有提亲	没有礼物	杀一头猪，男方留半边给村里老乡吃，送半边给女方，女方回赠四分之一；五到十斤的大米及部分亲戚送的糯米饭，一只大的很好看的公鸭，一两斤的烟。	过龙舟节、重阳节的时候会把新娘接过来，但没送礼物，后来也没有送。
1980年至今（受访人：张R，男，33岁，1997年结婚；吴GQ，女，34岁，1996年结婚）	张：只送些小东西，当时太穷了，具体不记得了。吴：记不清了，很小的东西。	没有提亲	张：没有带礼品，只带了一些炮火。吴：什么也没有带。	张：两头两百多斤的猪，女方回赠一头猪，一只四五公斤的公鸭，还有一千多块钱，一盒茶叶，一条烟，一袋盐，四五百斤糯米饭，很多水果、糖。吴：两头两百多斤的猪，女方回赠一头，一些银花、钱、苗衣、布鞋，一只公鸭，一坛酒，十斤糯米饭，十斤大米饭，还有很多水果。	张：端午节的时候，男方送了一只鹅，其他节日都送一只鸡，再接回家的时候，送了一只公鸡，而且是本地鸡，还有四五斤糖。吴：端午节送了一只鹅，其他节日送了一只鸡或者一只鸭子，再接回家的时候，什么都没送。

这里，我们可以将"礼"看作"实物礼"和"人情礼"，尽管两者在根本的功能上是一致的；从礼物的赠予对象上，我们又可以分为"予人"与"予神"的两种礼。

实物礼。这种类型的"礼"具体可见。在传统婚姻仪式中主要有家织布、糯米、公鸭、米酒、银饰、猪，现在则加上了糖果。这些东西对于苗族人家来说，十分普遍。所以，当需要送礼的时候，人们只有在礼物的数量上进行区别。比如，从亲属关系的远近上，从两家交往的紧密程度上，从相互之间的角色关系上来区分应该送多少。当礼用实物表现的时候，实物就成了人情关系的一种象征物，这种象征物受到生活方式及地理环境的影响，具有民族特色与地方特色。糯米，通常是糯米饭和糯米糍粑，在苗族传统生活中扮演着重要的角色，一般与人生重要礼仪和节庆相关联，如婚丧、苗年等。家织布，同样扮演了相似的角色。银饰是苗家姑娘最看重的装饰品，赠送银饰，既是关系亲密的体现，也是显示家底的机会。猪主要是新郎家里给女方娘家的礼物。米酒和公鸭，是每次送礼过程中必不可少的两样东西。公鸭代表龙，也就是"送龙到家"的意思。嫁出去的女儿在每个节日，特别是大节都要回娘家，并带一些糖果、酒、一只公鸡或者公鸭、几斤猪肉。过节的时候，家里通常会杀鸡宰鸭，子辈会将鸭尾、鸭脯、鸭肝（鸡尾、鸡脯、鸡肝）送给长辈，尾巴代表老人，送鸡鸭脯肉表示把最好的肉给老人吃，表示尊敬老人。而肝表示心连心，大家永远是一家人。在苗族风俗中，公鸭是在水里生长的，就像龙一样神圣并给人带来福祉。

人情礼。莫斯认为，人之所以必须接受馈赠是因为受馈赠行为本身要求的义务所致，而之所以必须接受馈赠，是因为不愿意因拒绝接受而与人产生矛盾，至于回赠义务，他认为是宗教和神秘信仰在起作用。[1] 但是，相对于后一种对于回赠义务的分析，在我们所研究的结婚礼物中，我们更倾向于莫斯的另外一种说法，即馈赠中的"竞争性"与"非竞争性"的区别导致的人们回赠的需要。也就是说，我们在日常生活中所习惯的"人情"与还礼的需要。所谓"馈赠中的竞争性"，在婚礼中的体现就是各家

---

[1] 参见〔法〕莫斯《论馈赠》，卢汇译，中央民族大学出版社，2002，第7页。

为了显示自己的实力,以及与别人的不同之处而特意赠送比较多的物品,或者为了博得众人的好评而馈赠更多的礼物。比如,在清水江流域的苗族地区,新娘回娘家的时候,新郎家里都会赠送猪,家庭富足的赠送三头,一般家庭则是一头。但是现在,人们为了掩饰自己的家底,基本上每家结婚都是赠送三头,他们说这样人家才不会看不起。而"非竞争性的馈赠"如,当男方送猪给女方的时候,女方要部分回赠。如果是一头,就回赠一条猪后腿;如果是三头就回赠一头。而且,同一个酒堂的人过来喝酒的时候,女客人都会自觉地带一尺布、两三斤米。男人通常是二十块钱左右,不会有人另外多给,因为你多给的话,旁人会看不惯,从而觉得你是故意显家底、显特殊。表面来看矛盾的两面却是十分有道理的,前者要比的是新婚的家族势力,这些排场是给整个社区看的,是炫耀也是暗示实力;后者则主要在社区的同一个群体中进行,如果区分送礼,则打破了内部平衡,不利于团结,这也是苗族社会"均质性"的明显体现。

另外,礼物的赠送对象也存在着人与神之分。礼物在人际交往中占据重要位置,没有礼物,就没有因为礼物而引发的馈赠、接受、回赠的过程,人们之间的社会关系也可能因此产生变化。在这里,礼物并不仅仅是指具象上的实物。在乡村生活中,人们之间的互助行为也是一种礼,这个礼是无形的,既分亲疏,也分关系的性质。在苗族的婚俗中,新郎、新娘的舅妈和姑妈要送近一件衣服的布匹,旁人则只需要送一两尺表示一下即可;新娘的家里送整套衣服和银饰,新娘的姊妹则按经济条件送些银饰品,而同一酒堂的人不需要赠送;新郎家里摆酒席的时候,同一个家族的亲戚朋友是不能少于两百块钱的,但是同一酒堂的男人则一二十块就可以了。偏寨的张 XM 这样叙述她结婚当天的情况,"那一天,家里怎么说也有十几二十桌酒。过来喝酒的时候,男人送钱、女人送布,看关系亲疏来送。如果是堂兄弟这类的,就送一两百块钱,平常一个排①的就送十块二十块。姑嫂就送五六尺布,平常的人就送大概一尺多点就可以了。"同在偏寨的 Y 妹则告诉我们,在她结婚当天,当新郎的一个表哥拿出 5000 元

---

① 排,即酒堂。

钱礼金的时候，全场都轰动了。这时候新郎的哥哥说："他送我们 5000 元的礼，以后在他们家办事的时候我们也会给得更多。"一方面，他们两家之间的关系会因为礼重而更紧密；另一方面，因为礼重，在酒席上，这位表哥也赢得了足够的关注和名声。重要的是，这些钱以后是必定要归还的，不管以什么形式，但归还的时候是一定要加钱，5000 元钱要多回赠 200 元或 500 元，其他的也是如此。

给神的礼。在苗族地区，神主要包括祖先和土地公。每个村寨有设立的土地庙，每家都供奉有自己的祖先神位。在敬桥节，人们去给土地公和桥送礼；在平常的节日，就给祖宗行礼。这些礼物主要包括香、纸、鸡鸭一类。礼物在人与神之间搭了一个桥梁，把人与神联系起来，祈佑神赐福于人。

另外，需要提及的是，从清水江流域各个苗族村落的礼物的重点不同，我们可以看到在地域上文化网络的联系以及变迁。比如，在偏寨和龙塘，因为有传统的龙舟节，所以他们不需要通过牛来召龙。尽管牛在他们的生活中也占据着重要的位置，但是不像在革东寨那般在仪式中受到特别的对待。公鸭，在整个婚礼过程中占据重要位置，男方提亲、迎亲，以及姑娘回娘家、坐家都需要公鸭做备礼。如此看来，礼物就是文化规则，是在文化体系中已经固定的人情链接分子。礼物会随着时代发生诸如形式上的改变，至于那一套送礼规则将随之延续和传递，毕竟由礼物维系起来的社会关系依然是人们生活的基石所在，礼物也因此建立起了一个社会的亲疏关系网。

第五节　婚姻纠纷与调解

婚姻纠纷与冲突最能够体现婚姻与权力之间的关系。在这些纠纷中，各个群体以在社会中所处的社会位置以及地位，演绎着自己的社会角色。离婚，是婚姻规则中的一种失范现象。如何控制这种现象，需要为离婚设立一个门槛，这样才能保证婚姻，作为社会联系的手段以及家庭作为社会稳定的根本。因此，想要明晰清水江流域苗族的婚姻状况以及存在其中的权力关系,我们就得从地区传统的离婚案件以及处理方式入手。

一 理老与传统婚制

理老,在苗族传统社会中拥有很高的社会地位,一般由男性担当。他们主要负责各种村寨以及个人纠纷的处理工作。理老不需要按照选举流程推选出来,一个家族就可以有一个理老,只要是大家信任他、年纪较长、懂事理,就可以当理老。理老一定是办事公道、说话公平、爱憎分明、大公无私、威信高、说服能力强的人。如果有人家里出现了纠纷,一般先会去找自己信任的本家族理老。若纠纷涉及较大群体或村寨之间,就要请多个理老从中说理、帮忙解决。所以,理老的权威来源于韦伯所界定的"自然权威"与"传统权威"的糅合。既有个人魅力,又逐步获得公众的承认,成为具有象征力、道德和行为约束力的存在。[①]

《仰阿莎》古歌里唱到:太阳要出去做生意,这样可以赚钱,他也出去做理老,可以赢得名誉。理老在苗族社会中是知识最丰富的,可谓上知天文、下知地理,既能说会道,也要公正无私。太阳自己是理老,但是当他自己家里发生婚姻纠纷的时候,却要请别的理老过来评理,而且不仅仅请一个:

>太阳不甘心,
>太阳请理老。
>月亮不甘心,
>月亮请理老。
>
>请哪个做理老,
>请娃娃鱼做理老。
>我的斧头小,
>劈不下柴块,

[①] 王铭铭、王斯福:《乡土社会的秩序、公正与权威》,中国政法大学出版社,1997,第260页。

我这个理老小，
断不了纠纷。
我说过的话，
我可以收回去。
你们另外请理老，
请高明的来讲理。

太阳不甘心，
太阳再请理老。
月亮不甘心，
月亮再请理老。
哪个是出名的理老？
天狗是出名的理老，
说话有山重，
吹气大树倒。
天狗是天上最大的理老，
天狗是地上最高的理老，
背一捆竹理片，
骑着一匹花老虎，
一来就杀猪，
吃了再讲理；
一来就喝酒，
喝了再讲理。
各地理老都来听，
听众就有三万多。

　　理老也有大小之分，或者说这个大小就是所谓名誉的大小、公众的认可程度。在上面的古歌中，太阳和月亮先是请娃娃鱼来做判决，娃娃鱼说了判词以后太阳并不服气，跺脚骂娃娃鱼糊涂，于是娃娃鱼就说："我的斧头小，劈不下柴块，我这个理老小，断不了纠纷。我说过的话，我可以收回去。"于是太阳和月亮就再请天狗来做理老，天狗可不是一般的人物，他"背一捆竹理片,骑着一匹花老虎,一来就杀猪,吃了再讲理;一来就喝酒,喝了再讲理。各地理老都来听,听众就有三万多"。我们可能会思考这样的问题:在婚姻纠纷中,这些理老们是如何解决和处理的,其中存在何种权力关系?我们主要是通过革东寨以及偏寨的一些具体离婚案例,来分析当地婚姻失范过程中各种权力关系的运作。

首先,我们先来看,当地人是怎么描述传统婚姻冲突的原因、过程及解决方式的。

例 102. 以前离婚简单。双方的老人,比如叔叔、伯伯一类的,大家都到半路上,带个碗或者一根筷子,再或者就在路边捡根树枝,当着男女的面弄断,一人一半,就表示分了,也不用写什么协议书,方便得很。碗随便哪个带都没有关系。你说碗碎了,筷子断了还能接得起来吗?接不起来嘛,那就永远断了呗。(报道人:吴 SN,女,70 岁,苗族,革东寨人)

例 103. 离婚,现在比较多,以前少。没有小孩的可能离,但是只有女孩的是不会离的,这样说出去不好听。还有一种情况也会离,假如在办婚礼的过程当中,哪个人不小心打破碗了,或者新娘子挑水的时候扁担掉了,那就可能离,因为有人家认为这样不吉利,两个人不合适。当然,也有的就重新举办婚礼。如果是今晚上新娘子接过来的时候谁打破碗了,那就重新挑个日子,再去把新娘子接过来。(报道人:刘 L,男,40 岁,苗族,革东寨人)

例 104. 与我同样大的也是我们寨子的一个男的,以前游方的时候和源江的一个女孩子发生了关系。女方家里人知道了以后,整个家族的人就一起上我们这里来讨公道,但是男方父母死活不同意这门亲事,因为源江那边传统上就很少和我们这里通婚,那边大多人家都说是有鬼的。闹也没有办法啊,现在他们两个还是没有结婚,女的现在想过来就过来,不想过来就待她娘家,她娘家也是时不时过来闹,因为在我们这里,没有举办婚礼就是没有成家,至于结婚证,那还是次要的。现在他们两个都上了年龄了,也还是找不到一个解决的办法。(报道人:吴 HD,男,32 岁,苗族,革东寨人)

例105. 离婚是由很多原因造成的。或者是男人认为女的不好看了，或者女的不会生小孩。一般不会生男孩的不怪女人，因为这男人也有原因。至于不会生小孩，现在好些，两个人都可以去检查嘛。我们寨子的邰SH夫妻两个吵架，邰SH就给我打电话，要我去调解，我说你堂哥就是支书，不需要我去，这是你们私人家里的事情。其实这家孩子都有十多岁了，男的出去打工，赚了点钱，在外面找了一个，就想着回家离婚。女方当然不肯，两个就经常吵架。"要我去劝两句？我们根本没有那个权力要谁去做什么事情，最终不还是得法律解决。"

在处理方式上。以前，夫妻提出离婚的时候，男女双方各自的村主任、支书、文书、调解委员和家属一起到半路上进行调解。双方代表最先都是劝告男女双方和好，百年修得共枕眠啊，劝和不成以后才开始进入具体程序。一般，如果是男方先提出离婚，女方就提出赔偿，表明要多少钱才肯离，原来最少要两千，现在就不一样了，现在的钱不值钱，至少要一两万了。男女双方先写个协议书，双方村里领导签字，就算离婚了，不用通过法律程序。现在离婚，大家都知道要通过法律程序。村里内部调解基本不成了。（报道人：邰CL，男，55岁，苗族，革东寨人）

例106. 以前老人家离婚，最主要的是因为男人太懒了，养不活老婆了，那老婆肯定是要走了。像现在，田被国家差不多征用完了，田无收，地无割，养不活老婆，那女人肯定都要跑呗，有娃娃的也跑了，结婚很多年的也跑了。要是离婚了，就让双方的老人出面解决，双方的老人过来了，谈妥了，就离了。如果一方先提出，另一方就赔钱呗，男方女方都一样，一般都要赔五六千……调解委员没有用的，不调解还好，调解了，夫妻双方好了，你这人倒是背了个包袱了。夫妻双方的事情，要别人调解干什么。（报道人：张DH，男，65，苗族，革东寨人）

理老是传统婚制的公证人，同时也是监督者，而且还兼任"执法者"的角色。这主要体现在处理失范状态的权威上面。比如，在确立革东寨与源江村不通婚这个事实的时候，理老（寨老）一起在源江村的唯一入口处栽上大石头，并且共同下咒，两个寨子的任何人家结婚都会断子绝孙，这样两个寨子的年轻人就算是彼此中意的，也不敢轻易冒险联姻了。偏寨村的石家寨和杨家寨也是如此。

另外，我们可以看出传统上只有两方的理老、寨老当场见证了，离婚仪式才算是真正完成。理老是传统权威的代表，在传统文化中，他是作为一个审判者而存在的，他真正所拥有的是公认的权威以及对于传统文化的一种维护。以至于当下的苗族村寨，在面对这些婚姻纠纷时，理老是作为法院调解员、协助者的身份而出现的。

二 地方调解与婚姻关系

调查期间，我们发现每个村寨都有本村专属的事务调解员，其职能涵盖了日常生活的方方面面，当然也包括婚姻的纠纷与调解。在革东寨，时任调解主任是邰 CQ，四十岁左右，包括上届调解主任邰 GH，以及两个调解委员，都是由村主任和支书直接任命的，并没有相应的工资酬劳。调解员以前叫理老，调解主任当时任理老主席，还有两个副主席，分别是退休的小学校长和基层干部。调解员主要负责村里打架斗殴、夫妻吵架等的调解工作，他们没有固定收入，只是每次调解好了以后当事人给点误工费，每次五十元左右，之后他们几个人打平伙分掉。

例 107. 以前，有一对夫妻闹离婚，闹到村委了，我们就把他们两个都叫到村委办公室进行调解。先问他们彼此的离婚理由，男的说女的对他不关心、不理他，什么事情也不跟他商量。女的没说什么，因为是男的先闹的。那我就说，这些都不是离婚的理由，这些小事情，那你男人肯定也有责任，你也有些地方做得不好，我让他想想，他是不是也一样什么事情自己决定了就是了。后来他们两个好了，也不闹离婚了，现在两个人感情还很好，见到我也对我很尊敬。我们这里一般如果真的是吵架，也很少闹到村里的。像现在的调解委员，那是什么都不干，没什么威信，大家也不服，也不愿意弄到村里去。我们这里，那些三四十岁的夫妻，以前都是没有办结婚证的，如果要离婚的话，就到村里头来盖章。一般我们也是先调解，如果实在不行了，那就双方签协议，谈好条件，我们盖个章就可以了，也不用到民政局了。像我们这里有一对，老公外出打工有外遇了，非要闹离婚了，后来女的也没有办法，就同意了，两个人就找到村里，先由调解委员调解，实在不行了以后，谁先提出离婚，那谁就补钱，以前至少要几千，现在可能就更多了。然后双方把条件讲好，村里盖个公章，那就算是离婚了。现在这种情况更多了，因为外出打工的人也更多了。但是现在的人一般要办结婚证，所以这边也不要做什么证明了。（报道人：邰GH，男，52岁，苗族，革东寨人）

例108. 调解主任是我和支书选的。我们村里，除了村主任、支书、文书三个人有工资外，其他如妇女主任、调解主任、治保主任和民兵连长都没有工资，挂职的。比如说，如果夫妻两个吵架了，一般先家族里的老的劝，实在劝不了了才到我们这里来。他们要先给我打电话，由我来通知调解主任，调解主任一般也会要我一起去，我们去了以后也就是劝劝，比如说些男人啊，你的手就短点，女人的嘴巴就少点的话。因为很多女人话是很多，那你男的当时忍忍，走远一点，一会儿她不就消气了？不就好了？事实上，现在大家也没有什么事情需要调解了，可谓家丑不可外扬，谁愿意夫妻吵架曝光在别人面前。你调解得好，两个人好，那就算了，你没有调解好，夫妻两个还怪你呢，吃力不讨好的事情。（报道人：邰CL，男，38岁，革东寨人）

例109. 这里离婚最多的问题主要在于结婚时的年龄太小了，一般没有经济能力。我们遇到的很多情况都是女孩都还没有到结婚的年龄，都还只是十几岁的小姑娘，小的十五岁左右，大的也不过十八九岁。另外，就是这里很多人还是不习惯办结婚证，没有结婚证那就不是法律上所认可的婚姻了，只能算是事实婚姻。事实婚姻就是双方同居或者已经有了小孩，但没有办理结婚证。这里毕竟是少数民族地区，问题和其他地方不一样，我们一般在处理的时候，并不会完全按照国家法规来办理，因为有一些风俗习惯，我们必须得考虑进去。他们这里一般只要是办了喜酒的，大家就承认这个婚姻。如果没有办喜酒，只是办结婚证，亲戚朋友也不一定认同。那问题就在这里，像现在很多三四十岁的中年人以前都没有办理结婚证，那他们如果离婚的时候就牵扯很多经济问题、子女归属和抚养问题等。所以现在我们这里设置调解委员，调解主任也有公章，虽然在国家法律上来讲，他们的公章是不合法的。但事实上，在处理民间的婚姻纠纷这一块，还是能起到很大的作用的。

比如说，他们这里如果有人偷情啊、通奸啊一类的，他们家族里面会自己处理，一般都是罚三个一百二：一百二十斤肉、一百二十斤酒、一百二十斤米，那我们政府也是没有办法的。就像这里原来在建高速公路的时候，有一个四川的工人坐在路边，口渴了，就随便摘了几个黄瓜解渴，当地人也一定要罚他三个一百二，因为这是偷盗行为。在我们看来，赔几个黄瓜或者多赔点就没事了，但当地的风俗就是这样，那也没有办法，后来还是罚了。（报道人：司法所周 A，男，35 岁）

调解委员的设置可以说是政府有目的的管理行为，而且确实发挥了很大的作用。只是在革东寨，很多村民认为，调解委员只是徒有虚名，而且根本就没有必要，尤其在处理婚姻纠纷上。大家认为，夫妻之间的事情本来就是说不清楚的，调解好也就罢了，调解不好反而会挨骂；再者，调解的本意是好的，但是实施起来倒不一定了，还不如双方的亲戚朋友或者寨老过来有用，因为现在很多调解委员都很年轻，根本就没有什么经验，说话也不如老人有道理。确实，如邰 GH 告诉我们的那样，以前的调解委员是由寨老来担任的，这只不过是政府转换传统上寨老角色的一种行为罢了。偏寨尽管没有调解委员，但是村主任、村支书以及寨子里的寨老却扮演着调解委员的角色。

在苗族传统的婚姻观念中，一般不会去办结婚证，只是请亲戚朋友"吃酒"，得到村民和亲属的认可，两个人就可以成为夫妻。尤其是现在的偏寨村，外出打工的青年越来越多，他们通常会选择在过"苗年"的时候闪电式结婚，然后再出去打工，由此引发的婚姻矛盾与纠纷也很多。对于这样的情况，如果是男方先提出离婚，那女方就不用赔偿什么东西给男方，还可以问男方要一笔赔偿金；要是女方先提出，也只需要归还男方赠送的礼金即可。要是有一方对赔偿不同意的话，就可以多提出一些来为难对方。如果双方已有小孩，在小孩没有养大，特别是没有断奶之前，一般都是由女方抚养，男方要负责小孩的生活费。

例 110. 我们这里有一对，两个人的婚姻是双方老人包办的。生了一个小女孩，才两三个月。女人在娘家带小孩，男人在家里盖房子。但事实上家里蛮穷的，全靠银行贷款建房。一方面，家里的经济问题导致双方矛盾加大；另一方面，这个小女孩是计划生育的第一胎，可能男方家里还是有一些不满，没有生中男孩。女方娘家离得近，所以，她在娘家带小孩……男的嫌女的太懒了，说她不干活，什么都自己一个人干，家里的父母也在帮忙做事。女的也不乐意了，就说你是家里的老大，为什么穷来穷去就穷你一个呢？双方就这样因为一点小事越闹越大了，男的后来就说你有本事你就回娘家，女的也不让步，说跟了你我还怕这辈子都是倒霉的呢，后来双方就真的闹离婚了。双方老人劝解了也没有用以后，就叫了双方所在的村委，也就是村支书、村主任，这些人一起到男方家里来。当然，我们这些人先去的时候，也是先劝解，我就说，一个人让一步不就好了嘛，何必呢，这么久的夫妻了，小孩都有了，男的说两句好话，女的也少说几句，那就可以过太平日子了。要不然以后小孩多可怜，何况本身也没有什么大事情，都是一些芝麻大的小事闹成这个样子，何苦呢？但是后来双方也没有和好。讨论好了要离婚以后，因为他们以前都是办理结婚证的，在我们这里，如果办理了结婚证的夫妻要离婚的话也不需要经过村里头，自己直接去婚姻登记处办就是了。当时，女方嫁过来的时候，男方送了两头猪、一些银饰，还有布匹和大约两千元钱，两家扯了很久都没有扯清，男人不怎么想分手，就提出要女人赔偿一万八的款项，女方说我得你家里的东西，我也退不了那么多了，一千二我最多也只得到了六百，后来双方达成协议，女方赔偿男方六千块钱。小孩归女方，但是男方要负责小孩的开销。协议书由男方写好，一共四份，男方女方各一份，还有双方村委各一份。（报道人：张MH，男，49岁，苗族，偏寨人）

例111. 这是2009年的事情，男女双方都是打工刚回来的，一伙年轻人聚在一起，大家认识了，还没有到一个星期两人就商量结婚。当然，主要还是老人家介绍撮合的。喜事都办好了，女方过来住了两三个月以后，就觉得不满意了，为什么呢？因为这个女孩子确实是很能干的一个人，不仅能说会道，而且还很有能力，她自己在外面打工，虽然才初中毕业，一个月也能够赚个两三千，但是这个男的就不一样了，男的是我们村上的，人比较老实。说好听点是老实，说得不好听就是笨，反应不怎么快，人际关系也不是很好。另外，也没有什么能力，就是老实得不得了的那种人，这个女孩就想，如果我跟他过一辈子的话，那肯定是没有什么希望的，还不如趁早分了好，免得以后麻烦。最重要的是，这个男人太没有出息了。于是，女孩子就找到这个男的，跟他说啊，我们两个分手吧，我觉得我们两个很不合适。男的很老实，心里想着，既然你不愿意和我在一起，也不喜欢我，要分那就分吧。而且两个人也没有小孩，也没有其他麻烦，这个男人答应得也比较爽快，也没有提要钱的事情。但是男方母亲就不肯了，他母亲就跟这个女的说，你这个媳妇怎么这样呢，结婚才两三个月你就变心了，你走了，那我们家里的损失怎么办呢？这个女孩子也是很大方和爽快的一个人，她就说了，损失我赔给你就是了。男方父母说这样不算数，还是请领导过来作证吧，于是也把双方村委的领导叫过来，男方当时花费了一万二，还送了银饰、布匹，猪，后来双方就讲好了女方赔偿男方六千块钱，但是女的就说了，"这些家具是我出钱买的，总共花了一千二，减去一千二的话，就应该是四千八。所以，我应该赔四千八的。"本来也就这样讲好了的。这时候，那个男的在旁边也不出声，女的就拍了拍他的肩膀说，我比你大了一两岁，对你也不公平，你人其实也蛮好的，等和我分手了，你再找个比我年轻的吧。男的不说话。女的就又说，不管怎么样，我跟你在一起了，我其实也是损失大的，现在我想再嫁给别人，别人也还是要考虑的，要不这样吧，再少六百，我赔偿你四千二可不可以呢？男的还是不说话，但是点了点头。所以，到了最后，这个女孩子就赔偿男方家里四千二百块钱，也是写了四份协议，男女双方各一份，双方村委各一份。（报道人：刘L，男，42岁，苗族，偏寨人）

基于以上婚姻案例，在革东寨和偏寨，解决婚姻纠纷可分为两种情况。如果男女双方是办理了结婚证的，就直接到结婚登记处去办理离婚就可以；要是没有办理结婚证的，则主要在村里处理。处理的程序如下：双方提出离婚→双方父母进行劝解→双方家族的长老以及村委进行劝解→在相互认同的情况下，写四份协议书，男女双方各一份、各自村委留一份。处理的结果一般是：男方先提出离婚，应按照女方提出的赔偿要求，在双方协商的基础上进行赔偿；若是女方先提出离婚，赔偿男方当时承办婚礼的费用，双方协商数目；夫妻双方已育有子女的，在小孩不能自理的情况下，一般由女方抚养至成年。抚养期间，男方提供抚养费。小孩若已经成年的，则由男方抚育。

从中，我们也不难发现，在婚姻纠纷的处理上体现着各种权力关系与交错。首先是政府与民间权力的结合。村委属于政府机构，寨老是民间权威，两者同时处理婚姻纠纷，尽管最终法定权在村委手里，寨老也还是作为一个民间文化的代表起到一定的辅助作用。其次，夫妻双方的权力关系。在离婚的时候，夫妻之间的权力关系体现最为集中，财产的分配及小孩的抚养权等。当地婚姻处理过程中，首先提出离婚的人在经济及社会舆论上通常占劣势，也就是说，虽然在提出离婚的时候，他/她具有主动权，但在结局上却是被动的。最后，夫妻双方家族之间的权力关系。这时候，双方家族与双方村落的村委在立场上是一致的，即为本社区的当事人争取更多的利益。离婚后双方家族之间的关系与当事人一样，来了一个大转变，由先前的姻亲关系变成了陌路人。

第六节　现代语境下的婚俗变迁

婚姻作为人类自身再生产的一种制度性存在，整合并规范着两性关系以及社会关系。苗族传统婚俗鲜明地表达了这一社会关系网络的连接与构筑。诸多的规则与禁忌，苗族传统婚姻资源的占有与分配以及寨际关系，得到了更大程度的维持与巩固，也使得这种权力资源的流动始终处于封闭与循环的状态之中，将我者与他者区隔开来，维持着传统婚姻的正统性。随着国家意志、市场原则、传统价值观的改变以及物质利益的驱逐等诸多要素的交织掺杂，苗族地区传统婚俗与社会关系也在经历着历时性的变迁，影响传统婚姻中权力关系的改变。

一　游方的没落

对革东寨来讲，特别是剑河县城搬迁过来以后，人们的生产生活都发生了巨大的影响,不仅人们的自我身份发生了变化,[①] 恋爱方式也发生着重大改变。在大多数游方场被征用为篮球场或公共活动场所后,青年男女去街上或者路边恋爱,他们也渐渐习惯了以城市生活的方式进行,一同逛街、喝茶、吃饭成了新的交友方式和手段;找对象的时间也不再局限于秋收之后、开春之前的农闲时间,只要双方有时间,随时随地都可以互诉衷肠。游方这一群体事件变得越来越私人化,群体利益的博弈也越来越趋向于个体利益的占有。尤其是近些年受外出打工的刺激和吸引,越来越多的人走出大山,村里已没有太多的适龄游方男女,只剩下需要照顾的孩童和老人。昔日的游方坡上荒草丛生,往日飞扬的歌声也销声匿迹。有些人干脆在游方场上开荒,种上了瓜果蔬菜。[②] 对此,老一辈也只能无奈地说声:"时代变了,大家的思想越来越开放咯。"

谈到现在年轻人的恋爱方式,革东寨与偏寨的老人大都表示不理解。以前的女孩子处处表现得矜持,现在却光明正大地和男孩一起吃喝玩乐。以前谈恋爱谈得很有味道,现在变得过于大胆和开放了。

游方作为维持和规范着村寨婚姻资源的初次整合与调配机制,在某种程度上得到了消解。国家意识形态与现代婚姻观念渗透,使得苗族男女青年不再拘囿于传统的游方规则寻找心仪的对象,游方场也不再承载群体公共空间关系建构与婚姻媒介的职能,游方也逐渐失去了其生存的基础趋于没落。

二 婚姻圈的扩大

在"同质性"较高的苗族社会,婚姻圈始终是苗族缔结婚约的首要选择。这是因为婚姻圈在村寨关系、族际关系、维系婚姻资源有序游动与分配占有方面,起着重要的调解作用。因此,我们也能发现每个寨子里接来的媳妇大部分都是"姑妈家"过来的。至于"不同服饰不开亲"的规定,则进一步限定了社会交往的地域和文化范围,但一定程度上也降低了熟人

---

① 剑河县城搬来之后,征用了革东寨的土地,村民也由农民变成了城镇市民。
② 参见刘锋、吴小花《苗族婚姻变迁六十年——以贵州省施秉县夯巴寨为例》,《民族研究》2009年第2期,第38~46页。

社会中的婚姻风险。

在革东寨,我们根据全寨四个小组的姓氏及人口状况,对当地主要联姻地进行了调查。调查发现:妇女(革东寨媳妇,无论老少)来源地在 10 人以上的村寨有 6 个,其中分别为革东镇大稿午村、岑松镇温泉村、本村、岑松镇张往村、革东镇屯州村、岑松镇川洞村,其人数分别为 19 人、18 人、13 人、13 人、13 人、10 人。来源地在 5 人以上的村落有革东小稿午村、革东方家寨、革东展架村、革东交洗村、岑松巫沟村、岑松苗板村、岑松弯根村、革东八郎村、岑松打老村。5 人以下的村落有革东五河村、革东交东上寨、革东交东下寨、岑松交板村、岑松寨章村、革东源江村、革东东陇村、革东街上村等。其中属于外地的共有 11 人,分别是台江、遵义、柳川、施秉、麻江、重庆、安徽、云南等。所调查到的出嫁女共 106 人,其中出嫁地在 10 人以上的有革东镇大稿午村、革东街上村、岑松温泉村,人数分别是 10 人、11 人、10 人;5 人以上 10 人以下的分别是台江、岑松川洞、革东方家寨、凯里,分别为 8 人、7 人、7 人、5 人;嫁到本村的有 4 人,1 人的有贵阳、革东镇展架村、岑松张往村、柳川。另外,其他归属地较多的如革东镇屯州村、革东镇交东上下寨、革东镇交洗村、岑松镇打老村等都在 4 人以下。嫁到外省的人数将近 10 人,大多数都是因为打工外嫁的。从中我们发现如下几点。

1. 革东寨传统通婚的村落主要有革东镇大稿午村、岑松镇温泉村,无论出嫁地或者媳妇所属地都在 10 人以上;其次就是革东寨本村、方家寨、革东街上村、小稿午几个村落,都能保证在 5 人左右。

2. 台江、柳川、源江等传统上与革东寨不通婚的地方,现在因为学缘、业缘等,相继出现联姻的案例,其中台江的最多。因为革东寨原来属于台江县的缘故,很多毕业生都在台江工作,而柳川、源江仍然属于革东寨的通婚范围外。

3. 交东上下寨、展架、张往、打老等村由于离县城较远,较为偏僻,虽然属于革东寨的可通婚范围,却由于经济、男女分工等问题较少通婚。另外,从这些地方来的媳妇较出嫁女多的现象可知,由于革东寨的经济、地理优势,这些村寨的姑娘嫁到革东寨被认为是"上嫁",而革东寨的姑娘如果嫁到这些地方则被认为是"下嫁"。

4. 打工潮的出现，特别是革东寨土地大量被征用了以后，外出打工人口急剧增多，一来导致与外省通婚现象的增多，二来也影响了本寨的婚姻稳定。

5. 在当地人眼中，外地人即属于不同语言或者方言不同、服饰不同，以及那些来革东寨做生意的外省人等，这些被当地人视为"陌生人"的外地人，和这些人的联姻固然是少数。

苗族与汉人通婚，村里老辈依然很谨慎，也不愿将女儿远嫁他乡。只有那些被认为有"巫蛊"人家的姑娘才外嫁汉族。但是，随着外出打工和求学的增多，小伙子时不时地领回一个汉族媳妇，这样的事实也确实影响着他们对汉族的看法，"不同族不通婚"的观念也发生着改变。

姑表婚一直是苗族最理想的联姻方式，"九世的姑表婚"更被认为是永久的对婚集团。姑表婚在苗族村寨依然是首选，舅舅家的儿子也有迎娶姑妈家女儿的优先权。但传统意义上的姑舅联姻，被泛姑舅表方式取代，也为现在越来越多的青年男女所摒弃。不容否认的是"舅权为大"依然是苗族社区传统观念，婚姻选择也更多地需要舅舅的支持和同意。

婚姻圈的区分与建构，其实是苗族自我认同的一种方式，姑表婚更是强调了这一点。外出务工、求学以及交往圈层的扩大，既是改变着原有婚姻资源的占有与划分，也是对资源竞争体系的重组与突破。

三　婚姻法对传统婚姻的冲击

苗族传统的婚姻程序具体有游方、说亲、举办婚礼、坐家、归夫家、协议离婚等，传统上的婚姻通过不同的仪式来划分各个阶段。

在国家婚姻法下，一般结婚登记首先要了解双方情况，双方要出示自己的身份证明，确认是否达到法定婚龄。然后还要询问双方是否属于直系亲属或三代以内的旁系血亲。

例112. 一方面，国家规定双方要交免冠照片，但是我们这里一般尊重地方风俗，允许登记人头戴饰品，不免冠；另一方面，一般登记需要出示医院证明，就是说双方无不可结婚的病症，我们这里也不需要，主要看

双方之间的信任。（报道人：张 M，女，36 岁，苗族，革东寨婚姻登记处工作人员）

如果发生婚姻纠纷，家族、村委解决不了，闹到了司法所，就要先签订离婚协议书，再签字画手印。协议书主要是了解双方是否属于自愿离婚，有无子女问题及财产等方面的纠纷。大体包括双方承认感情破裂、子女抚养权协议、财产分割协议、债权债务处理等内容。

姑舅联姻在革东寨近几年可以说几乎没有。老人们讲，解放初期至 20 世纪 90 年代，姑表婚还有很多。有句老话叫"娘亲舅大"，除非舅家儿子不要姑妈家的女儿，否则姑娘是一定要嫁到舅家的。现在适龄男女结婚登记的至少都是初中文化，而且外出打工的人越来越多，很多都是在外面认识朋友，由父母包办的就少了。在我们几位适龄婚嫁的报道人中，他们就直截了当地将姑表婚排除在自己择偶对象之外，自由恋爱才是他们的首选。对于事实婚姻的要求，1994 年以前结婚但没有办理结婚手续的，国家承认他们的婚姻合法。这之后没有办理结婚证的婚姻就只能属于事实婚姻，并不具有合法性，其中也包括那些以民间礼仪而成的婚配事实。

如此看来，国家婚姻法对民间传统婚姻的影响主要在以下几个方面。一、结婚年龄。传统的苗族地区，因游方时候的年龄偏小，婚龄普遍在十八岁左右，未到法定年龄，导致先结婚到了适婚年龄再办结婚证情况的发生，从而引发在离婚中所产生的种种问题。二、办结婚证的重要性。传统上，人们认为只要办了婚礼、摆了酒席，亲戚认同了就可以，但是由此引发的诸多财产问题及债务纠纷让人们意识到了办理结婚证的重要性。另外，随着外出打工人员的增加，需要办理结婚证的人也就增多了。三、近亲结婚减少。随着国家婚姻法的普及和医疗卫生的宣传，很多年轻人认识到了近亲结婚的弊端，传统的姑表婚在苗族村寨越来越少，传统姑表婚被泛姑表婚取代。四、办理离婚证的前提是当事人已经办理了结婚证。在革东寨的司法所我们了解到，当地很多家庭如果没有特殊需要，一般都不会主动去办结婚证。当婚姻出现问题的时候，大多数情况下是由村委自行解决，解决不了的才送往司法部门进行调解。

小　结

　　婚姻是作为人类社会一种重要的社会制度而存在的。婚姻不仅仅规定了男女之间的性交关系，它还是一种从各方面影响到双方财产权的经济制度。[①] 对婚姻的理解，我们更倾向于将其置纳于具体文化、一种社会关系网络中进行本质性的追问与解读，而婚姻就在这种关系网络中传达出强大的文化内涵，形成一种稳定的制度规范，它也将这种规范转化成资源利益的占有。苗族传统婚姻从游方再到婚姻圈层的划分，以及婚姻事实中的"鬼蛊"禁忌，本质上是对婚姻资源的有序调解与分配。它不再是一个封闭的消极事实，而是一个产生社会关联的积极事实。[②] 这种积极事实的理解存在于制度性表达中一种权力关系的规则化和固定化。在这样的基点上，我们就可以窥见，婚姻本质上构成了权力关系的表达、资源的配置与获取，并在具体的文化中凸显积极意义。

[①] 〔芬兰〕E. A. 韦斯特马克：《人类婚姻史》，商务印书馆，2002，第 33 页。
[②] 陈庆德：《人类学的理论预设与建构》，社会科学文献出版社，2006，第 319 页。

第五章　民间仪式与村寨治理

"鼓藏节"是苗族大型的祭祖仪式，每十三年举行一次，盛行于湘西和黔东南地区。敬拜祖先、祈求人丁兴旺、保佑村寨安宁是"鼓藏节"的核心主题。苗语称"nongx jangd"、"nongx niel"或"nongx jangd niel"。"nongx"为"吃"，"niel"是"鼓"。"nongx niel"直译为"吃鼓"，而"吃鼓藏"就是对"nongx jangd niel"的意译加音译（Jangd汉语音译为"藏"）。其实，"nongx"在苗语的过年和过节中经常被使用，如"过年过节"为"nongx niangx nongx dongd"，"nongx"尽管是"吃"的意思，但与节日连用时，译为"过"或者"举行"更为合理。"鼓藏节"通常要进行四五年，各个地区亦有差异，并且要提前三四年准备，每一年都有具体的流程安排。

长期以来，学界对历史文献中"鼓藏节"的"吃鼓藏""吃牯脏""吃牯藏""食牯脏"等诸多译法，有过激烈的争论。杨正文在《鼓藏节仪式与苗族社会组织》一文对此也有论述，他指出："鼓藏节"一语与历史上文献记载的"吃牯脏"或"吃牯藏"同义，它实际是对苗族社会中存在的一种隆重的祭祖仪式的他族语译，此名称最早源自当地汉人对苗族祭祖仪式中出现的聚众宰杀牯牛祭祀之后食脏习俗表象的观察。[①] 在本章节的论述中，我们赞成并采纳此观点。

"将仪式作为探讨国家与社会关系过程的切入点，并非由于仪式与象征是人类学研究颇为偏好的领域，而是，由于它们作为一个社会或族群生

---

① 参见杨正文《鼓藏节仪式与苗族社会组织》，《西南民族学院学报》（哲学社会科学版）2000年第5期，第13~26页。

存状态与生存逻辑的凝聚点而存在。"① 的确，每一种仪式都是一套地方性知识的凝结，传达着文化持有者的认知逻辑。"鼓藏节"也是如此，对鼓以及祖先的尊崇和敬畏，更是体现着苗族群体特有的生存逻辑观念。通过鼓藏节，传统生活秩序中的舆论道德约束，构建着村落内生性的权力关系网，而"民族—国家"理想型的秩序建构以及国家意识形态和象征则编织着另一网络体系。包括法律制度、政策安排以及在此背景下的民间仪式叙事等，呈现着国家与民间社会之间权威关系和权力秩序的构建。正是基于此，我们以大乌烧村的个案作为分析的基点，探讨民间仪式在这两种权力关系网中如何进行展演，呈现着怎样的图景，不同权力秩序对村寨生活及村寨治理又会带来哪些影响，继而对两种权力体系之下的两种制度模式做一讨论。

第一节 大乌烧村寨口述史

大乌烧村隶属凯里市三棵树镇，距镇政府 15 公里，东、南接雷山县和摆底村，西临平乐（当地人也叫排乐）、小乌烧村，北靠沙嘴村。② 与"千户苗寨"的西江相隔不远，全为苗族。比起西江的"千户"，大乌烧村也算得上一个大寨，村里人也经常自豪地称自己是"八百户苗寨"，由西江嫁过来的姑娘也不在少数。"八百"只是个夸张的说法，不过大乌烧村也有将近五百户、两千多人口。大乌烧村的房屋建造，沿着连绵的山势呈马蹄形分布，很有气魄，地势也尤为险峻。当地人常常说起，以前清军清剿苗民的时候，由于地理环境险要，清军攻打很长时间都没打下来。而在汉文献典籍的记载中，乌烧也是清代徐家干《苗疆闻见录》里述及的三十多个村寨之一。"乌骚，在丹江东南。咸丰间张臭迷乱，寨苗起而应之，附近之南烧……数十寨，并厅城东北之连城堡……十余寨皆响应。楚军至，

---

① 郭于华：《民间社会与仪式国家：一种权力实践的解释——陕北骥村的仪式与社会变迁研究》，郭于华主编《仪式与社会变迁》，社会科学文献出版社，2000，第340页。
② 资料来源：三棵树镇镇政府。

先拔乌骚,乘胜平毁各寨,遂克厅城……"① 由此可以看出,乌骚(烧)寨在当时已具有首寨的地位,不然也难以做到振臂一挥,数十寨跟从响应。如今的大乌烧村除了乌烧寨(本村)之外,还包括现在第十小组的小乌轰。小乌轰离本村有五六里路程的距离,有二十几户人家,是因为本村的人多了,田离寨子也远,为了种田方便,才搬去那里。大乌烧村只有潘、龙两姓在此世居,这也是我们做调查时村民常提到的一点:"我们乌烧村从古代到现在,都是潘家和龙家两家,没有什么杂姓,不像他们其他的寨子,姓氏多、乱。我们两家还可以互相开亲。"

对于村里潘家和龙家的关系,从村民的表述来看,既有兄弟关系、姨表兄弟关系,又有父子、亲家关系等诸多说法(见本章附录一:潘家和龙家关系汇总)。但他们集体认同潘、龙两家是亲兄弟,祖先是从江西迁来的。"我们村潘家和龙家本来就是一家人嘛,都是同一个老祖公。"结合村民们的讲述,大乌烧的村寨口述史可这样描述:

> 潘、龙两家的公(祖先)以前是两兄弟。龙家是老大,潘家是老二。② 两个人一同从江西的红拱(音译)迁出,后经青曼、舟溪、鸭塘(三个均为地名)到凯里,又至开怀,最后到乌烧南(村路口旁的水库上面)。两个兄弟到达此处后,见到很多地方都插上了草标,③ 有人做了标记,没有地方可住。于是,两人就商量着,分头走,找地方去。后来,一个继续顺着大河边的方向,一个进了现在的大乌烧的地方。他们各自走的时候,为了能知道各自的情况,保持联系,老大(龙家)就将自己的一只草鞋放在了两人分手之处,并把鞋尖指向自己要去的地方(大乌烧),对老二说:"如果我没有找到地方,你在那边找到了,你就回来把鞋尖摆向你的方向,我再去找你;要是我找到了,鞋尖没有动过,你就过来我这边。"顺着大河而上的老二,到了

---

① (清)徐家干:《苗疆闻见录》,吴一文校注,贵州人民出版社,1997,第96页。
② 老大龙家的祖先苗名叫"热休",苗语的意思是鱼。老二潘家的祖先苗名叫"休休",苗语是老虎的意思。据苗族的父子连名制,后面一个"休"是父名,"热"与前一个"休"是子名,表明潘龙两家是共祖关系。
③ "插草标",是苗族传统社会的一种生活习俗,或是习惯法的一种。某个东西一旦被插上了草标,做了标记,就意味着这个东西专属某人,别人不得占有。

雷山县黄里那一带，他一看那里的地方也被先来的插了草标。没办法，老二就沿着来时的路返回。走了十几天后，又回到了兄弟俩分手的地方，看见那只鞋的鞋尖没有改变方向，这说明老大在这里找到了住的地方了。老二就顺着这个方向找来，拿着鞋子，边找遍喊"热休、热休"。终于在大乌烧这个地方找到了哥哥，弟弟潘家也就在此开田、搭茅屋生活了。

由于是老大（龙家）先到，也就先把这个地方插上了草标，做了标志。老二就问老大："这里的土你占了没有？"老大说："占了。""这里的山林，你占了没有？"老大又说："占了。"老二对老大说，"是不是这里的什么东西，你都占下了？"老大说："水、山里的石头还有这些树藤，没有占。"老二就说，这三样我要了。后来，老大去山上砍柴，需要用树藤捆木柴，老二不许，说树藤是他的。种田用水、砌田埂用石头也都被老二给拒绝了。没办法，老大跟老二商议两个人一起生活。

最初，兄弟俩生活的地方在河谷对面的坡上，当地人都说那儿还有老祖宗的基业。至于两个兄弟是怎样迁到现在的这个坡上的。他们这样解释：以前这里林木葱郁，枝藤蔓延，兄弟俩经常发现有一只老母鸡，沿着藤蔓去对面的坡上下蛋。有一天，他们发现那只母鸡下了十二个蛋，兄弟俩就商量，"如果这十二个蛋都能孵出小鸡来，就说明对面坡坡是个好地方，不比这边差，我们就搬到那边去"。结果那十二个蛋都孵出了小鸡，于是兄弟俩就在现在的坡上生活了。

老大开田插秧总是解决不了漏水的问题。水灌下去之后，就没有了。老二就和他开玩笑说："这不是漏水，而是水漏了。"由此，乌烧之名也就产生了。"乌烧"苗语的意思就是：水突然隐没的地方。兄弟二人安顿下来后，他们就去开田。以前他们是穿蓑衣、戴斗篷，一人一天开七块田（也有的说是六块田），一个兄弟（老二）就把蓑衣脱了，盖住了老大的一块田，老大就很奇怪，问老二："怎么我的田少了一块，跑到哪去了？"老二就调皮地把蓑衣一掀，说："你看，不是在这儿嘛，它又涨（冒）出来了。"

除上述表述外，兄弟二人来到大乌烧村的另一说法是："兄弟两个从江西来的时候，还带了一只狗，走路走累了，就在路边休息。狗就顺着河（大乌烧村的河谷）上来，又在长有浮漂（浮萍）的池塘洗了一下澡，回去时，身上沾满了浮漂。他们兄弟俩一看，就觉得这个地方可能是个好地方，有浮漂可以喂猪，就可以生活。他们就沿着河谷来到大乌烧村。"这个说法更贴近苗族古歌里唱到的苗族先民迁徙定居的叙述，也是因为狗在池塘里洗澡沾上了浮漂的缘故，从此就在一个地方定居下来了。

"两个公（祖先）改姓是有讲究的，一个姓龙、一个姓潘。龙代表水、潘字里既有米又有田，说明两兄弟谁也离不开谁，有水有田才有米粮。"村主任给我们这样解释了村里潘家和龙家的关系。若要深究起来了，"潘"字似乎比"龙"表现的意义更全面，将上述几项全部占尽。换句话说，"潘"可以自己生产，因为有水、有田，又有米。对于"字辈"，潘、龙两家都有较为清晰的排序，潘家是"尚德万年顺、成仁百世昌、齐家为孝义、治国在忠良"；龙家为"……、正、启、明、安"。

这样的村寨口述，也契合了村里潘家和龙家同过"鼓藏节"的事实："不同鼓就不同祖，不同祖就不同过'鼓藏节'。"而"鼓藏节"就是由同宗的一个或几个村子组成"鼓社"后，共同祭祀祖先的盛大节日，其重点在于同宗共祖关系的确认。

潘家和龙家也可以开亲。其中的原因，他们提到："潘家和龙家两兄弟来到这里之后，人口少，姑娘嫁不出去，男的娶不到媳妇，人口无法发展。兄弟俩就商量，一个做潘家一个做龙家，隔三代人后可开亲。"这种血缘结亲的做法，在苗族其他地方也有类似的传说：两兄弟分支开亲，要举行杀牛祭祖仪式，必须得是白牯牛，因为白牯牛最难找，是把最好的东西献给祖先，求得祖先的原谅，并祈求得到他们的保佑，多子多孙。翻开《苗族古歌》[①]兄弟分支开亲的故事，也能找到相应的原型。"水淹一万年，水漫一万载，坡岭绝树木，园里无青菜，山中灭鸟兽，寨上断人烟，只剩哥相两，只剩妹相芒，怎样接宗祖，怎样传后代，造出五支公，造出六支奶？……相两和相芒，心里急又急，找呀找到东，寻呀寻到西，找人传子

---

① 杨培德、潘定智、张寒梅编《苗族古歌》，贵州人民出版社，1997。

孙，寻伴造后代。"① 大洪水发生后，世上只剩下兄妹两人，为了繁衍人口而兄妹成婚。

最后在竹子、冬瓜、南瓜、红刺、定拉、定耸（传说人物）等苦口婆心地劝说下，他俩才勉强结合。生下孩子后，孩子却是个"没耳鼻、无嘴巴"的滚溜儿。嘎里和嘎对（神话中的人名）给他俩出了"火烧竹子爆，娃崽就说话"的主意后，"葫芦夫和妻，相对笑哈哈，生出这些儿，养大这些崽，住在五层坡，住在六层山，才成五支公，才成六支奶，分家传子孙，一代传一代。"

苗族传统社会对"祭祖和做活路"尤为重视。祭祖是为了缅怀祖先，祈求祖先的庇护；做活路则是粮食生产，人口繁衍的物质保障。在大乌烧村，潘家和龙家在村寨中的生活秩序安排，也有相应的规定。先到此地的龙家，对下田做活路、管理粮食生产有着绝对的权力，去坡上开田也有明确的边界划分：靠近水牛寨（大乌烧村东）的田土以前都归龙家管，潘家无权去开田。除此之外，剩下的田土兄弟俩可以共开。龙家在田地下种、施肥都要比潘家早一两天。这之后，潘家才能下田做活路，进行农业生产。如果潘家比龙家早做活路了，来年谷子就有可能遭灾。尽管这样的事情在村里没有发生过，除了三年自然灾害期间（1959~1961年），但村民对这一点都深信不疑，尤其是潘家。至于"祭祖"，则由潘家人来管理，"鼓藏头"也是在潘家选出，龙家也没有干涉的权力。这样，传统权力在大乌烧村就这样有序地分配给了龙家和潘家，共同维系着村寨的生存秩序。"龙家管土、潘家管鼓"的事实也早已印在村民心中。

第二节 大乌烧村"鼓藏节"的由来及历史

"鼓藏节"主要在于以"鼓"为血缘纽带，把联系于"鼓社"的社会关系进行确认，在对先祖的祭拜中，得到赐福的目的。大乌烧村"鼓藏节"，通常要过五年，只是到了最后一年才起鼓和杀猪。以2008年"鼓藏

---

① 杨培德、潘定智、张寒梅编《苗族古歌》，贵州人民出版社，1997，第120页。

节"为例，从 2004 年至 2007 年这四年期间，可以吹芦笙、穿盛装跳芦笙、不用杀猪，亲戚可以很随便地互相走动，但绝对不可以起鼓，"一起鼓，祖先就会回来，必须要杀猪来敬拜。如果不杀，祖先就会不高兴，就会有灾祸"，村民龙 MF 如是说。

调查期间，我们有幸听到了有关"鼓藏节"的古歌，其中也涉及了"鼓藏节"的来历：

例 113. 以前，不晓得哪朝哪代，寨子里的人非常少，不能成亲，为了集中人马，男女老少成亲。几个老祖宗协商后，为了发展人口，就来吃这个"鼓藏"了。……我们吃鼓藏的时候，恰恰是"子年"（老鼠年），讲究的是年份首尾呼应。老祖先是在"鼠年"才吃上"鼓藏"的，后来就定下来在鼠年。"吃鼓藏"是因为当时人口多了，有东西，有条件吃了，也是为了纪念祖先，让我们能过上鼓藏节，有吃有喝。就这样一代传一代。（报道人：潘 SJ，男，72 岁，苗族，大乌烧村人）

"鼓藏节"持续的时间较长，其间也有相应的娱乐活动，如斗牛、踩鼓、跳芦笙等。在村民眼里，热热闹闹过节，似乎已经成了"鼓藏节"的主题。这既是娱人，也是娱神的一种方式，让老祖先高兴，子孙能得到更多更好的馈赠。因此，在苗族古歌里也经常有"要祭才昌盛，不祭要穷困"的说法。

关于"鼓藏节"的由来，村里人讲，最主要的目的是热闹，高高兴兴地过节，让年轻人容易找对象、伴侣。为了这一目的，据说周围的村寨还在一起开会商量怎么过。他们在离小乌轰不远的一个坡顶上举行"盟会"，召集周边七十多个寨子的寨老，大家在一起商量，决定"鼓藏"的年份、月份，最后商议每十三年过一次"鼓藏"。"鼓藏节"有的过十月份的，有的过二月份的，目的是将日期错开，这样好走亲戚，便于找朋友。决议达成后，就要遵守盟约，他们就捉来一只名叫"黄豆雀"的小鸟，把肉串成串儿，烧后分食，表示认同。季刀寨和另外一个寨子的人来晚了，肉也被吃完了，最后他们就舔了一下串肉的树枝，以示守规。

祭祖的目的就是保佑村寨兴旺、人口繁衍，"男女找朋友、找对象"也暗含了这条主线。"搞热闹"一方面是娱神，另一方面也为发展人口创造条件。

和大乌烧村一起"吃鼓藏"的，以前还有水牛寨，现在已不在一起过节。村里人的解释是："水牛寨那边要把牛拉过来同我们一起吃。杀牛时，牛正好一低头，刀砍到牛鼻子了没砍到脖子，牛就跑了，掉下了山崖。说是这坏了鼓场，有晦气，就不和我们一块儿吃了。他们和摆底村一起吃，吃二月份的。"这个说法得到了村里大多数人的肯定，现在的年轻人也都知晓这件事情，他们也能很清楚地指认出当时水牛落下的地方。

对于大乌烧村过"鼓藏节"的历史，按照村里人的集体表述，从1984年潘SY那届开始算起，到现在（2008年）已经举行了三届。村民一直是把那次作为村里"鼓藏节"的开始，而潘SY也被尊称为村里的老鼓头。之前由于解放、自然灾害、"文革"等一些历史原因而被中断，这些也都成了他们的片段式记忆：

例114. 解放以前，民国的时候是杀牛的①。那时候的"鼓头"是现在支书家的老祖宗龙YG，只记得他是我们最早的鼓头。解放后，村里穷吃不起，过"鼓藏节"时村里有两个鼓，一个是传下来的在潘家，另一个是龙家的。当时，村里有贫农也有富农地主，有一户富农是龙家，他家有钱，就是不生男娃娃，他家就去买了一个铜鼓敲。买的鼓又大又扁，跟村里的鼓不一样。我们这里是多敲铜鼓，多子多孙。买来之后，他家就生男娃娃了。那个时候，就有两个鼓来敲。（20世纪）六七十年代，"文化大革命"，说搞"鼓藏节"是封建迷信，是信鬼的，就把这两个鼓都给没收了，整整一二十年都没有过节。那时村里也有少数人家杀猪，把猪腿悄悄地送给客人家。一直到80年代，潘SY那届才热闹起来，才开始真正过节。现在的铜鼓是去三都丹寨那边现买的。1984年买回来之后，记不清是第二年还是第三年，西江开脚（地名）那边借我们的鼓过节，又敲破了。

---

① "鼓藏节"由杀牛变成现在的杀猪，在村里听到的"鼓藏歌"是这样描述的：从古老的时候都是杀牛的，没有杀猪。有一个舅家亲戚来村里过节说大话（杀牛有什么了不起，不就是杀头牛嘛!），三更的时候起来杀，砍一刀，这个牛一滴血都没滴。最后，牛没有杀死，他到家后，就立马死了。牛不死，他死了。就是从那儿之后，村里觉得晦气，就开始杀猪了。

到今年（2008年），我们已经换了三个鼓了。（报道人：潘W，男，56岁，苗族，大乌烧村人）

对于村里最早的龙姓鼓头，是不是意味着鼓头的归属是龙家的？我们并没有从村民口中得到明确答复和证实，大家只是听说过有这个事，"以前的鼓就是谁家有钱买得起，就让谁家做了……听我们这儿老人们讲，鼓头是由潘家出的，潘家才是真正的鼓头"。村民们常说，1984年潘SY那一届，是比较正规的一次，老鼓头把潘家和龙家的老人们叫来商议，定了很多规矩，有保卫鼓场的、陪鼓的、收鼓的、敬酒的、管杂事的等各有分工。如今像这样的老规矩也已被他们渐渐淡忘，"现在时代都变了，谁还记得用那一套"。有趣的是，在"鼓藏头"的推选上，第二届（1996年）村里选了两个鼓头，一个是潘家、一个是龙家，共同主持"鼓藏节"；到了2008年，又回到了一个"鼓藏头"。

第三节　村寨权力秩序的打破

在村民的记忆中，"鼓藏节"只完完整整地过了三次，2008年是第四次。而1996年的那次"鼓藏节"，用一位老人的话讲是"村里难以抹去的阴影，都成了大笑话了，小娃娃们也都知道"。村里不仅选了"鼓藏节"有史以来的两个鼓头，其间还发生了一连串的闹事和不愉快。

"闹"可以说是1996年"鼓藏节"的代名词，村里选了两个鼓头，使得潘家和龙家直到现在（2008年）依然还在"赌气"。对于此事，村民大多不愿再提及，"过去就过去了，就不提了"，他们总是尽量在有意回避。至于那年"鼓藏节"上发生的闹事，村民们也是说法不一。

例115. 那届应该是潘DX搞的，他家有个一百岁的老母亲，他家家庭也是健全吉利的。起鼓的时候，他家姑娘没去领鼓，反倒叫伯伯家的姑娘去，这个姑娘家父母不在世了。不吉利的家庭不能领鼓的，于是龙家就跟潘家闹起来了。潘家也觉得理亏。（报道人：潘SB，男，38岁，苗族，大乌烧村人）

例 116. 那年鼓头是潘家的，可是到了踩鼓的时候，潘 DX 家没有姑娘领鼓跳，姑娘出嫁了，就去别家借了一个姑娘。姑娘这家呢，在跳鼓时，就放了鞭炮，表示自己家的姑娘去领鼓了。村里人知道后就去闹，是潘家坏了鼓场，坏了规矩。对姑娘也进行了处罚，好像是被罚了款。潘家鼓头也觉得理亏，鼓头没有受到处罚。就这样又选了鼓主龙 YC，那年就有了两个鼓头。鼓好像是每家放一年还是放几年，我就不清楚了。（报道人：龙 YF，男，36 岁，苗族，大乌烧村人）

通过在村里的走访调查，对那次"鼓藏节"发生闹事的原因大致可解释为：作为其中之一的潘家鼓头，起鼓的时候，家里没有领头的姑娘，就去别人家借了一个，还在鼓场上放鞭炮，这被龙家看来是"破坏了鼓场规矩"，也是对龙家的不尊重。闹剧就这样发生了。

至于将 1996 年"鼓藏节"吵架的原因，归结于潘家非鼓头家姑娘领鼓以及放爆竹遭来的异议，即潘家先坏了鼓场。这样的"闹事"在龙家人看来是对老传统秩序的维护，因为是潘家坏鼓场在先，"闹"也就是在维护原有的鼓场秩序。而潘家一直认为，鼓头本来就是我们潘家的，选龙家当鼓头本来就是龙家破例在先，坏了规矩。尽管潘家一直是以"我们不和他们争，老祖宗在上面看着呢，谁对谁错老祖宗知道"这样大气度的口吻回应 2003 年鼓头的选举。在潘家人看来，潘家鼓头做了错事的程度，远比龙家破坏老规矩争鼓头的程度低得多。潘家是在允许范围之内，是在传统权威机制规约的维度下——潘家管鼓——进行了一次略显失误且遗憾的程序安排，才导致了闹剧的发生。龙家当鼓头的行为本来就是越俎代庖，是明抢过去的，是对传统权威秩序的公然挑战，也是不合规矩的。尽管这样的解读遮蔽了很多细节上的东西。如果以这样的逻辑解释，潘家似乎应比龙家得到更多的理解和支持。这是一个传统的文化逻辑——一个村寨传统权力的分配安排和内部权力的自我约束——龙家管土、潘家管鼓。也正是基于这样的基点，村里人，尤其是潘家，适于将他们的生活秩序与传统进行紧密的连接和对话，也容易将潘家与维护传统秩序联系起来；而龙家则是破坏这种传统秩序的代表。龙家的"闹"自有他的道理和理由，在"鼓藏节"这样一个庄严的节日中，潘家"自耍小聪明"的行为是对"鼓"、老祖宗以及全村人民的亵渎与不敬。这样的解释也很有说服力。至此，问题的关键就出来了：龙家是怎么当上鼓藏头的？需要清楚的是：鼓头的选举一般是要在正式过"鼓藏节"的前四年举行。也就是说，"闹事"也是在"鼓藏头"选出来之后才发生的。当初为什么要选两个鼓头，一个潘家、一个龙家？

从这出闹剧我们似乎可以看出，基于传统权威生发出来的权力秩序，潘家和龙家都是在极力地遵守和维护。双方也都有令人信服的理由为自己辩解。至此，如果我们再去判断和区分谁对谁错、谁更加用传统说事儿的问题已经没有太大的意义，问题的关键就在于：两个鼓头的产生以及所招致的不同权威体系话语权的冲突。至于选两个鼓头的原因，这和村委的决定脱不了干系。正是他们的决定：要把那次"鼓藏节"办得热热闹闹的，才强行破坏了村里传统的权力秩序，推选了潘家和龙家两个鼓头共同主持那次的"鼓藏节"，这也是村民共知的。不难看出，通过鼓藏节，国家权威和传统民间权威在具体乡村的治理层面上的对话与冲突。

基于对"民族—国家"理想秩序的构建，国家对乡村的控制以及对传统权力秩序的干预也一直在进行。民国时期的保甲制、1949年中华人民共和国的成立（1950年开始实行新型的行政区划）、1958年国家开始实行的公社化制度及文化大革命时期（1966~1976年），和全国其他乡村一样，大乌烧村也不例外。在官方编写的对大乌烧村建制沿革的叙述中，频繁的区划归属也说明了国家权力控制在乡村的变化：民国31年（1942年）为悦平乡第二保辖地；1950年11月为悦平乡第二村管辖；1953年划小乡时属乌烧乡；1958年建大乌烧大队，属凯里公社；1961年属平乐公社；1969年随平乐公社并入开怀公社；1970年恢复平乐公社；1984年更今名；1991年随平乐乡并入开怀乡；1995年11月随开怀乡并入三棵树镇至今。[①] 至此，国家完成了对大乌烧村国家基层政权的建设和管理，大乌烧村也经历着各个历史时期国家权力秩序的更迭。可以说，大乌烧村每一次的"鼓藏节"也是在国家政权的干预下进行的：1958年国家开始实行公社化制度、大炼钢铁时，大乌烧村也相应地建立了生产大队，也都有自己村的集体劳

---

① 资料来源：三棵树镇镇政府。

作工棚，田土都充归村集体所有，采用工分制分得口粮。"龙家管土"以及潘家和龙家各分田土划分的传统秩序随之被瓦解和打破。1965～1966年开始的"四清运动"①，以及文化大革命时期"打倒一切牛鬼蛇神，打倒地主、反动派，破除封建迷信"等国家意识形态话语更是影响着"鼓藏节"的举行，对"鼓藏节"进行一次重新的"定位"——封建迷信的"残余"。村里人在回忆那段历史时也总是说到"过节都是偷偷摸摸地，自家杀好猪后，偷偷地送给亲戚家"，"鼓藏节"也就是在这一时期才被迫中断的。国家对乡村的控制程度在这一时期得到大幅度加强，随之形成了一个更为严苛的国家权力网络系统。传统的民间节日也在这种国家话语的意识洪流中努力寻找着自己的定位。改革开放后随着国家政策的改变，"国家与民间社会的互动关系表现为国家力量在一定程度上的弱化与撤退，以及民间生活逻辑的复归与再建构的过程"，② 传统民间节日及社会组织也悄然复苏，渐次成为拉动经济增长的引擎和创造政绩效益的砝码与标识。

对于龙YG家是最早鼓头的事实，有些上了岁数的老人也知道他家在民国时期就是保长，管辖大乌烧村和邻边的摆底村、小乌烧以及水牛寨。这样的事实，我们也可以理解为："保长"当"鼓藏头"是当时的国家权威对民间权威的干预决策。但有意思的是，在龙YG当鼓头过"鼓藏节"期间，发生了两件很不吉利的事情：一件是我们前文提到的水牛寨拉牛到大乌烧村一起"吃鼓藏"时，牛摔死了，说晦气、坏了"鼓场"，从此就不再与大乌烧村一起"吃鼓藏"；另一件是雷山县猫鼻岭村的一个舅舅来大乌烧村"吃鼓藏"，杀牛时没杀死，回到家他死了（这以后大乌烧村改成杀猪过节）。至此，将1996年的这场闹剧和民国时期龙家当鼓头发生的"晦事"进行对比，我们也不难发现，国家权威的介入对传统秩序的破坏以及对民间节日造成的影响。这在另一方面也说明传统权威秩序对国家权威的干预进行着积极的抗辩。

"鼓藏节"这个民间传统节日，自有它内部制度的规约。尽管村委的

---

① 清政治、清经济、清思想、清组织。
② 郭于华：《民间社会与仪式国家：一种权力实践的解释——陕北骥村的仪式与社会变迁研究》，郭于华主编《仪式与社会变迁》，社会科学文献出版社，2000，第376页。

初衷是美好的,但我们也依然看到这两种异质权威的对立与摩擦,在某种层面上也是两者的互动和交错。

第四节　村寨治理下的权力维度

"鼓藏头"是"鼓藏节"期间传统仪式秩序权力的代表,有着民间传统上的权威。但作为基层国家权威代表的村委们,在对"鼓藏节"的态度、和"鼓藏头"的关系以及"鼓藏头"在"鼓藏节"的地位,由此涉及的村寨治理问题等,也是我们需要关注的内容。为此,我们有必要站在村寨治理的高度来审视:究竟"鼓藏节"传达出来的传统权威和国家权威有何种关系,两者之间又存在怎样的互动。我们试图通过以下几个方面展开说明:第一,在"鼓藏节"的组织和运作上,"鼓藏头"、基层村委和村民之间的关系;第二,村寨权威人物对村寨生活的影响;第三,民事纠纷的解决。

一　节日的组织与运作

"鼓藏头"是"鼓藏节"期间整个家族和全村代表,也是节日仪式进行的主要领导者和管理者。"鼓藏头"每届都需要轮换,任期一般为十三年,不连任。只要本届"鼓藏节"完毕,就要马上改选下届鼓头。"鼓头"的选取是要在村里的男性青年当中选出,由老者推荐,开会决定,再由村里人投票选出来。"鼓藏头"主持祭祖仪式是神圣庄重的,他的言行举动维系着全村人的幸福安宁。因此有许多的禁忌不能触犯:不说不吉利的话,与不好的事物相同、相连的要改讲隐语,不能上坡或下田做农活,不能捉鱼,更不能上房盖瓦,走路不能疾行等诸多的讲究。"鼓头"要以身作则,因为它代表全村的形象和威望。但随着国家权力触角在基层的渗透和介入,尤其是旅游经济带来的政绩效应,被冠以权力、地位、荣誉光环的"鼓藏头",地位在发生改变。

传统上,"鼓藏头"在组织"鼓藏节"上有绝对的领导权和特有的威望。但"鼓藏头"龙 MF 和他的兄弟对此却有着另外的看法和解释。他们经常拿当鼓藏头和村委干部做比较（见本章附录二和附录三）。"麻烦""没用""工资""名誉"之类的字眼在他们的讲述中多有提及，而其中强调最多的就是"麻烦和工资"。"鼓藏头"的地位及其带来的名誉，仅仅是个外在的空壳，一种显性的"隐权力"，权力地位的符号化象征。和村委相比，物质上和工资上差别成为他们和村委做比较的重要衡量标准。"同样出力出工，他们（村委）还有工资，我们什么都没有"。在对"鼓藏节"的认识和看法上，物质和金钱的褒奖，胜过了"当鼓头"原有声誉所带来的荣耀和社会资本。传统的仪式主持人希望成为一个需要用国家工资供养的公职人员，传达着村民对现在的"鼓藏节"是以什么样的方式重新给予认识和定位。在村民眼里，"鼓藏节"已不再具有自主性和传统性，更像是由村委组织安排的一场"官办宴请"，"鼓藏头"和村民是负责这场宴请的勤杂人员，是为村委办事情。"鼓藏头"是隶属于村委的"官衔"，尽管这个"官衔"一词用得过于牵强。

"鼓藏头就是什么也不做，管好鼓就行了，我们（村委）给他做好，跳鼓的时候他出头"在这样的表述背后搁置了鼓头管理"鼓藏节"应有的权力。"他们什么都不和我商量的，我就只管好鼓就行了"鼓藏头龙 MF 的这句话，着实让人寻味，似乎"管好鼓"和"过鼓藏节"是没有任何联系的两件事情。实则，恰恰相反。这种做法的背后，是将一个民间传统的节日管理和运作纳入了地方行政系统中，逐渐变为一个"无个性"的节日类型。

"鼓藏头"只是一个特定头衔，仅仅是个象征符号，是对"鼓藏节"必不可少的符号称谓。没有鼓藏头，不算是一场完整的"鼓藏节"（名号必须得有，但作用和地位另说）。但作为村寨的"文化代表"，在和地方权威的代表基层村委，在权力争夺上的失语，也导致"鼓藏头"直接退出了组织者和领导者的席位。失利的原因以及"鼓藏头"在村里影响力，也正暗含着之前我们所提到的两种权威之间的冲突。这样的失利也让"鼓藏头"自然而然地滑落为被地方权力管制的村民中的一个成员，使其不再具有传统上的威严性和神圣性。基层村委、鼓藏头、村民构成了意义上村寨秩序。而"鼓藏头"却不定地游走于两者之间，成为一个单独的符号象征。至此,"鼓藏头"不再是权力牢固的一方,他没有相应的自主权和话语权,他的存在也是基于村委和村民利益基点倾向而随之附和。他在村中生存的权力基础已不再是单方面民间传统权威的给予和规定,而是地方行政权威和民间权威的双重赋予。

"鼓藏头"是一个夹在村委和村民的"中间人"。和村委相比,权力争夺的失利,使得他更像一个行政的专属人员,遵守着村委对他的支配;而在村民眼中,"鼓藏头"担当不起他的职责使命,没有维持好"鼓藏节"。因为他没有绝对的权力来管理"鼓藏节"发生的诸多事情,比如"踩鼓场"的脏;另外他和村委的关系,也使得他没有太多的权力去干预每一件事情,并把它做得更好。这也导致了村民对鼓头的期望落差越来越大。一方面,上面限制着,另一方面是下边注视着。村寨形成了由村委、鼓藏头、村民三种力量以及传统和国家权威之间交织的权力空间。为了权力的争夺和利用,"鼓藏头"成了村委和村民两者之间的游动体,因为他的权力一方面来自民间权威的赋予以及村民的认可,另一方面则属于地方行政权威"让渡和下放"权力的一部分,并将其置于一个尴尬的境地,而其游动性特征也为其与村委和村民的合谋提供了可能性,显现着村寨治理的权力网络。

二 村寨权威人物

按照马克斯·韦伯的观点,"社会权威"可以分为三类:神异性权威(卡里斯玛型)、传统权威与科层式权威。但权威人物往往具有两种以上的权威类型,基本是个人魅力型和科层式类型的组合。本章所称的"权威人物"主要指那些出生在本地,在外面做官,有权有势之人。他们影响着乡村日常生活,尤其是在村寨治理方面扮演着重要作用。

在大乌烧村能够称得上"权威人物"的,通过调查走访,要属曾担当过凯里市统战部部长职位的潘 SL。"一提起他,全村人都晓得。现在,村主任和支书都求他帮忙办事"的说法也为他在村里落下了好名声。的确,作为村里曾在重要部门任职的他,顺理成章地成为扶持家乡、回馈乡民的重要社会关系的来源和砝码。"关系"是一种特有的人情交往和处事方式,在生活中有诸多的表现形式，如血缘、亲缘、地缘、业缘等。在此，这种关系不在于互惠，更多地在于通过他的中介作用，使村子和外界政府的沟通顺畅，尤其在村寨建设和治理方面，如征得资助款项和物资帮助等，充当着官方和民间中间者的角色。

潘 SL 对村里的帮助和扶持家乡建设，主要体现在修进村公路、村小学建设和介入计划生育这几个方面。修路是潘 SL 第一个提议的，他说"之前村主任和鼓藏头都不同意，后来看到修路的好处后，才采纳了我的意见，我家的田也占得最多"。村小学的集资修建也有潘 SL 的一份功劳，他通过在凯里的关系拉到赞助，向学校捐赠了桌椅板凳、图书室、电视机、影碟机等教学用具。为此，村里为感谢潘 SL 的帮助，特地做了一个"功德簿"，记录了他为筹办小学的功德，及捐赠事项（见本章附录四）。对于介入计划生育一事，潘 SL 提到，"村里搞计划生育，对超生的要拆房子。我介入村里管理计划生育的方针、政策时，就说该搞的时候就搞，不该搞的时候就不搞，拆房子、拆瓦是土匪行为。有一家超生户，最后还是我开证明让他们回家了。最后村里的人都很感激我"。

从修路到小学建设再到国家政策的计划生育，由于潘 SL 的介入和干预，问题得到了一一化解，他通过自己的关系和权势为村里人造福，为此他在村里的得到了较高的威望和评价。我们在此称他为权威人物，是因为他为村里所做的贡献和老百姓对他的认同度。潘 SL 在村里的地位和作用更像是一个象征符号——有权有势的象征符号，成为村里重要的关系来源。

这些权威人物的作用不仅仅局限在对村寨的帮助和建设，还表现在他们对基层村委（村主任、支书）的帮扶关系上。尤其是潘 SL 和前任、时任村主任的关系体现得最为明显。

例117. 潘 SL 是我们的老老嘛（老辈儿），有什么事情我都要向他请教、请示，这个事情该怎么做，都要和他商量。他那边有什么消息，也会给我打电话，告诉我有什么政策。他在市政府工作久了，一直是在做统战部工作。他看我工作认真、勤快、年轻，他也喜欢我。（报道人：潘 RH，男，45 岁，苗族，大乌烧村人）

提到潘 SL，现村主任显得格外得兴奋和激动，脸上始终挂着笑容，细数着关于他的事例。当村主任提到潘 SL 是"我们潘家的人"的时候，更是一种自豪的表情。这里，我们愿做这样的比较：如果说村主任是行政权威（国家权威）的基层代表，那么在此，村主任则是以一种潘家家族身份传达着潘、龙两家的家族认同和界限划分——潘家有比龙家更为厉害的人物。潘 SL 不仅是村主任——这个脱离传统权力运作机制约束的——所依靠的更高一层的国家权威，而且也是潘家家族所征用的最为可靠的国家力量，这一点至关重要。

潘家和龙家对国家权威的"采借"和"征用"，并带来村治方面影响的问题，这也更能体现国家权威和民间权威的互动。如果说龙家对行政权威的征用表现在 1996 年"鼓藏节"鼓藏头的当选上，是在村委外来权威的介入下，对传统秩序进行了重组。在传统权力上，"鼓藏头"出于潘家的说法，村里有着明晰的认定。因此，在传统和征用外来（国家）权力资源的较量上，龙家也毫无疑问地处于下风。

潘家这样的优势，也使得他们在看待问题上比较大度，"他们爱怎么搞就怎么搞，老祖宗在上面看着呢"。龙家一直用对行政权威的征用证明着自己的合法性，企图"去传统化"的做法，更为潘家反感和不屑。以至于 2008 年"吃鼓藏"时出现的晦事，被他们认为是遭到了老祖宗的报应。这应该算是龙家和村委合谋对传统发起挑战后，潘家最为有力的回应和反击。这种回应在某种程度上打击了当"鼓藏头"的龙家，尽管龙家一直说"鼓藏头"是根据公平、公正、公开的原则选出来的。但是这种舆论上的压力，势必会影响龙家当"鼓藏头"的维持。1996 年的那次"鼓藏节"因一次"失误"，潘家让龙家抓了个把柄；2008 年又因"鼓藏节"当中诸多的不吉利的事，让潘家有了回应龙家的说辞。"鼓藏头"龙 MF 一直强调：下届"鼓藏头"不知道会是哪家，是潘家还是龙家，"如果再选自己也不愿当"。在这样的言论中，2008 年"鼓藏节"期间出现的事情，必定作为一种强有力的舆论压力影响着下届的选举，而这一切的开头就是缘于 1996 年的那次"鼓藏节"，准确地说，是村委为了"搞热闹"选的那两个鼓藏头，以及国家权威生成的国家权力对传统民间的权力秩序关系的消解与重构。这也时刻体现着国家权威与民间权威在村寨治理上的摩擦和互动。

三 调解与村规民约

习惯法的权威来源于民间,是根据社会政治、经济、文化等方面的需要,从传统习俗中筛选出来的行为规范,是对习俗的提炼。它不是孤立、零散的习惯现象或观念,而是人们作为整体所必须普遍遵守的行为规范。依靠民间权威力量,形成了体系化的执行程序和补偿机制,并且能保证最大范围内的违法必究、执法必严。

苗族习惯法有着自己的特点。它是衡量人们一切道德、行为的标尺,是对生产、生活各个方面的规定,也是苗族社会解决民事纠纷的范式表达。为了能更好地说明习惯法在村寨治理上的作用,在此,我们有必要提到苗族传统的社会组织构成——鼓社、议榔、理老。鼓社是同源于一个男性祖先而结合起来的人们的集团,是一个祭祀、亲属、政治、经济与教育的氏族外婚制团体。[①] 议榔则是制定和执行本社区的习惯法,是本社区生产、生活的基本法则。榔规款约一经群众通过,就成了不成文的法律也就是习惯法,上至头领,下至群众,人人遵守。理老即讲理评判是非的老者,理老一般是由村里办事公道、能言善辩、德高望重的老人担当。而解决纠纷使用的"理辞"则是苗族社会所必须遵守的行为规范和准则,裁决一切的标准。"喜欢佳才来继承佳,喜欢理才来继承理";"掌握佳理才能说话,掌握理辞方能断案";"汉族离不开书,苗族离不开佳"。[②] 苗族这种鼓社、议榔、理老三位一体制,也被称为苗族社会结构的"三根支柱"。[③]

相对于传统社区的管理模式,苗族的社会结构也在经历"国家"建构下的变化,逐步地被纳入"现代—国家"的轨道上。1949 年中华人民共和国成立后,基层政权组织在全国各地扎根发芽,尤其是 20 世纪 80 年代,随着"民主与法制"和"依法治国"的推进深入,国家法进入了广大乡

[①] 石朝江:《苗族传统社会组织及功能》,《中南民族学院学报》(哲学社会科学版) 1993 年第 3 期,第 23 页。
[②] 贵州民族出版社编《苗族理辞》,贵州民族出版社,2002,第 1~2 页。
[③] 参见廷贵、酒素《略论苗族古代社会结构的"三根支柱"——鼓社、议榔、理老》,载《贵州民族研究》1981 年第 4 期,第 42~47 页。

村。以国家法为代表的国家正式制度进入了各个乡村，逐渐影响、改变民间的非正式制度，直到将它们取而代之。① 而我们的关注点也就由此展开：传统的习惯法在国家法普及的今天，是怎样的状况；村民们对待习惯法和国家法是怎样的态度；在民事纠纷的解决和村寨治理的层面上，又有怎样的互动？

例 118. 1996 年农历 8 月份，当时我们寨子有个癫痫病人。他骂这个骂那个，把木头、树叶乱七八糟的东西堆到房里，家里人都很害怕，怕他把房子给烧了。按照家族的规矩，是要你的家族来管的，可是没办法，他们就找到了我，我就和连长去山上砍树做木笼，把他关起来，免得他惹是生非，等恢复之后就把他放了出来。没想到这之后，这家说我知法犯法，没权力关人，就把我告到了法院，把我和连长关了起来。（报道人：邰 SK，男，53 岁，苗族，施秉县龙塘村人）

这是龙塘村邰 SK 亲身经历的事情。案例中我们关心的是"两次关人"，第一次是邰 SK 把病人关起来，第二次是法院把邰 SK 关起来。同样是关人，这里面就有了习惯法与国家法执行的标准和运行操作的问题。依据传统的做法，邰 SK 把病人关起来是为了维护地方正常的生活秩序，这是说得通的。而以国家法的标准来看，邰 SK 的做法侵犯了病人的人身自由，他是没有这个权力的。在执行操作上，一个是传统习惯，一个是国家法理，各有一套运作模式。习惯法看重的是传统缔约、"熟人社会"里的规则，国家法看重的是大范围内的法理公平，是在"生人社会"里执行的标准规范。

在大乌烧村，对于民事纠纷的解决，用潘 MH 的话说，一般都是双方家族出面先解决，如果解决不下，才来请调解委员进行调解处理。

在潘 DY 家里，我们见到了他处理过的一起离婚案。讲的是本村的一个潘家姑娘嫁到了西江，由于经常受到男方的打骂和虐待，双方感情破裂，不能继续维持生活，女方提出离婚请求（民事起诉状）。在男方的陈

---

① 梁治平：《乡土社会中的法律与秩序》，王铭铭、王斯福主编《乡土社会的秩序、公正与权威》，中国政法大学出版社，1997，第 421 页。

述中，男方对女方说："有本事就告诉你家舅子，来我家杀两头猪吃掉。"但在起诉书的结尾写道：禁止家庭成员间的虐待和遗弃，为宪法第三条所规定。以男压女，此等为国法所不容。

对于处理类似的纠纷案件，先是按照村规民约内部解决，如果情况严重，内部解决不了，则要诉诸国家和法律。在这个案件中，透露出一个细节问题，即村落传统的纠纷解决机制"舅权"诉求，"舅权"在苗族社会中具有不可忽视的地位和作用，同时也是女方得以依靠的权力来源。对于女方家发生的任何事情，舅舅有权第一个过问，包括女方子女（外甥、外甥女）的生活成长及家庭婚姻大事。舅舅有权通过民间传统解决的办法如：去男方家拉财产、杀猪杀牛等方式处理事情，别人没有干涉的余地。在我们的调查期间，村里刚刚发生了一件事：一对小夫妻刚结婚不久，就生了一个小孩。男的出去打工，女的就在家带小孩。男的不知道从哪儿听说他的媳妇不守妇道，就起了疑心，怀疑他的媳妇有外遇。打工中途就回了家，对他的媳妇进行打骂。女方觉得很委屈，带着孩子就回了娘家。过几天孩子的舅舅就领着人把这个男的给打了。旁人也没敢去过问。对于这种事，村委也不好解决，因为没有证据，这种事也说不了，也只能对双方都进行了劝导教育。

"舅权为大"的观念在苗族社会一直都很强，它不仅是一种权力资源，也是权力制衡的一极，同时也是姻亲关系的主要体现。比如，文中前面提到"鼓藏节"杀猪的人选、共食"鼓藏"以及带尾巴的猪腿必须要送给舅舅（大舅）的事实，都体现了这一点，这对维持村寨生活尤为重要。

产生于"熟人社会"中的村规民约，有它的优势和特点，往往可以在"道德、舆论"的层次达到惩戒的目的。另外，它的细化、生活化也是国家法所不及的，也就有了"国家政策是不用的，用也处理不下。真是迫不得已，没办法，才用的，拿那个吓唬吓唬"的说法。当我们问及如何解决这类村寨事务时，他们的回答如出一辙"找调解委员，村里有村规民约的，按照村规民约办事"。大乌烧村目前已有两份村规民约，一份是1990年版；另一份是2005年重新修订的。修订版内容和第一份相比，没有多大的改变，更像是第一份的精简版。在两份村规民约中，对各种违例犯事者有着明晰的处罚规定。依据性质的程度，罚款的额度也不尽相同。其中的内容涵盖了村里生活的各个方面，但主要还是对村民不良生活习惯、作风的警戒和规范。比如：偷棵树罚多少钱；偷吃人家的果子罚多少钱；自家的家禽、牲畜管理不善，闯下祸事，又该怎么处理；殴打他人，每一拳头罚多少钱等都有具体的说明。村规民约规定的不单单是这些条款、约束，更体现着集体生活的处事观念和原则。

调解委员在村里扮演的应算是苗族传统社区中"理老"的角色。也难怪，村主任、"鼓藏头"都会说起"调解委员就是我们村的老者"这样的话。同样，"理老"判案所参照的"理辞"，也变成了凸显国家法制、弘扬国家社会安定的惩戒条文。村里的这两份"村规民约"，除了内容上的大同小异外，开头的引言部分也很有意思：

例119. 最近中央发出的《关于加强社会治安综合治理工作的决定》指出，加强社会治安综合治理具有多方面的意义。我村近几年的努力取得了一定的成效，社会治安有所好转，社会秩序比较稳定，但从全村来看，社会治安综合治理工作还很差和发展不平衡。为了搞好"农、林、渔"业的发展，落实农村深化改革开放的方针政策，使人人养成"有法必依，执法必严"的好习惯，为此，经村支委、村委员会的研究决定对原来的村规民约做一定的修改，特制定以下的村规民约。(《村规民约》1990年版)

例120. 为了搞好我村的综合治理工作，维护社会秩序稳定，促进物质文明和精神文明的建设和发展，特别是我村的经济发展，实现全面建设小康社会的目标精神及有关农村法律法规，经村、支两委研究，修改制订本村村规民约如下。(《村规民约》2005年版)

可以看出，"村规民约"的修订总是跟随着国家路线、方针、政策的实施开展而进行的。正如我们看到的，条款制订的内容是老百姓日常处事的行为规范和准则，体现了完完全全的"地方特色"(详见本章附录七和附录八)。然而，从两份村规民约的引言部分来看，这样的行为规范已经烙有国家意识的印记，"强化中央的文件精神、促进物质文明和精神文明建设、实现小康"的字眼，成为制定本条约的总纲和重要任务。国家为达到对村寨的管理，采用的是村寨的地方性法规，使之更好地贯彻国家的法律精神和国家意识。另外，民间的习惯法也贴上了国家法律"合法性"的标签，有了政府的支持。这既有利于国家的治理，也有利于地方法律法规参与事物的合法性，并得到国家认可。可以说，习惯法和国家法在村寨治理上，也体现着互相征用的痕迹。与自上而下传统的统治方式不同的是，治理"是在众多不同利益共同发挥作用的领域建立一致或取得认同，以便实施某项计划"①，是要在过程中体现为商量的协商机制，以达成互惠或双赢的结果。总而言之，在解决地方纠纷上，传统的习惯法依然是参照的标准。

大乌烧村的村寨治理体现着传统权威和国家权威共时存在的维度。从村寨事务的管理者和组织者来看，呈现着两者在治理层面上的对话和互动，但是在国家权威介入传统权力秩序的过程中，"鼓藏头"的地位和处境发生了明显的变化，他不再是权力牢固的一方，而是在村委和村民两者之间左右移动。其权力的赋予也是基于两者。由此，村寨成了由基层村委、鼓藏头、村民三方力量围构而成的相互制衡的权力场域，充分说明村寨治理下两种权威的交错关系。尤其是在权威人物对具体村寨事物的管理和建设上，体现得最为明显。而在大乌烧村，这种外来权威的征用，还体现着家族的等级色彩，也使得两种权威的互动更加复杂化。村规民约维系着村民生活的生存秩序，是一套生活化、日常化的行为准则规范。任何事情，只要涉及纠纷、冲突，村规民约里都有相应的解决措施，这并不是在夸大其词，从条款中诸多繁杂的明细中就可以看得出。对生活于其中的老百姓来讲，村规民约就是他们村里生活唯一的"法典"。国家法在他们看来，只是到重大事件或真解决不了问题的时候，才派上用场，法院也是在多次调解未果的情况下，才去"光顾"的地方。值得注意的是，尽管国家已将乡村治理纳入行政范畴，有基层的村委、调解委员，也有国家刚性的法律法规，但乡村治理依然保持在传统的秩序框架内，乡民社会散发出来的传统权威较之于国家法律仍有较强的自主性和活力。亦如我们前文提到的，调解委员 P 按照苗族的老规矩和传统，"领着一群人到女方家直接拉人"的场景。同时，我们也必须重视两种权威体系的互融过程和两者互为

---

① 辛西娅·休伊特·德·阿尔坎塔拉：《"治理"概念的运用与滥用》，《国际社会科学杂志》（中文版）1999 年第 1 期，第 105~113 页。

征用主体的社会事实,这也是一种新型模式制度的构建过程。

第五节 民间仪式与国家在场

"龙家管土、潘家管鼓"的村落秩序安排,在1996年的那次"鼓藏节"中被打破,原本作为"鼓藏节"中唯一的、神圣性的"鼓藏头",被改为两个人"共谋其政"。这是事件的转折点,也是接下来我们要分析的一个重要层面——国家与民间的关系。

将这层关系的分析置于"鼓藏节"这个传统性极强的仪式节日中,目的是凸显两者生发出来的国家权威和民间权威的互动。而在此,我们将采用"国家在社会中的视角"(a state-in-society perspective)把国家置于社会中来看待,从象征符号、仪式的角度,以及由"国家"产生的话语、意识形态、权威来讨论,以期弄清在"鼓藏节"当中是如何体现国家、社会的在场,对村寨治理带来哪些影响。

一 鼓藏节的国家话语

1. 鼓藏节的历史与国家在场

大乌烧村真正过"鼓藏节",在村民的集体表述中,从1984年潘SY那次开始到现在(2008年)已是第三届。这之前的历史都成了片段性记忆,其历史也是随着国家的发展进程而消歇涨停。在村民的记忆中,能回推最远的是1948年的那届。之后,随着中华人民共和国的建立,20世纪五六十年代,"鼓藏节"在人民公社化和破除迷信的影响下遭到压制。苗族传统的地方性社会结构也遭到解体,国家法律渐取代了苗族社会传统的习惯法,地方政府的管理取代议榔制管理,人民公社与合作社取代了村落社区的鼓社制、家族制的自然管理等。[①] 文化大革命时期,"鼓藏节"更是

---

① 参见王良范《现代性语境中地方性文化复兴与自我认同——以黔东南地区苗族文化的变迁为例》,贵州省文化厅、贵州省非物质文化遗产保护中心编《守望与思考——贵州省非物质文化遗产的传承与保护》,贵州民族出版社,2009,第206页。

被当作"封建迷信""落后""糟粕"之物被禁止和取缔。村民对此深有体会,"偷偷摸摸地自家杀猪,再把猪腿亲自送给客人"。他们也会经常地提到"那个时代,不让我们搞这个,说这是封建迷信",随后的三年自然灾害以及文化大革命期间,在打倒一切牛鬼蛇神的国家意识形态的笼罩下,都没有真正举办过"鼓藏节"。改革开放以后,国家在思想上进行了一次彻底的大解放,民族民间节日(包括社会组织)也得到了复兴,大乌烧村在1984年重新拾回了久违的"鼓藏节",并持续至今。

旅游业的兴起为民族节日的推广带来了一缕春风。黔东南州独特的民族文化风情更是作为贵州省向外推介的名片,进行大力宣传。作为全国优秀旅游城市,同时也是黔东南州州府所在地的凯里市,在这方面可谓做足了文章。市区宽阔的大道两旁"建设生态示范区,推动文化旅游""走进黔东南,品味原生态""黔东南——人类心灵疲惫栖息的最后家园""多彩贵州风,苗乡侗寨情"醒目的标语和色彩艳丽的民族风情漫画,着实吸引着外来人的眼球,神秘而又隆重的"鼓藏节"也在其列。毫无疑问,传统苗寨中的神圣节日"鼓藏节"顺势演变成了一种招揽游客的旅游资源、催生为地区经济发展的谋利手段。面对这股春风,大乌烧村的村委们也按捺不住,积极地思考着怎样拉动大乌烧村的经济发展,发展旅游自然而然地成了首选。在村主任家里,我们也看到了大乌烧村委报送给上级部门长达八页的《关于大乌烧村旅游业的开发规划》,材料中详细地陈述了开发旅游区的有利条件、开发规划、展望等内容,以及《关于请求资助大乌烧村十三年一回的牯臧节举行活动经费》的申请报告(见本章附录九和附录十)。

从管制、取缔、禁止到民间文化的复兴再到现在国家的大力"扶持","鼓藏节"这个苗族传统的民间节日也无时无刻地体现着"国家的在场"。在商品经济、物质利益的刺激下,"鼓藏节"也渐失其传统性,跟随着"现代性"发展的步伐改变着自身。

2. "鼓藏"与"牯臧"

"鼓藏节"期间关于"鼓藏"两个字的写法,散见于所拉的条幅、村里张贴的倡议书和海报:

例121. 欢度 欢快 欢歌 欢腾庆鼓藏——村中街道横幅

例122. 欢度二〇〇八年大乌烧村牯臟/鼓藏节——踩鼓场主席台上横幅

例123. 我村十三年牯臟/鼓藏节欢迎各方来客，大乌烧村党支部·村委会——进村村口横幅

例124. 倡议书

大乌烧男女青年：本村喜迎十三年一度的苗族最大盛事——牯臟节（见本章附录十一）

例125. 海报：大乌烧牯臟节预举行活动（见本章附录十二）

例126. 致全体村民的一封公开信

尊敬的父老乡亲：在这奥运瑞年，苗语欢歌，风雨标言，飞歌缠绵之际，迎来了十三年一度的鼓藏苗年节。（见本章附录十三）

大乌烧村为了过"鼓藏节"，采用了不同的字体表述方式，即"牯臟""鼓藏""牯藏"。踩鼓场上主席台拉起的"欢度二〇〇八年大乌烧村牯臟/鼓藏节"横幅，村主任对两个"鼓藏"是这样解释的：

"鼓藏节"，以前是杀牛的，杀完之后，要分吃牛的内脏的，写的第一个"牯臟"就是这个意思，那个"臟"字是内脏的"脏"的繁体字。内脏的脏字，也可以理解成"肮脏的脏"嘛，为了避讳，写成那个简写的"脏"，人家外人来了，一看就觉得心里不舒服，你说是不是，所以就用繁体字代替了。后面那个"鼓藏节"是现在最常用的写法，我也不清楚。

这样的文字书写没有给村民们欢庆"鼓藏节"带来半点的影响，倒是村委在这方面做起文章，为苗族十三年一遇的节日大搞旅游宣传和推介。2008年同去乌烧村的还有专程从深圳开自驾车赶来的一位摄影人士，闲聊之余说起"鼓藏"时，他说这里面肯定有鼓嘛，你看这两个字，他在桌子上随手写下了"鼓藏"这两个字。在外人看来，"鼓藏"比"牯臟"更为人们接受和流行。2009年2月我们去黔东南州政协查阅相关资料，发现了一份"政协黔东南州第十届委员会第三次会议"的大会讲演稿，其中某委员关于《建立黔东南民族文化保护基金会保护黔东南原生态民族文化》的

发言中提到了"鼓藏节",择取摘抄如下。

> 传统节日存在的问题有如下几个方面:
>
> 鼓藏节:这个十三年一次的节日有一定的时间间歇性和财务的巨大消耗性,这是一个大家族集体祭祀祖先的节日。这种大型的祭祀节日需要由掌握传统祭祀礼仪的鼓臓头来组织,同时要宰杀大量的水牛。牛是农民最主要的生产工具和财产,杀掉一头牛是需要很大的决心和金钱。正因为这个巨大消耗性因而十几年才能举办一次。这种漫长的时间间隙使一些村寨的"鼓臓头"一职已不存在,加上财务的巨大消耗性,鼓头的消失在我州是最严重的。(黔东南州政协十届三次会议秘书处 二〇〇九年二月)

在这份发言材料中,共有四处提到"鼓藏",却使用了两种不同的写法进行表述——鼓藏节、鼓臓头(鼓头),对这个节日的描述,以写法为例,多多少少显得模糊,究竟是哪个"鼓"和"脏"也不甚明晰。和村里所拉横幅中出现的"牯臓"相比,敲鼓的"鼓"字,已经在官方的解释中得到普及和固化。村民对用哪个汉字书写最为合理并不关心,他们关心的只是"鼓藏节"真正的意义。在官方看来,"鼓藏"之于"牯臓"更利于外界推广和宣传,更能招揽外来游客,将美好的一面呈献给他们,而不是那个有歧义的"脏"字。

3. 民间节日的国家话语表征

在上文提到的"致全体村民的一封公开信"中,我们注意到,村委会为了让这次"鼓藏节"尽可能的热闹和欢腾,在文字的处理和书写上,也尽显喜庆之气,将中华民族百年一遇的奥运会和"十三年一次鼓藏节"联系起来,正如"公开信"中所写的那样"为发扬民族民间文化,弘扬民族大团结精神,增添鼓藏节气氛",粘上这样的标签,一是将国家昌盛和民族团结的关系联系起来,有意识地把民族的传统节日纳入国家政治生活运作的轨迹之下;二是借奥运的瑞气,烘托"鼓藏节"的氛围,"鼓藏节"更像是这个奥运瑞年所展演的一部分,是它的后续演出,是国运昌盛、民族团结、百姓安宁的真实表达。"经我村斗牛组委会和村两委协商一致同意,通过村民集资、个体工商户、单位和个人的支持,顺利举办了2008大乌烧鼓藏节斗牛大赛。"这样的表述，在老百姓看来，更具有国家色彩、更有潜意识的强迫力。同时，"鼓藏节"特有的"喜庆、祥和"的象征意义得到充分的表达，亦可作为"安定、团结的政治局面"的印证。尤其在现在"建设小康社会、构建和谐社会"的旗帜下，这样的祥和场面，更是国家希望看到的。从这个层面上看，仪式体现的不仅仅是本身的传统意义，也承载着潜在的具体的国家意义和政治意义。

二 传统权威与国家权威

民间节日的国家在场，不可避免地要提到传统与国家两种异质权威的互动，及其权力秩序重建在村寨生活中的影响。从1996年的"闹"到2008年的潘、龙两家的赌气，正是民间节日的国家在场——国家权威对传统权威秩序的干预和重组——造成的后果。

将这个个案置于村寨治理的层面上，凸显的是两种不同权力体系的博弈，传统的、国家的权威力量，通过"鼓藏节"这个民间节日进行展演，两者的互动则更为明晰。为了各自的利益，不同群体都在这两种权力秩序之间左右摆动，目的就是争夺自己的话语权和生存权。在"鼓藏节"这个权力场域内，各方力量都在角逐，甚至出现利益的合谋：潘家用老理儿（传统权威）一直压着龙家，龙家用国家（行政）权威企图打破传统权威秩序格局，争取更多的权力资源。尽管出现了对外来的异质权威的合理采借、征用，但在与传统力量的正面交锋中，龙家扛不动鼓的流言，以及诸多晦事的发生都在表明，传统舆论道德的约束力。在传统权威和国家权威的对话中，传统的习惯法和国家法对维持村寨秩序也体现着差别。法律作为国家治理的重要手段，首先达致的不是我们的肉体，而是我们的灵魂、我们的意识和心理，由此形成我们对法律的感受和想象，法律由此成为我们的一种"地方性知识"，构成我们意义世界的一部分，从而导致我们对法律的认同和屈从。[①] "地方性知识"也逐步成为国家法律权力体系网络上

---

① 参见强世功《一项法律实践事件的评论》，王铭铭、王斯福主编《乡土社会的秩序、公正与权威》，中国政法大学出版社，1997，第513页。

的一个结点。但不容否认,传统的习惯法依然在村落中发挥着不可替代的作用,尽管现在的民间习惯法被粘上"国家法律"的标签,企图进一步得到"国家"的认可与承认。

可以说,民间仪式始终存在着与国家的互动,"鼓藏节"就为我们展示着这样的动态过程。从取缔、管制到恢复再到进一步的"约束",民间仪式始终在"国家"和意识形态的话语下寻找着自己的定位和属性。这其中不乏传统性与现代性的冲突摩擦,并凸显着民间秩序的传统权威与国家权威的博弈互动。国家为了将民间仪式纳入自己的权力秩序内,而民间节日也不再单单是一个传统的地方性习俗,其含义也已经超越了它固有的界域。从这个意义上讲,民间仪式始终存在国家的影子,国家话语及其意识形态成为民间仪式开展不得不考虑的因素。

小 结

我们首先通过大乌烧村的村寨口述史,呈现了村寨传统生活秩序的基本运作机制——龙家管土、潘家管鼓。

"鼓和祖先"在当地苗族心目中有着特殊的地位和意义。"祭祖"是"鼓藏节"的核心主题,"祭祖"不仅仅是纪念祖先,更是祈求得到祖先的庇护和馈赠,村寨能够人丁兴旺、平平安安。对祖先越是虔诚、敬畏,就越能讨好祖先,保佑村里不会发生不吉利的事情,尤其在"鼓藏节"这个重要的时间节点上。反之,若在"鼓藏节"期间出现晦事,在老百姓看来,是因为自己某方面出现了问题对老祖宗不敬,惹怒老祖先的后果。这种说法,村民深信不疑。2008年"鼓藏节"期间,所发生的那些"不顺的事",就是被大家看作最好的例证:村里既有老人过世,客人杀猪时割破了手;又有客人喝酒喝死,踩鼓时一连几天的阴雨天气等。这些"意外"巧合地出现在"鼓藏节"期间,这下子,村里开始流言"老祖宗有感应了"。

这不得不使我们继续思考和追问:村里究竟发生了什么事情,会出现这种境况?回答这个问题,我们不可避免地要回到1996年的"鼓藏节"。

那次"鼓藏节"除了"闹"带给村民巨大心里阴影外，还落下了在村里人提起来就觉得好笑的大笑话。正是为筹办那年"鼓藏节"，村委们决定选出潘、龙两个鼓藏头，理由很简单就是为了把"鼓藏节"办得热闹、好看。对于这个"鼓藏头"的人选，潘、龙两家在维持"传统性"的争执上互不相让。潘家认为龙家抢了自家的"鼓藏头"，有意破坏鼓场规矩；龙家则说是潘家没姑娘找外人家的姑娘来领鼓，坏鼓场在先。这样的赌气，一直影响到2008年的"鼓藏节"。2003年村里选2008年"鼓藏节"的"鼓藏头"时，龙家当上了鼓藏头，潘家人说为了赌上届的气"没有和他们争"。言外之意，就是想看龙家到底有多大的能耐，能否扛得住鼓。果不其然，2008年"鼓藏节"期间就偏偏出现了这些"不吉利的事"，顺势地被潘家抓了个把柄，"龙家扛不动鼓""人作梗不好，老祖先在上面看着呢"，类似的传言像股暗流在村里蔓延。

大乌烧村的个案可以说是伴随着两种权威——传统权威（民间权威）和地方权威（科层权威或外来权威）——的互动交错而出现的。可以说这种权威交错的形态从没有中断过。从"鼓藏节"的内部场域到外部场域的村寨治理，都有地方权威的在场和异质（外来）权威的参与，亦可以说是村寨生存秩序中两种制度之间的碰撞和融合。但是，在国家参与村寨生活企图进一步将传统生活取代并纳入行政过程当中，其固有的"传统权威及其生活秩序"依然是村寨的主流话语。"话语"是福柯有关权力认识论的基础和核心，"一个词语只有进入特定的话语的范畴才能获得意义，也才有被人说出来的权力，否则，便要被贬入沉寂"。[①] 特定的话语调整着内部的生存秩序，赋予其充分的意义和有序列的权力。而这个话语的构建也不可避免地与相关的制度紧密相连。一如，我们上文反复提到的，潘家和龙家对于"鼓藏头归属"问题上的充满差异又具合理性的解说。这使得不同话语的建构、生产及其意义的赋予有了凸状性的表达，同时也暗含着不同话语之间必然的冲突和权力张力。"权力和知识是直接相互连带的；不相应地构建一种知识领域就不可能有权力关系，不同时预设和建构权力关系

---

① 〔法〕米歇尔·福柯：《性史》，张廷琛等译，上海科学技术文献出版社，1989，第96页。

就不会有任何知识。"① 这也就是在个案中潘家和龙家总是在强调"自身权力正当性"的缘由。而问题的关键恰恰在于，在利益倾向性游移的基点上生成的对话语和制度的择取策略和博弈手段的应用。但这也仅仅基于"生存策略"的思考，对于不同话语所带来的权力和认知，对具体村寨造成的影响即话语之间的对话，以及相关制度模式的重构，才是我们需要重点关注的层面。村委对村寨管理尤其是对待传统文化上，其硬性参与和武断决策，在固有的传统规约当中招致的种种不适和摩擦，也彰显着传统权威与国家权威之间必有的张力。国家企图对乡村的单方面、一刀切地接管和管制，更是引来1996年那次"鼓藏节"最为猛烈的回击。

通过个案的分析，本章需要说明的是国家对村寨生活的的参与和外来权威的制衡维度，以及这两种"国家模式和民间模式"制度的构建和融合。真正的村寨治理（governance）应该是协商性的机制，是互利互惠的经营模式，意味着尽量让所有的当事人都有参与，有所承担，有所收获或者各得其所。② 对村寨的管理是积极的引导，而非硬性的不合理的干预。这带给我们的启示就在于，尽管国家力量在乡村社会中相对强大，但也不能忽视神圣性的强制规约，因为作为文化的积淀，神圣性的权力符号和制度有着制约民间思考的力量。③

对于异质权威的出现以及两种权威的互动图景，其实也可以看作"经济人类学"中"交换模式"差异理论的表达。贯穿于乡土传统社会中的是一种持续的互惠交换（reciprocity），正如"祭祖、吃鼓藏、跳鼓"和得到祖先的保佑——这样的一一对应的关系存在，以及"龙家管土、潘家管鼓"均衡的权力分配。但随着"民族—国家"力量的触角在传统社区中的介入、延伸，另一种再分配的交换模式（民间节日的官方化、经济增长与政绩考核）应运而生——以权力为基础要求在国家与地方社区（包括社区居民）之间建构一种"正规"的权利和义务关系。④ 不容否认的是，这种

---

① 〔法〕米歇尔·福柯：《规训与惩罚》，刘北成、杨远婴译，三联书店中译本，1999，第29页。
② 参见高丙中《民间的仪式与国家在场》，载《北京大学学报》（哲学社会科学版）2001年第1期，第42~50页。
③ 参见王铭铭《走在乡土上——历史人类学札记》，中国人民大学出版社，2003，第173页。
④ 王铭铭：《走在乡土上——历史人类学札记》，中国人民大学出版社，2003，第169页。

正规性也是基于国家秩序和法理秩序的层面,抛开了一切具体的、特殊性的认知,上升到"普遍性"的价值共意。也正是在这样的基点上,我们可以理解为:权利的互惠交换和再分配交换构筑起了乡村权力秩序的关系网络,这两者并不是两条没有交叉汇合的平行线。相反,正是由这两种交换方式的同时应用和采借所达成权力交错(并不仅仅是多元)的村寨秩序,才使我们更加明晰权威的互动对村民及村寨治理造成的影响,也才能更好地审视当下以普世性自居的国家力量和以特殊性为标识的民间传统力量的共谋与博弈。这才是本章旨在表达的内容所在。两种权力类型的互动也是一种新型村落制度模式的构建:一方面,农村法制建设和宣传,确实在当今的乡土社会中造就了一种新式的纠纷解决权威;另一方面,传统的家庭、交换、仪式生活方式,却一直持续而稳固地发挥着他们的作用。[1] 换句话说,如何在尊重民间传统权威和地方性知识的基点上,增强民间自我组织的能力,引导各种权威积极主动对话、协商互相监督,并达成某种程度上的制衡关系,乡村的善治或许成为可能。

  本章的写作目的也基于此,通过"鼓藏节"的展演,考察村寨生活中"基层村委、村寨权威人物、鼓藏头、村民"四方力量在权力场域下,达成的现时村寨权力网络关系。四方力量基于利益基点和权力资源的争夺,出现了各方主体间的合谋和权威征用,如:龙家当"鼓藏头"和基层村委的干预;"鼓藏头"在基层村委和村民间的尴尬处境和地位;权威人物和地方治理上的关系;"鼓藏节"的组织和国家在场的话语表述;地方性的村规民约与国家法律的互动,等等。在民间地方性知识和国家话语意识形态的双重模塑下,这样的关系结点也充分表达着村寨生活权力秩序的维度。

---

[1] 王铭铭:《走在乡土上——历史人类学札记》,中国人民大学出版社,2003,第168页。

第六章　苗族村民自治与制度创新

如果说，前面的章节内容，我们主要是基于苗族社会中具体的生活场景，来探讨各方权力关系：旅游背景下民族节日的开展运作，传统婚俗中的权力表达，抑或仪式展演与村寨治理的相互关联。其目的是想从多方位的视角去表现苗族地方文化资源与多重权力的生成及互动情况。那么，此部分的内容，我们将从基层政权以及国家政策的角度入手，对村寨治理进行深入的剖析。

第一节　苗族村民自治现状

基于地方不同的经济文化背景，"乡政村治"的模式亦有所不同，呈现出多样性的发展趋势。有学者将其归为三种六类：第一种是"传统型"，具体又分为"传统—行政主导型"和"传统—村落权威型"两类；第二种是"能人型"，下分为"能人支配型"和"能人主导—大众参与型"两类；第三种是"法治型"，有"外法治型"和"内法治型"两类。后公社时期中国乡村治理——"乡政村治"整合主要有三种形态：发展型、维持型、瘫痪型。也有学者指出，发展型是发展好的或较好的"乡政村治"，占全国的"乡政村治"模式的15%；维持型是一般的或比较差的，占65%；瘫痪或半瘫痪的占20%。这说明85%左右的中国村组织治理还有待于加强，只有15%的村级治理状况良好。[1]

---

[1] 参见张志英《"乡村政治"的兴起、现状与发展趋势》，《农村经济》2003年第6期，第51~53页。

我们从2006年起至2011年，对黔东南清水江南北两岸苗区的村民自治现状进行了调查，北岸调查了A、B、C村，南岸调查了D、E、F村。调查不规定统一的模式，而是随机深入访谈村民对其自治的当下关注点，以及对相关问题的做法与看法，然后在其社会文化背景的参照下，归纳、整理、分析得出结论。

北岸A村。村民第一次选举村委非常积极，第二次热情大减，第三次以后就处于应付状态了。第一次，村民的确想选出好领导，所谓好领导就是办事有公心又有能力的人，于是他们积极参与。但其结果令人失望，上任的是他们认为不好的那一类人，这个人曾经有过贪污的历史。如修桥，叫村民每户捐出五块木板搭架子，声称桥修好便还给他们，可桥一修好，他把木板都卖掉，钱私吞了。村民本来想找他赔偿，大家都是乡里乡亲，谁也不会扛头做伤面子的事情。五块木板，也值不了多少钱，你算了，我算了，大家也算了。又如开矿，他与老板合作，开始也说要给村里一点钱，因为矿在村里的地盘上。后来，他说亏了，还欠债，村里分文不得。再后来，他买了汽车经营起客运来，村民方知他大赚了一笔钱。竞选村主任时，他当选了，而村民喜欢的另一位落选了。当时的政策倾向是富人治村，其逻辑是富人才能带领村民致富，谁知富人更富了，不管穷人。村民看在眼里，心里明白，选举的积极性受到挫伤。但是假如他们喜欢的人上去了，也如此这般呢？我们问。有的说不会，有的说至少不那么坏，有的说人心隔肚皮，只看平时表现就行了，以后的事情哪个管得着。村民虽然对选举村委热情大减，但还是认真参与了换届的第二次投票，其结果也大失所望，仍然是前任村主任连任。他们似乎明白了"投票有个球用"，甚至有一种被戏弄的感觉。于是第三次换届选举，再没有集中投票了，乡里为了落实民主选举，让人背着投票箱一户一户地上门找人投票。

北岸B村。支书与村主任的起落都与乡政府主要领导的更替有直接的关系。某支书，有一个女婿任该乡乡长，不久其岳丈当起B村支书。不久，有人把当地计划生育的真实情况上报给了上级领导，于是B村支书与该乡乡长下了台。B村支书与该乡乡长寻借口醉打了告密者一顿，据说伤者在医院里躺了几个月。一年后，B村支书的女婿又在县里某局任副局长，岳丈又再次担当B村支书。不久又换了新书记，在视察各村的时候，新书记相中 B 村与之同姓的某某，希望培养他任支书，但得从村主任干起。与书记同姓的某某，的确不负上级的厚望，干起了该村千古未有的大事，组织村民修通了一条由村里通往县级公路的马路。这条路一时间成了媒体关注的对象，该村村民歌颂其才德，周边的村庄也羡慕别人有一个好村主任。然而，该书记调回县城，村主任也未能当上村支书，后到沿海去打工了。在这样的情形下，一个包村干部把他的一个"把兄弟"抽起来填补村主任这个空位。

北岸 C 村。有一个大家族，三个小家族。大家族欺负小家族的情况有时难以避免。农村有句话叫作"人多人为王，狗多狗为强"。但也并非大家族管事就一定坏，关键还在于主事者如何处理家族内部事务与外部事务的关系。一位受到人们尊敬的大家族的前支书，在接受我们访谈的时候说，管好自己的家族才能管好别人。他在职时与几位族长经常开会沟通情感与思想，家族的事情按族规办，村寨的事情要公平办。虽然有时不能满足家族里某些人想法，其他族长也去做工作，也就没有多少问题了。比如大家族带头实行计划生育，带头缴税，带头集资办姊妹节、龙船节，小家族的人就没话好说了。族内有个规矩，无论谁在族内与族外闹事，都会影响家族的声誉与团结，族长就有权过问。他举了个例子：一次大家族的人挖了小家族人的田坎，为什么挖呢？原来，他们两个家族的田地分别位于村路的两旁。因为小家族那家总是一年挖一点靠过来，多年后就变成一条不能走路的田坎了。大家族这家，一气之下，便把仅存的田坎也挖了。过去村子不少人砍柴、割草要走这条路的。现在田坎没有了，路不能从这里走，必须绕路而行，给大家的生活造成不方便。寨众告到村里，两家互相指责是对方先挖或多挖了集体的路。了解情况过后，老支书首先批评自己家族的人，各位族长都到挖田坎那家吃饭，批评教育，虽然不服气，但的确挖断了田坎，不服气也不行。然后，批评小家族的人，路是大家的，尽管一年挖一点，别人一时看不出，或者看出也不好讲，但这种损公为己的做法是很不对的。经过村民大会决议，叫他们两家修路，谁家挖到什么地方就必须修到那个地方，直到检查过关才行。最后，他们只能乖乖地执行决定。不服就要罚款让别人来修。他总结经验说："既要反对大家族主义，又要反对小家族主义，办事要讲古理、公理，不存私心。这样，没有什么事情做不好的。"

现在，这个老支书还是最有威信的寨老，村民有事喜欢找他，他也力所能及地处理一些事情，但是超过寨老处理的范围，他也只能找村两委去解决了。他也感叹，现在村里处理什么事情都要交钱，这很不好。人家没有钱，你就不处理，可是问题还在啊。气不消，总会互相找岔子。小小纠纷不处理，闹大了就很麻烦。

在 C 村，虽然还是大家族任村里主要领导的时候多，但大家族并不总是村民自治的难题，关键还是大家族的领导人如何处理族内族外的事情。凡事公平处理，同样会得到小家族的拥护，处理不好，小家族也不会买大家族的账，因为所有的村上人都是村民，不秉公办事同样遭到大家族内部的人反对。

从清水江北岸的三村的情形看来，应当属于"传统型"中的"传统—行政主导型"，而整合形态应当是维持型。虽然政府的干预较大，是否任支书或村主任（主任）与政府的意图密切相关。但村民对于不是他们真正选举出来的支书与村主任，总是明里暗里不服，以至于找岔子为难他们，或者借事发泄他们的不满。

A 村支书凭着家族背景和上级扶持走马上任，但办事常用压服的手段，其结果是暗地里有村民总是给他找麻烦。2007 年，秋收季节。村民们收稻子，一般都把打稻谷的谷斗放在稻田边上，第二天再用，因为把笨重的谷斗扛来扛去实在费劲又麻烦。支书把他的谷斗也放在田边，还用稻谷草把它隐藏起来。第二天支书去打谷时，发现谷斗与稻草被烧了，后来他也查不出是谁干的坏事。自己做谷斗已经来不及，借别人的别人也在用，因此只好等别人有时歇着或打完了稻谷才能借到谷斗。这一年，他的稻谷不能按时收割，造成的损失不小。不仅如此，他的耕牛有一年放在山上吃草，被人砍断了一只脚，后来找当地的草药医生才给治好。还有不少次，不知是谁乱砍了他的庄稼。这些事情的累累发生，也给他带来不少的苦恼。

A 村的村主任也有苦难言，被当地的习惯法罚了"三个一百二"（一百二十斤肉、一百二十斤酒、一百二十斤米）。他刚任村主任两年时间，发生了这件事情。春节期间，当地人为了热闹而玩龙灯，放炮火（鞭炮）

炸龙。龙要进一家一户的中堂，一个自然村走遍了，才能接玩龙的吃夜宵。当龙玩到村主任家时，炮火声更加响亮，人声格外鼎沸。龙一进入中堂被舞得不同寻常，把村主任家的摆设如神龛、电视机、茶几、温水瓶等像秋风扫落叶一样，打碎、踩烂了。村主任忍不住骂起娘来，天底下哪有这种玩龙！然而玩龙的村民围住了村主任，七嘴八舌地说："我们不慎打坏你的东西，那是不得已的事情。但是你骂人就不对了，破坏了我们一个村的人的福气。""我们要他修赔，不然村里出什么事情要他一个人担当。"村主任此时明白了，村民故意找茬闹事，而正好找在让他有苦难言的春节玩龙的好事上，只好承认自己的错，不然就会得罪所有的村民，其后果不堪设想，有被开除寨籍的危险。于是村主任答应按村规民约罚款"三个一百二"，损坏的东西就算了。理由是，一方面村民不会赔，争论下去只会越传越远，他的声誉就会受到更大的损失；另一方面乡村有"破发"的习俗，特别在春节期间用具被打破了，不能骂人，只能忍气说"破发"，即破了才能发财。村主任也不得不就范于村规民约及其习俗，一般的村民也就更如此了。

村干部是上级政府的代表，但从北岸A、B、C村的实例来看，村民对村干部的不满，主要是利用村规民约、舆论道德，或是风俗习惯等"乡村逻辑"进行"反抗"。尽管这些反抗行为对村干部有威慑作用，但并不是从正式的法律制度层面进行约束，村民也难以监督村干部村寨之外的行为。这就需要国家制度与乡村制度的有效连接。

2008~2012年，我们对D、E、F三村进行了调查[①]。在访谈中，一位民政局的副局长告诉我们，在他们县"五老"（寨老、族老、龙头、灯头、鼓藏头）已经被纳入统战工作。这项工作在苗族地区比较特殊，因为"五老"在苗族村寨中是德高望重的，本来就有号召力，将其列入统战工作以后，在村里办公益事业时，群众对他们的言论更能接受。把他们列入统战是为了在党的统一战线下更好地工作。这是因为选举出来的两委，老百姓还不一定能接受，村事纠纷中村委无法解决的，如修路占地等情况，就要请"五老"出面解决。另外"五老"在建构和谐社会，在管理村里财务，

---

① D、E、F村寨的调查资料由刘锋、李宇、曾勇搜集整理。

在风俗、节日，如龙船节、姊妹节中所体现出来的作用两委是不能替代的。

通过对 D、E、F 三村的调查得知，过去"五老"都是自然产生的，现在是通过推举。以前没有钱，人们非常看重"五老"的身份，如今钱少了，有的人就不愿意再干。如 D 寨，在龙船节期间，起初没有人愿意出面当龙头，经过村中的寨老、族老等协调，最终还是有人被推举出来承担龙头的责任。65 岁的老张举例说，如果某人在寨中比较有能力，如能说会道、办事公正、武艺高强（D 寨前任寨老现已过花甲之年，尚能吃七八碗饭，单手抓上百斤）、有号召力等，就自然成为寨老。也就是说，寨老要办事公正、能打、能施舍、家族大、有钱、有势力，事情发生了就要找他来摆平，特别是维护一方的平安，协调村与村、村民之间（纠纷）的关系。老杨说，如果某个村的某个人和我们村的某人发生矛盾，经协商不同意者，我们村的寨老可以根据具体情况和他方的寨老协商予以惩罚，严重者予以三个一百二（酒、肉、米）招待村里的人及外村的人，如果此人不能承担则由寨老协调处理（由寨老召集全村人集资后办成此事），但是这事必须要行之有效，寨老的威信才能树立起来。

D 寨以前寨老通常都不愿意担任保长等职务，但由于其能力，保长不能解决的事情都由他们出面协调处理。他们完全有能力处理好当地事务。相反，那些由政府任命或"强制"选举出来的寨老是不受村民欢迎的。寨老是由村民选举产生了，灯头也是这样。在玩灯的时候，一个人负责将龙灯搬出去，一个则负责接迎、招待外村的龙灯，安排他们的活动。同时，在集体活动中保证社会治安的稳定，以免发生不良行为。每一年（过年）如果村中某人在外做生意发财了，心情很好，就承担这个灯头，大部分的钱财由他支付，再委托某个他觉得有能力的人负责全程的事务。

D 寨的龙头、鼓藏头也是村中有较高辈分，并具有一定的经济条件，亲戚朋友多的人来担任。因为亲戚朋友多，来人就多，送礼也多，就会热闹，有气势，当头的人高兴，也给我们村带来很好的影响（面子）。如果没有经济条件，没有威信，别人不服，自己也招待不起，因为饭菜全由其负责，同时还礼也是由其负责。

族老是一个宗族中一个大支系（房）的领导，负责这一支系的事情。

D寨的老杨以自己为例说:"如我家的姑娘要嫁到某一家或儿子娶媳妇,经我同意后,我得向族老把事情说清楚,如果族老不同意,则这件婚姻不能成立,倘若我坚持要完成这门婚姻,则我就会被整个家族所孤立。"也就是说,族老主要职责是管理好家族成员的婚姻等事务。

我们迷惑于"五老"与村两委的关系如何处理,E村的王主任告诉我们,他曾经是寨老,现在其实属于半个寨老,因为是村主任了。他现在也只得以村主任身份协调处理村里事务,而不能以村主任的身份承担处理村里的民风民俗了。也就是寨老与村委的负责事务是有所区别、有所不同的,在具体的活动中的分工是不一样的。而在官方场合,寨老的出现则不能解决具体的事宜,如要举办姊妹节的投资(如向县各个单位寻求资助)等情况则需要村委出面解决(因为寨老对政府部门不熟悉),但这事先得和寨老商议。

我们可以通过一些实例,看看"寨老"是如何处理事情的。

E村某村主任(村主任)曾经答应自己的女儿嫁给另一个寨一户人家的儿子为妻,双方的家长都会过面,有了约定,而且女儿已经到对方家生活。但某村主任后来自己又不同意了,便邀请村寨里的寨老去那个人家退婚,那个寨的寨老也出来与我们的寨老论理。对方家长也说自己不愿意,是你女儿自己跑过来的。由于某村主任已经答应并接受了人家的彩礼,这样我们村过去说的人就没有理,而他答应并接受对方彩礼等事情并没有告诉我们寨老。在我们无理的情况下不得已返回,太丢脸了。回到村寨后,由于他欺骗寨老,也就是欺骗我们全村,我们就罚他"三个一百二"(把猪、鸡、鸭等杀吃),也就是村主任要请客向我们全寨人赔礼道歉。村主任违反村规,对其处罚与一般村民没有什么两样,因为村主任也是村民。

在20世纪七八十年代,E村曾经有一位村支书与某女发生不正当关系,事情败露后,村支书被政府予以撤职惩罚。村支书虽属政府部门任命的工作人员,但另一重身份却是村寨成员,他的行为还受村寨规约。村支书上述行为严重违反了村寨的规约,于是当时的寨老们经过商议,决定根据村寨的规矩再对村支书进行三个一百二的惩罚,以供全寨人享用,教育后人。

F村的张YZ老人(64岁)告诉我们,他从1997年至今都是寨老。经过全寨开会选举产生的，为了配合村两委的支书、主任等处理村里面的事务。有时候两委会办事不合理的情况下，寨老之间相互协调或单独处理。

若村中发生相关的民间纠纷，如某家的牛吃了某家的庄稼等事务便由寨老来处理，如果事情发生在寨里面的，便由寨老在具体家户之间进行协调；如果是两个寨子之间发生比如森林纠纷，这得先由两个寨子的寨老出面协调解决，再到具体的户之间进行处理。

如遇小偷等情况，先由寨老解决再交给村委会，而处理方式还是三个一百二的解决办法。而这其中有部分村委领导在场如支书、主任、小组长等。

过姊妹节也得寨老之间协商，支书村主任只能争取县里各部门的资金支持。姊妹节期间两个村寨的来往都要通过寨老，因为送礼回礼都是整个村寨的事情。甚至在别的村（没有双方约定的村寨）得到的姊妹饭，也是属于我们整个村寨的，也得分给全村的人，至少要让寨老知道某人在某村得到了姊妹饭。

在村里有红白喜事时，都由寨老出面协调来办理、安排，因为若是支书村主任帮忙安排，可能有的人不听从安排，也许因为他们不熟悉这些事务，也许不具备寨老资格，而只能由寨老全权授理安排处理。红白喜事以寨为单位协调处理，寨老要召集村上的七八个人共同商议。红喜若办事的户主没有能力办此事，所有来他家商议的人可以离去不管，而白喜若户主不能承担，全村可协调助其将白喜办完。如要求其他的亲戚少来点礼品，以减轻户主还礼时的压力。红喜是要提前通知的，不办影响不大，因为那是真正的喜事。你办了村寨的人也会按照习俗出钱出力，自己决定不办，那就是你个人的事情了，别人也帮不上忙。但不办还是有点不好，至少别人觉得你经济或为人差劲。而白喜不同，丧家非常悲痛，不用通知全村人都会自动帮忙，因为它会影响全村人的声誉。寨老就是这种声誉的直接承担者，他不得不来，不得不认真组织安排。

从我们对调查资料的归纳分析来看，清水江流域的苗族乡村治理状况应当属于"传统型"，清水江北岸属于"传统—行政主导型"，而清水江南岸属于"传统—村落权威型"。当然这是就其主要特征而言，并不是说完全不存在"能人型"与"法治型"的情况。再从治理的整合形态看来，应当属于维持型，而不属于发展型或瘫痪型。

第二节 文化权力与行政权力的互补与整合

文化权力是一种文化共同体共同遵循的潜在秩序，是一种集体"良知"的体现，谁违背了它就会受到相应传统方式的规训，至少在舆论上、心理上受到压力与处罚，被罚者也如同做贼心虚一样，不能够堂堂正正做人，而促使其改正。行政权力是一种公共权力，是人民赋予的"为人民服务"的权力，它得通过人民的拥护而具有行使权力的合法性，行使的结果也必须合法与正义、公平。然而公权私用或滥用，同样会危害文化权力与行政权力既有的规范，使这两种权力的互补整合关系遭到破坏。以下是我们调查的访谈实录。[①]

一 土地庙搬迁

访谈时间：2010 年 12 月 23 日
访谈地点：台拱镇排汪村村委活动室
访谈内容：土地庙搬迁
访谈对象：吴支书、吴医生

李：咱们这个活动室修了几年了？你担任支书好久了？
吴支书：修了有七八年了。我从记分员、会计、副主任、主任到现在的书记都几十年了。
李：修这个活动室的占地是属于村里面的？听说咱们以前的土地庙给搬走了？
吴支书：是的。有上级领导确定修在这里。当时活动室所占的对面有座土地庙，当时修建活动室时（2002 年到 2003 年）考虑其影响活动室的

[①] 李曾为课题调研人员，以下同。

形象，所以在修建时把土地庙搬迁了，当时村民也不是很同意。后面村里发生了一场大火（2006年1月27日），村民认为是修建活动室影响了土地庙的风水，现在把它又一次搬迁到了现在活动室的对面。

李：当初搬土地庙的时候你们村委愿意吗？

吴支书：说实话，也不愿意，因为我们也是村里的人，我们也觉得不该动土地庙。

李：过节日也祭拜土地庙？

吴支书：我们村春节期间的玩龙，农历二月二的敬桥、十月的苗年节，还有过春节的时候都去祭拜土地庙。有的人生病也去祭拜。

李：村里卫生室（村活动室的一楼）有多少人？

吴医生：就只有我一个。

李：听说这个活动室建成后要搬前面的土地庙，村民都不太愿意，是真的吗？

吴医生：是的，都不愿意。

李：那后来搬了没有？

吴医生：搬了，政府强迫搬的，说是在活动室前面不好看。但是后来又搬回来了。因为搬了土地庙之后，在2006年过年的头一天，村里发生了一场大火，烧了很多房子，大家都认为是因为搬了土地庙才发生火灾的，所以就把土地庙搬回原来的位置了。

曾：是因为发生火灾又把土地庙搬回来了？

吴医生：说实话，我觉得是，因为没有搬动土地庙之前，我们这里从来没有发生过火灾。

由上述的访谈得知，事情的经过可以简单地归结为：修建活动室，是一项形象工程，自然需要美观，于是有了搬迁土地庙之举。然而其后，也就是在时间上关联一场大火灾。村民认为土地庙搬迁是火灾产生的原因，于是又一次把它恢复到原来的位置上重建。

对于排汪村土地庙的搬迁，我们认为：首先，经费取之于民而用之于民，不因经费划拨而改变它属于"民"的属性，而有权对"民"指手画脚。其次，形象工程的美，不过是现代理性的一种霸权表述。潜在的话语，无非是土地庙是"封建迷信"，"丑陋"、不美，不能并存于同一个时空,而被排挤、搬迁。再次,一个共同体的时空是文化建构的结构性存在,自然因素往往被纳入文化系统的关联性诠释。因此火灾与搬迁土地庙相关,在文化逻辑里面是成立的,唯有土地庙回归,才能复位文化秩序,人们也才能心安理得。尊重一种文化,就是尊重一种文化的主体人的尊严。因此,互相尊重,共同协商与参与,成了人们处理问题的出发点。

二 土地纠纷

访谈时间:2010年12月27日
访谈地点:台盘乡棉花村
访谈内容:寨际纠纷、土地占用纠纷
访谈对象:村民王某、寨老

台盘乡棉花村为王、张两姓在此世居,有一百多户人家。以前村寨中的纠纷事务,交由男性寨老和家族长老来处理,如今新成立的纠纷委员会逐渐取代了家族长老的职权,也有了女性成员的加入。与邻村南遥的山林、土地纠纷起源于山界的划分,连带涉及坟场、山林、土地等归属权问题。另外,水泥厂和石场厂的修建,占用了两村之间的土地,也造成了两村的土地纠纷。

李:我们村和南遥村这土地纠纷怎么解决的?

王某:这件事情是由村委解决的,我们也不是很清楚。具体的土地还是听老人家讲的,哪些地方是我们棉花村的。这事也是经县政府决定把一部分地划分给了南遥,但是我们群众不同意,反应很强烈,政府不得已又再一次对土地进行划分。我觉得这事主要还是要尊重农民的意见,我们土地有很清楚的界线,这边是我们棉花,那边是南遥的。

寨老:那时候的处理是,水泥厂占了我们的土地以及南遥的坟地和一些土、田,我们就商量让上级来处理。我们想的是将水泥厂平分或分股也还是没有多少,就想把这个水泥厂给南遥,我们负责开石场。即使这样,问题还是没有得到解决,于是我们就决定双方派代表到乡政府进一步协商,可是每一次我们去到乡政府,他们南遥那边都没有人来参加会议协商。上级领导则说南遥没有来，叫我们去做南遥的工作。这件事情就是这样不了了之，我们就有意见。上级来协调便说我们不听话，村支书、主任和文书这"三大头"没有把事情处理好，随后将大部分土地分给了南遥，南遥有什么依据说这些土地是他们的，我们讲求的是事实依据，所以我们就把这件事上告到中级人民法院、高级人民法院去了。

我们在村里召集党员、妇女主任/代表、"三大头"、年轻代表等组成山林纠纷小组到乡里面协调解决，但南遥还是没有来。双方在场的情况下根据历史、证据等对双方的意见进行综合参考并处理。后来就根据南遥的坟地、树林等的分界线来再一次划分土地。因为这样的划分违背事实，没有得到村民的同意，现在问题还是没有得到解决。因为我们每一次在法院里我们棉花村都拿出了实际的证据，他们南遥村就没有。

曾：当时村委是什么样的处理态度？他们是什么意见？

寨老：村委办不了嘛。因为上级没有调解好，同时对"三大头"施加压力，村委对协调的结果差点就要签字了，可是我们群众非常不同意，觉得事情的处理不合理，我们就向村委反映，所以我们村委就没有签字。因为村委会经常顶不住上面压力，处理事情总是让我们吃亏，所以后来我们就成立了山林纠纷小组（由群众选出来的）取代村委来处理这些事情。

我们选"三大头"要求是党员、高学历人员。他们现在的有不识字的、学历不高的来当三大头，这样就对政府的文件等不能很好地理解，办起事情来还是不到位。所以现在支书由上级任命，但是村主任还得我们群众来选，群众信得过的青年化、知识化的人员担当村主任。选举就要面对群众开大会，来讨论决定谁来当村委的领导，我们对村委有什么意见都会向村委提出，因为我们村有大部分人在外面，知道很多国家的重大方针政策，我们是按照国家的法律政策办事的。

李：村里要是发生纠纷找谁来解决呢？

寨老：还是由寨老、三大头、现在的山林纠纷小组等来处理，如果是家族内部的纠纷（夫妻、父子、兄弟等吵架），则是族老（正副两个族长）、家族委员会（家族中辈分高、有威信以及有所作为的人）出面解决。

经过我们对村寨与县里相关部门的走访调查，棉花村的寨老、族老与山林纠纷小组等的确"架空"了三大头的权力，因为他们不能表达与争取村寨的共同利益，从而没有获得村民支持。群众对于歪曲事实，对水泥厂与石场的利益分配不均都很有意见。村领导为了"保官"，顶不住上面的压力，而顺势牺牲村民的利益。在这种情况下，村民认为村领导已经不能代表他们，于是在寨老的发动下，成立了山林纠纷小组来代表村民的意愿，告状至县法院直到省法院，结果是村民们获得了胜利。

三　红阳寨修路

2009年8月的一天中午，红阳寨60多岁的居民张老伯走出寨门，想到野外去割草。当他走到离寨门不远的"伯翁务"（地名）这个地方，意外地发现山梁上的神树被砍到，树下的几个坟头被掀翻，山脚下的挖土机和施工人员正在施工。在每一位村民的心中，这儿是红阳寨的一块风水宝地，千百年来这里的一草一木，寨子里的任何人都不敢亵渎。回到寨子里，老张先把这个消息告知村里的几位长者，他们在议榔亭里集合，商讨应对之策。讨论之后，他们一致决定将这个"灾难性"的消息告知村民，并进行全村大动员，去阻止施工。

村民们都纷纷赶来，不管男女老幼，自发地赶往"伯翁务"，自愿地站在被庞大的挖土机破坏的山梁上，用自己的身体阻止施工进程。村民找来了负责这段道路施工的承包商，强烈要求他暂停施工。承包商认为他的这段施工是通过政府相关部门审批的合法经营，如停工会延缓工期，将无法向政府交代。这条道路工程主要是对原有小路的扩建与清理，然后修建柏油路，村民认为应该按照有小路的路线施工。承包商认为他们的施工路线是按照政府相关部门的详细规划进行的。第二天，一场政府和村民之间的谈判开始了。在村民方面，按照红阳寨的特殊习俗，要求事件的责任人出资举行相关的祭祀活动，安抚他们的祖先和神灵，并赔偿红阳寨所有参加此次群体性活动村民的误工费，共计8万余元。

政府方面，相关部门认为红阳寨的此次群体性活动主要是由于村民们的特殊信仰而引发，村民的这种信仰属于唯心主义的价值观，应当移风易俗。而村民的误工费是村民们自发自主造成，应该自己承担责任，而不应予以补偿。双方对此有严重分歧，难以达成一致，因此谈判迟迟没有结果。处于恐惧、焦虑与愤怒中的村民变得更加敏感，政府方面不予补偿的消息传来，人们更加愤怒，致使红阳寨村民们再次集结，且规模越来越大，几乎全寨村民倾巢而出到"伯翁务"呐喊示威。最后，在县常委和县政府相关领导直接出面协调的情况下，双方互相妥协，要求当地政府向村民做出相应赔偿，并修改施工路线，绕开红阳寨的神山，按原有的小路进行施工为最终结果，红阳寨的此次特殊的群体性事件才算得到妥善解决。①

第三节　村寨治理的制度创新

"村干部"的腐败在许多地方时有发生，在清水江流域的苗族地区也有所闻。在"无官不贪"的社会心理的作用下，村干部已经没有过去好当了。于是"清白"成了苗区村干部的一种追求，同时也是苗族社会理想的一种表达。

一　"五老理财"

当我们获知台江县苗族农村创造了"五老理财"很得民心之后，便对其进行追踪调查。

访谈时间：2010 年 12 月 20 日
访谈地点：老屯乡老屯村张支书家
访谈内容："五老理财"
访谈对象：张支书、寨老等

曾：老屯村有多少个姓氏？
张支书：我们村有七个，以张家为主，还有杨家、刘家、曾家、吴家、熊家、蒋家。

---

① 参见邰秀清《贵州苗族聚居区乡村治理研究：以黔东南台江县各类苗族村寨为例》，贵州大学 2011 届硕士学位论文，第 95～97 页。

李：老屯村有多少人？"五老"包括哪些人？

张支书：有 736 人，173 户。"五老"当中有历届村委的，或者曾经是政府领导的，这样他有一定的管理经验、知识，对这方面的情况比较熟悉，对当地的传统文化很了解。村里比较有威望的人，年轻当中有实干能力的，也进入"五老"行列，这样就选出了五老。①

李：听说你们村有"五老理财"，你能说说是怎么回事吗？

张支书："五老理财"就是由"龙头委员会"来管理村里的公共财产，比方说在龙舟节时，客人抬着龙船来到我们寨子，我们就要接待客人，发一笔钱给他们，而这钱就要我们寨子的各家各户拼凑，如果有集体资金就拿集体资金来凑。成立"龙头委员会"来预算这笔钱，迎接这一批客人，它所起到的作用就是村的一切收入由龙头委员会（五老理财）来管理这笔钱。管理财产时有三个账本（支书一本、文书一本、理事一本）同时登记，比如说今天收入 108 元，以后支出去了多少都要三个人记。姊妹节踩鼓一个队要发 100 元或 80 元均要汇总核对，也就是收入和支出都要汇总核对，均要通过龙头委员会公布收入和支出的钱。这体现财务的公开、公平，群众监督、群众管理，体现民主管理、民主理财，也就是收入和支出多少全村人都知道。后来"五老理财"由五个人增加到现在的十二个人来共同来管理全村财产，其中有监督的、查账的、记账的。之所以增加是因为原来的五个人力量太薄弱、透明度不高（实行了一年），所以为了提高透明度我们就增加到了十二个人（经过一年后的总结），其中有村委两人，各个小组的组长三人，群众的村民代表（能说会算的、具有一定的权威、受大家信任）有七个人，这样透明度就高了，大家也就信得过了。

虽然我们农村没有什么收入，但是老百姓对这里面的每一分都"抠"得很紧。我们尽量努力让群众放心满意。这样我们得到清白，群众得到明白。

曾：村委负责政府方面的财务，五老负责传统的村寨财务？

张支书：上级部门传达、指示的精神我们向群众贯彻，让大家一起来

---

① 主要包括寨老、理老、龙头、历任的村委、退休干部、老党员、各个小组组长以及村民推举出来的年轻实干的村民。龙头和灯头都在其列。老屯村不过鼓藏节，因此没有鼓藏头。

集中商量讨论，那么具体行使权由"五老理财"——"龙头委员会"来行使，具体我们就负责宣传、布置，大家共同来商量决定把这件事情办好、处理好。所有支出的以及收入的由我们十二个人直接参与查账请群众放心，我们负责解释所有账目的来源与去处。同时对"龙头委员会"的十二个人，我们还要求他们回去以后进一步宣传和解释。要是什么东西都由三大头（支书、主任、文书）来负责，钱一来我们接了，支出去我们也有发票，但是这个没有通过"龙头委员会"就向群众解释不清楚。因此无论上边来钱还是群众集资，都要经过"五老理财"。

李：这个制度是什么时候开始的？

张支书：这个制度是从2008年开始的，2007年我们上任后实施了一年，这一年当中还是不理想，这个透明度还是不高。后来我们就开了会议讨论。

李：当时为什么想到用五老来理财？

张支书：这是为了群众放心，我们得到清白。只能让群众来管理这个现金，我们不要插手。如这个单位给200元，那个单位给了2袋水泥。他们给的水泥我们要用来做什么改造，但是有些时候因为我们穷就把赠送的东西变卖了，得到的钱入账后群众信不过，所以我们就交给龙头委员会，这样不管多少资金，我们得到一个清白。这个问题（账目不公开、群众不放心）每一个村都有，所以为让群众放心以及我们的清白，我们就想出了这样的办法。去年我们得到10袋水泥，因为我们村经济困难我们只能拿出去变卖，一吨水泥280块钱，我们就把变卖条子拿回来给龙头委员会的管理人员或监督人员，然后入账，入账后他们就把账目给我们记在账本上（三个账本同时登记）。去年供电局架高压线经过我们的集体森林，砍了一片树我们村得了400多块钱，这些都纳入集体账目。

李：除了账目外，其他的事务你们怎样处理的？

张支书：其他事务根据具体情节而定。一旦有什么低保、救济等情况就要通过村两委、龙头委员会、村民代表大家共同探讨，哪一家可以享受此次的低保或者救济，要得到大家的认可。认可以后各个组回去以后对村民说："这一次得到的指标很少，一个组只能给一户或者两户，但是我们村六个组只能给四户，给的四户在我们村中很困难，我们讨论后就给他们了。"通过以后，我们就张榜公布，如果没有什么异议，就把这个名单上报政府部门。因为根据现在社会的发展，要是透明度不高，村民的意见很大的！现在的村民不比以前，他们比村委的三大头的口气还大。他们不调查就乱发言，乱说一通，他们说出去的他收不拢，不负责任。他会说"这是我听人家讲的"，究竟听谁讲的，他的回答是"我不知道了"。这样就对不起（诬告）我们领导了（这种情况我们就想不通了）。你要发言你就要有依据，你有依据了就讲，你没有依据，你讲出去了群众的意见我们就解释不了。因为我们有账，这是实事。也就是说发言要尊重事实，要有依据。

李：后来有了五老理财以后村民还有什么意见？

张支书：五老理财以后，村民就放心了。他们说五老理财是通过村民选举出来的，五老理财当中的村民代表会认字，会算账，通过五老理财当中的村民代表解释群众就放心了。

当晚应我们的要求，部分五老集中到支书家，支书的儿子、文书等也在场。我们继续交谈。

李：寨老、龙头如何产生？各种账目怎样管？

张支书：寨老的产生由上一届的寨老培养一到两个，根据这两个在日常中的表现，能得到村中村民的认可的，便自然成为新一届的寨老。龙头则从各个组中能说会干的人中挑选，经过村民比较推选产生。首先这人得爱好龙船节日、说话做事村里人信服、有能力、有魄力，同时他所负责的账目要公开清楚，根据每一年的村、组实际情况而收取一定的费用来接待客人，也就是每一年的龙舟节时村委在上级所得的款项（娱乐项目）均交由各个龙头负责。每一笔消费也要同时向村委、村民公布具体的消费情况。有时候文书和龙头所管理的账目各自不一样，村委的日常消费开支（笔墨纸张、接待上级等）以及上级部门对村委的补贴等均由文书负责记录、公开。牵涉村委的账目村委管，牵涉集体的账目集体管。每一年根据村民的意愿而定，是村集体还是各个组形成新一届龙舟节活动班子，这样形成的鼓主是不一样的。如果我是鼓主（龙头上的鼓手），我家的所有亲戚都会来接（如果我的龙船在哪里下船，船上的人以及全村的人都到我家的亲戚那里吃饭，不管有多少人都得接，相反轮到我的情况也是一样的，即使他们只来一个或一百个都是代表他们的全村，我都得接），每家出一头猪，或拿 1500~2000 元，这都属于我的，但是我得负责船头船尾，以及掌舵的人的费用，还有龙舟节期间吃午饭的所有开支（酒、肉、饭）。龙舟结束后由大家（亲戚、村民）来选一头最大的猪供大家集体吃喝，这由集体开支。作为鼓主必须亲戚朋友多、有一定的经济基础、儿女多，"一个女儿一头猪""一个儿媳妇一头猪"（指的是姻亲送猪为礼），两个人是亲戚，我是鼓主，你要带猪给我，你所有家族的人都会跟着你来，带一头猪、鸭、鞭炮等礼物。等下次他作为鼓头或嫁女、娶儿媳、建房等情况再去还礼。如果到时候还不上礼这就没有了面子，人家也就不认这门亲戚了。如果有还不上的情况，村民也不会资助我，因为当时我当鼓头所有的收入均是属于我个人所有。而集资的情况是，如三月十五姊妹节时，另一个寨子来了一批客人，我们村就得集资招待所有来的客人，比如杀两头猪。我们村的人去其他村过姊妹节所得到的礼品（糯米饭等），在他们下一次过姊妹节时全村又得集资还礼，这是我们村的面子。如我们村去六个他们招待，而他们来一百人我们也得同样招待，这体现的是村民之间的团结，农民的生活有所提高了。

在龙船节时，在外地务工的人必须得参加，不参加罚款 1000 元钱。其实罚款不是手段，目的是村寨的每一个人都必须得参加，形成集体的融洽团结，同时场面气氛热闹，这是经过龙头委员会商议所制定出来的办法。龙船的多少根据村寨的人数、经济等情况而定，我们村寨只有一条龙船。

曾：在龙船节时所有的事务是寨老还是龙头负责？出现纠纷怎么办？

张支书：寨老只是提供建议，讲讲在龙舟节时的相关礼节等注意事项，具体的事务由龙头处理，同时村委也只尽可能地去协调，使龙舟节顺利完成。现在我们村组建了调解委员会（基本和龙头委员会一样，由许多寨老组成，只是名称不一样），调解费用为 50 元/家，所得的费用由在场的调解委员均分，集中的纠纷主要是山林、土地，或两家之间的吵架、牲畜看管等情况。纠纷的处罚还是遵循"三个一百二"的方式处理，协调中耽搁协调人员的正常工作时，还得按当地的收入情况予以补助。如果经过调解委员会不能协调好的，我们就上报到上级部门，上级不能解决的便进一步往上报，或任他们选择是否经过法定程序处理，这就具体落实到纠纷的当事人的身上。

村规民约与法律彼此之间分开协调处理各自的事情，但日常生活村规民约有效得多，如果用到法律那就是你死我活了，双方不会有再好的一天。因此纠纷出现了，村民往往选择村规民约处理，而不选择法律。

曾：村规民约是由什么人来制定的？

寨老：先由村委制定，然后经过开村民大会同意后有效，是多方意见的综合。村委也是根据本地的风俗习惯与当前的国家形势来制定的，不然村民也不会同意。

曾：龙头委员会、五老理财有什么差别？

张支书：原来我们是"龙头委员会"，政府的意见是取名"龙头委员会"不恰当，后改成现在的"五老理财"。村民的称呼还是"龙头委员会"，仅仅是名称不同而已。

李：当初你们为什么称为"龙头委员会"？

张支书：因为龙头委员会在本村来说是一种机构，为赛龙船集体开支、接待、办事组织的。

李：现在龙头委员会你们认为还有哪些不足的？

张支书：开群众会议时我们邀请老党员、五老、退休干部、群众代表等听取他们的意见。他们要求的就是账目的公开、公平。大家一条心做好大家的事情，就没有什么不足了。龙头委员的理财使村民得到明白、村委得到清白，这就使得村民不怀疑村委。因为大部分的经济由五老管理，在大的方向上由村委管理，提出具体的操作办法，具体实施由五老来负责。村委负责的账目是政府给予村委的办公经费，五老负责的账目是在平日风俗中所得所收资金的具体账目。在低保问题上，我们村只要有家户写了申请的，经村委、龙头委员会、村民代表，摸底商议后做出决定，我们均给予办理，再上报，上级具体如何办理，我们就不知道了。在对获得低保家户和补助金额公示后，村民有争议、异议的，他们可以向上级询问。只要我们不贪污一分钱，也就不怕争议。

李：村民是否对五老理财有意见？

张：有部分村民还是有意见，听别村的村委有贪污行为，他们就认为自己的村委也一定有贪污行为。这样的情况，我们的解决办法是要求他们让有知识的、他们信得过的人到我们村委查账，让群众明白，我们清白。

李：张文书你是什么时候参加这五老理财的？

张文书：去年参加五老理财，2008年开始制定，2009年才真正开始的。

李：你是不是还要继续做文书工作？

张文书：我申请退职。

李：为什么要申请退职？

张文书：因为小孩都外出了，现在只有两个老人在家。同时我接受了县农牧局的扶持搞了养殖，我搞了这个工作（担任文书）二十年了，虽然我们没有功劳但有苦劳，自己老了不像以前了，怕做起事情来反应不好对不起村民。我退职了只要新上任的找到我，我一定会配合他们的工作。作为村委，再怎么办好事，在众多的人群中还是得不到一致的认可，只要大部分村民认可就可以了。现在办事比过去难多了，好像每个村民都可以对你说东道西，有时候我们也很冤枉、委屈。

二　民主评议与民主监督

文化权力与行政权力互为主体、有机整合，能够实现民主的有效运行。在我们的调查点，诸多矛盾就在民主机制下得到了有效解决，成为社会治理的一个成功案例。以下两则报道，便是有力的实证。

《台江县棉花村推行民生民主监督机制 让权力在阳光下运行》[1]

"现在遇事公开商量的多了，私下议论的少了；大家说了算的多了，个人说了算的少了；群众的笑容多了，干部的牢骚少了。"9月16日，见到来村里采访的记者，村民王邦明乐呵呵地说。

2013年9月，棉花村完成村组合并后，原来的8个村民小组合并为4个村民小组，随之而来管理难度也加大了。今年3月，棉花村党

---

[1] 资料来源：《多彩贵州网》，熊诚，2014年9月28日。

支部书记王川提议建立一种机制，能让村合并后大家能真正并村并心，同步小康。经过大家的激烈讨论，村干们达成共识，建立"民主监督机制"，请群众来参与、来监督村务。王川说，村干权力过于集中，村民自治工作容易失灵，成立"民主监督机制"，就是要让村级权力在阳光下运行。

王川介绍，民主监督机制成员采取公推直选的方式产生，监督机制成立不久，便参与了一件大事，也让大家对机制的信心更足了。今年3月12日，棉花村农低保名额减少22个名额。留下谁，又让谁离开，能否公平公正，棉花村村民都很关心。在民主监督机制的参与下，大家经过仔细讨论研究，最后表决决定了退出的22个名额。"有这个机制做保证，我没有意见。"作为取消对象之一的村民张春红如是说。其他21人也没有出现不服或上访等现象。据了解，目前棉花村民主监督机制共有成员23人，自组建以来，已协调处理救灾救济物资发放、农低保评定等13件事项，落实86件代办事项，深受群众的好评。

几个月后，关于棉花村"民生民主监督机制"的后续跟踪报道，出现在《贵州日报》等主流党媒上。

《台江县棉花村：民生民主评议治"优亲厚友风"》[①]

台江县台盘乡棉花村组建"民主民生评议团"，让群众真正参与到基层民主自治管理中来，还权于民、还利于民、还信于民。通过"评议团"的评议，规范国家惠民政策和村级重大事务的决议和实施，妥善解决民生民情问题，消除干群"无影篱笆"，促进经济社会发展，构建乡村和谐。

为确保评议工作取得实效，评议团由德高望重的寨老、族老、热心村务的老党员、老村干、"两代表一委员"、致富能手、村干等23人组成，其中党员13人，采取公推直选，"一年一选"的方式选举产生，提升评议工作的权威性和代表性。

---

① 资料来源：《贵州日报》，贵群轩，2014年12月19日。

评议工作坚持"四步走",即审前调查、民主评议、民主表决、结果公示,评议范围涉及农低保评定、救济粮款物分配、危房改造对象确定、集体山林出租出售、矛盾纠纷调解等八大事项。为使"陪审团"工作深入人心,村"两委"通过夜访农户、广播宣传、宣传专栏宣传等形式,提高群众知晓率,使陪审工作植入民心。

实行"民主民生评议团"以来,棉花村改变了过去村干部"一言堂""家长制"局面,变"为民做主"为"由民做主",有效避免其利用手中职权优亲厚友、中饱私囊等现象,铲除滋生腐败的"温床",为实现民主管理、邻里和谐、乡风文明、经济发展的美丽和谐乡村目标奠定基础,深受群众好评。

目前,台盘乡已在7个中心村全面推行"民主民生评议团"经验,架起了干群连心桥。共协调处理救灾救济物资发放、农低保评定等230余件,惠及群众近4000余人,落实群众待办事项900余件。

三 为村委"挂红"

相较于台江县"五老理财"的管理制度创新,西江苗寨为村委"挂红",可称为创新的又一典范。在《贵州省西江苗寨:政权与宗族管理的最佳区域》[①] 一文里作者这样写道:

2010年8月,每隔13年举办一次的苗族"牯藏节"上,苗族"鼓藏头"唐守成和时任村党支部书记杨跃连双双依据苗族的习俗"挂红"。提议为村支书"挂红"的是"鼓藏头"唐守成本人,他告诉记者,给村支书"挂红"是苗族历史上的第一次。苗族习俗里,"挂红"是只给予族人首领的荣誉仪式,千百年来只有"鼓藏头"享此殊荣,这次仪式意味着村支书得到苗族群众极高的认可。位于贵州黔东南州雷山县西江镇西江村的苗寨有1338户,被外界称为"千户苗寨",5400多总人口中99.5%都是苗族人,是世界上现存最大的苗

---

① http://www.itravelqq.com/2011/0515/140540_2.html.

族村寨。至今，西江苗族人仍然保存着祖先留传下来的"鼓藏头"和"寨老议事"的古老制度。唐守成说，最近几年旅游业给传统苗寨带来了新气象，村里的党员和党支部在苗寨的发展中"起了很大的作用"。西江村设有1个党总支部，下面有4个自然村党支部和1个农家乐党支部。村里掌握一定致富技能的党员通过"一户一技能"工程帮助苗寨的村民发展旅游业。农家乐支部党员李显红、杨仕兰向自己的帮扶对象传授了农家乐的接待知识及木匠工艺。

今天的苗寨古朴秀美、环境整洁清新，但是村民告诉记者治理前的苗寨却是"又脏又乱"，严重影响了苗寨的旅游发展。为改变这个状况，村支部发动了一场由党员带头推行的"整脏治乱"工程，主要包括改灶、改水、改电、改寨、修建防火设施等。

在实际推行过程中，村支部却遇到一些村民的阻挠和不理解。时任村支书的杨跃连找"鼓藏头"唐守成商量，说服他去做村民的思想工作。在村小学任教的唐守成也觉得"整脏治乱"是好事，他欣然同意了杨跃连的请求。短短几个月，苗寨村貌焕然一新。看到了治理效果，看到了带头搞整治的党员们辛劳付出，苗寨的村民更加积极地发展旅游业。

2010年，苗寨的农家乐从2008年的38户发展到138户，养殖户从2008年的3户发展到13户，村民的每人年均收入从2008年的2050元增加到4800元，其中旅游收入占到三分之二。"今天苗寨的变化离不开共产党的领导，我们想要感谢党，就让村支书代表党来接受'挂红'，去年牯藏节前夕我向寨老们提议给村支书也'挂红'，得到一致赞成。"唐守成说。

西江苗寨的繁荣，村支书与"鼓藏头"实现共治，是中共将政权治理与宗族管理很好融合的范本。在西江村党支部的会议室里，墙上挂着一份特殊的社会治安处罚条例。为了维护苗寨景区的社会治安，2003年4月村支两委（村党支部和村委会）、寨老和"鼓藏头"以及全体村民召开大会，制定了这份乡规民约，其中四个"120"是村支两委和鼓藏头一起最后商定的。

条款规定"如发生火灾、火警和民族节日期间打架斗殴的，按四个 120 处罚,即罚 120 斤米酒、120 斤糯米饭、120 斤猪肉、120 斤蔬菜"。"罚的这些东西不归村支两委,而是用来招待寨老们,这样一来就很管用,苗寨里的社会秩序很好。"李光忠说。近年来,村支书和"鼓藏头"的"合作共治"开始变多,变频繁,而且越来越有"默契"。李光忠给记者讲述了前些年苗寨里重建回龙桥的故事。

为重建这座回龙桥,2006 年西江村向镇政府打报告申请项目资金。"政府当时只批了一半的资金,便民桥还是修不起来,怎么办?"时任村主任的李光忠想到了"鼓藏头"唐守成。唐守成很快就开了寨老会,议定进城找老乡筹款。

凭着"鼓藏头"在苗族人当中的威信,城市里苗族人纷纷慷慨捐款建桥。2007 年 2 月,李光忠眼里的"便民桥"、唐守成心里的"神桥"修建竣工。唐守成说,"村支两委非常尊重我们的民俗传统,也尊重苗寨里'鼓藏头'治寨的旧俗。每年过苗年,我们说怎么过节,就让我们怎么过节。他们不主持,而是支持。苗族人是个懂得感恩的民族,共产党为苗寨带来的变化,我们看在眼里,记在心里。"有社会学专家认为,中共执政 60 多年来在少数民族地区能够实现和谐治理和共同发展,根本原因在于承认和尊重少数民族传统,以及协作和协商并用的执政智慧。

小　结

"权力要关在笼子里","权力必须在阳光下运行",老百姓不能监督的权力就一定腐败,这是被历史与现实不断证明了的真理。但问题是权力应当如何运行,百姓怎样监督才能有效?我们认为清水江流域的苗族地区创造的"五老理财""民主民生评议团"等制度,就是村民自治的"民主选举、民主决策、民主管理、民主监督"的有效方式之一,做到了"我们(村干部)得到清白、群众得到明白。""五老理财""民主民生评议团"把传统的制度要素与现实制度要素结合起来,实现了权力结构的多方制衡，这是村民自治的制度创新。由于"五老"对地方的稳定和谐，对传统文化的继承与发扬，对村寨事务与村干部腐败的监督等方面做出了诸多贡献，台江县把"五老"列入统战对象，充分发挥他们在地方治理上的作用。西江为村寨做出贡献的党支部，用当地民族风俗习惯"挂红"的方式表示感谢，也是文化权力与行政权力互相关照、认可、尊重的表达。

中国的村民自治已经实行三十余年，总的来说在这个法定的自治空间里村寨社会各方面得到了空前的发展，然而国家权力仍然以不同的方式强制进入这个空间。但我们从村民自治的制度创新中，看到了党政要素与民间要素互相协调融合的现象，这给予社会发展更多的希望。或许这是村民自治在苗区创造的成果之一，它虽然幼小，但只要用心呵护就一定会成长起来。虽然各种利益主体冲突从来不可避免，然而只要将其限定在民主与法律范围之内，自由表达、平等协商，就会有解决的希望。

第七章　苗族文化资源与权力运作

在中国现代国家建设中，特别是改革开放以来，尤其是民族地区的社会"治理"一直成为人们所关注的重点问题之一。但这些关注忽略了少数民族的历史文化本身，少数民族除了国家与中华民族的认同之外，还有自己的民族、社区、土地与文化的认同。也由此，内地的"治理"问题不能等同于边疆民族地区的"治理"问题。杜赞奇、斯科特的农村研究给我们的思考提供了理论参考，强大的国家力量与弱小的底层社会力量的不平等博弈，造成了国家建设的目标发生偏移，因此不得不正视基层的文化网络与地方性知识。本研究借清水江流域苗族的各种生活文化场景为具体个案，揭示该地区的社会文化如何构筑权力网络关系，并与法定的村民自治制度结合起来，以此观照民族地区村民自治问题以及为如何达到"善治"提供参考。

苗族的历史文化是怎样被建构起来的呢？对此，汉文献里多有表述。《国语·楚语》："其后三苗复九黎之德。"《韩非子》："三苗之不服者。"《战国策·秦策》："舜伐三苗。"《墨子·尚同篇》："逮至有苗之制五刑以乱天下。"《荀子·议兵篇》："舜伐有苗。"《书·吕刑》："苗民弗用灵……遏绝苗民……惟时苗民匪察于狱之丽……苗民无辞于罚。"郑玄云："苗民，谓九黎之君也。九黎之君，于少皞氏衰而弃善道，上效蚩尤重刑。必变九黎言苗民者：有苗九黎之后，颛顼代少昊，弃善道九黎，分流其子孙，居于西裔者为三苗。至高辛之衰，又复九黎之恶；尧兴，又诛之；尧末，又在朝；舜臣尧，又窜之；禹摄位，又在洞庭逆命，禹又诛之。穆王（一作后王）深恶此族三生凶恶，故著其氏（一作恶）而谓之民。民者冥也，言未见仁道也。"[①] "宋元之际，……汉人不知……即既贱视其族，又

---

① 参见（唐）孔颖达《尚书·吕刑疏》《礼记·缁衣疏引》。

以其自称之音近'猫''貓'等字音，故即用以命名。……为古代三苗之后，故亦以'苗'字名之。前引《溪蛮丛笑》之所以作'猫'，及《元史》之所以作'貓'又作'苗'，当即由此。"① 时至明清，苗族的多次起义，迫使统治者在苗疆投了巨资修建南方长城，网状屯兵，以阻"苗匪"进入内地骚扰。特别是清代苗族的三大起义，使得苗族的"恶名"满天下。据民国时期的民族学家凌纯声、芮逸夫研究，"入清以后，苗患不绝，苗的名称亦由狭义而渐变为广义的苗。而苗与蛮遂同为西南民族的总称"。②

从汉文记载苗族的字眼看："伐""恶""冥""不服""窜之""诛之""逆命""深恶""乱天下""弃善道""无辞于罚"等都是极其负面之词，连族名也要写成"貓"。这是明代以前的状况。清代更不用说，连皇上都要谩骂"苗匪"，"本性豺狼"，是要斩尽杀绝的。民国时期仍然"贱视其族"。直到现在"苗蛮""苗子""太苗""苗脾气""苗里苗气""放蛊"等与苗族相关的民间词汇与文化事项，也会在有意无意之间流露出来，依然充满了不应有的负面的强烈情感色彩。

从历史上看，苗族作为难民的历史，或许与她的历史一样古老，可以说是一个难民共同体。为何苗族成了历代王朝都要征讨的对象？苗族为什么难以"教化"与"德化"呢？为什么要不断迁徙逃到山林里与这么美好的世界隔离开来呢？许许多多的民族融化进这个古老的帝国，而苗族就不能或不愿呢？对此人们迷惑不解。

与苗族打过多年交道的郭子章，在《黔记》里表述，苗族是"有族属，无君长"。魏源的看法较之更加深入一步："无君长，不相统属之谓'苗'；各掌其部，割据一方之谓'蛮'。"③ "苗则绝无统属，有贫富，无贵贱；有强弱，无贵贱；有众寡，无贵贱。"④ 其实，苗族的"无统属"只不过是他者的视角。苗族是有统属的，统属于地方、村寨、宗族与家庭，统属于自身的一套文化秩序。而"君长"就是在社会需要时大家认同的

---

① 凌纯声、芮逸夫：《湘西苗族调查报告》，民族出版社，2003，第11页。
② 凌纯声、芮逸夫：《湘西苗族调查报告》，民族出版社，2003，第10页。
③ （清）魏源：《雍正西南夷改流记上》。
④ （清）魏源：《湖南苗防录叙》。

"方老"。这种人只是"寻常看不见,偶尔露峥嵘"。要识得"真容",就要站在主位的角度去看,深入苗族文化去体会与认知,苗族的民主平等、共意权威机制等在其中产生了极大的作用。然而,他们并不知道"无君长""无统属""无阶级"的社会同样能够很正常地运转,是一个"没有国王的王国"。正因为如此,"贵州苗患甚于土司"(鄂尔泰语)。土司"作乱",把土司抓起来就完事了。而苗"作乱"是抓不到统属之"头"的,因为没有明显标志的"头"。你把这里镇压了,那里又起来了,你把那里镇压了,这里复又起。这种此起彼伏的苗族反抗,被官府描述为"时附时叛""屡抚(剿)屡反""叛服无定",其结论只能是:"三苗自古,桀骜难驯。"(傅鼐语)"苗乱难治",这是令历代统治者都头疼的事,因为它是一场反文化歧视、政治压迫、经济掠夺的持续几千年的不对称的消耗战,因而苗族才背上那么多的骂名。也因为这个原因,国外的"苗族"不喜欢称"苗"这个族称,因为他们曾经有过被"苗"的称呼侮辱的深刻记忆,而喜欢自称"蒙"。而事实上,"苗"与"蒙"不过一音之转,只是人们赋予的感情色彩不一样罢了。

美国人类学家霍莉·彼得斯—戈尔登所著的《改变人类学:15个经典个案研究》里把苗族列为第五个个案,在《苗族"抗争"与"坚守"》中这样写道:

> 可以说,苗族的历史是一部抗争、反抗和坚忍的历史。法迪曼(Fadiman, 1997)把苗族的历史形容为"一部血战不断的历史,偶有和平,但转瞬即逝"。中文文献早在公元前2世纪就已提到苗人,当时他们已在长江、黄河之间的谷地中生活了数个世纪(Geddes, 1976)。苗汉之间的关系多不和睦。苗族选择保持自己的生活方式,热爱自己的食物、服饰、语言和音乐,抵御汉人对其移风易俗(哪怕最小影响)。皇帝只会惩剿顽苗,而苗民只想不徭不税(Fadiman, 1997)。数百年来苗汉之间龃龉不断,屡屡迁居以避沦亡。16世纪时,明朝修建了100英里长、10英尺高的边墙,企图将苗民限于一隅。18世纪时,那里经常发生血战。19世纪中叶,汉人侵夺苗疆北部耕地,将其驱入南方不毛山地,那里便是横亘整个东南亚的山区。或亡或

降，既然不愿变服易俗，唯有选择贫瘠山地，因为此处鞭长莫及，可以安生（Yang, 1993）。①

亦如法迪曼（Fadiman, 1997）报告所言，苗民一直被当成美国"最不成功的难民"，因为他们的失业率确实最高。不过，她指出，这只是用经济标准衡量的结果。按照其他指标——虐童、犯罪、家庭暴力、善待家中年长者的比率——他们的表现都是可圈可点的。苗族社会固守自己的传统认同，对抗着美国同化观念的举动，很有可能被视作"失败"的标准。她同时引用了人类学家斯科特（George Scott）的观察，说苗族用"但为纯苗不可弃"的方式来面对在美国遇到的艰辛。②

苗族为什么会这样，霍莉·彼得斯—戈尔登也没给出什么答案，只是提出"抗争"与"坚守"是苗族的一个特点，是文化多样性之一种，值得人们去研究。而詹姆斯·C. 斯科特（James C. Scott）则从"政治性的文化策略选择"给出了相应的解释。

也许苗族的案例对斯科特极具启发，他在《文明缘何难上山？》的演讲里几次提到苗族，苗族自然也在他的 Zomia 视野之内，只不过 Zomia 有一个从大到小的过程。

> 我要谈的是从越南中部高地到老挝全境、泰国北部、缅甸北部一直到印度东部的阿萨姆，这是一个山区地带。我们一批同道拟称之为"Zomia"……因为"Zo"在印度和缅甸交界地带的语言中指"山"，"mi"在方言中指"人"，所以 Zomia 意思是指"山区的人"。③
> 如果我们以两千年这个长时段为角度，那么，我们将发现，在山上生活的人，其祖先可能曾经是离开谷地国家的人，他们的祖先是从谷地跑出来的，他们跑来的原因是逃避税收、征役或者是从军，或者对政治和宗教的不满，或者是逃避饥荒、逃避因聚居而常现的疾

---

① 参见〔美〕霍莉·彼得斯—戈尔登著《改变人类学：15个经典个案研究》（第5版），张经纬、夏航、何菊译，北京大学出版社，2012，第81页。
② 参见〔美〕霍莉·彼得斯—戈尔登著《改变人类学：15个经典个案研究》（第5版），张经纬、夏航、何菊译，北京大学出版社，2012，第97页。
③ 参见斯科特《文明缘何难上山？》，王晓毅、渠敬东编《斯科特与中国乡村：研究与对话》，民族出版社，2009，第291页。

病……近代，尤其是太平天国起义，使大批人跑到东南亚。还有二次世界大战。据说，"大跃进"也导致不少中国西南的人跑到缅甸和泰国……因此，我们需要一张张反映语言、文化、经济、移民的地图，将平缓流动的河流、平原放在一起考虑。同时意识到，地形复杂的山区即使直线距离不远，也很难企及。①

从这样的基点展开，斯科特对山区人的"逃避"进行了社会、政治、经济以及文化维度下的解释。具体可归纳为以下几点。

第一，逃避与生计方式。

山区人的生计、生活，多采用刀耕火种和游耕。他疑惑，那些Zomia地带的山上人，有能力和条件种植水稻，为什么他们却没有种植？他认为，这种选择并不仅仅是技术上的摈弃，而是一种生存策略和政治选择。更是为了抵抗和逃避古代国家政权的掠夺和统治，以此对国家权力做出反应。②

第二，逃避农业与社会结构。

刀耕火种及游耕的随意性和流动性特征，是在逃避、远离国家的基点上展开的，为的是避免繁重的国家税收，斯科特将这样的农业方式称为"逃避农业"。为了逃避，山区人的家庭社会结构的组织，抛弃了大宗族、大家族的组织方式，尽量使结构简单化、小型化，以最小的家庭单位为基础从事农业生产，且村寨之间呈分散型分布，形成"逃避的社会结构"（escape social structure）。③

第三，文字、口传与文明的进程。

对山区人有无文字的看法上，斯科特相信他们曾经有文字，只不过后来失去了。"在Zomia这一带，甚至是海岸东南亚，很多山地民族有故事说自己曾经有文字。比如说，有传说称，有几兄弟，其中一个兄弟把书带走

---

① 斯科特：《文明缘何难上山？》，王晓毅、渠敬东编《斯科特与中国乡村：研究与对话》，民族出版社，2009，第294~295页。
② 斯科特：《文明缘何难上山？》，王晓毅、渠敬东编《斯科特与中国乡村：研究与对话》，民族出版社，2009，第296页。
③ 斯科特：《文明缘何难上山？》，王晓毅、渠敬东编《斯科特与中国乡村：研究与对话》，民族出版社，2009，第296~297页。

了,或者以前把文字写在动物皮上,后来被牛吃了,或者在游耕中书被烧掉了。"① 同时,他也强调曾经居住在中国长江及黄河流域的苗瑶等人,历史上应该是有文字的,只不过现在很难去查证罢了。那么,问题就来了。为什么这些山区人不使用文字了呢？文字是文明时代的一大产物,当文字成为记录文明、历史的工具和载体的时候,文字就更容易与政治权力的"合法性""正统性"产生关联,于是文字书写有了阶层等级上的区分,有了臣民对天子的避讳之嫌,有了艺术上的审美倾向。所谓历史与文明的进程,更是在文字的书写和记录中得到充分的展现。文字与文明的勾连,不仅仅是文字"见证"了历史本身,它同时也是国家管理社会的极其有用的"帮凶"——税务清单、人口调查、户籍登记、溯源谱牒等。这样一来,通过文字,国家就能很容易地管理自己的子民,及时准确地掌握他们的生存动态。而口头传说的灵活性和随意性,更能适应不同的政治生态环境,自由地建立或割断某种社会关系。基于此,处在山区的人们在"逃避"方式的作用下,也只能将那些有束缚感的文字留下,或者抛弃,使之成为"拒绝国家甘当无国家的民族"。②

"文明不上山",是山地族群建构了一种逃避国家统治的文化,以刀耕火种等游耕(包括植物品种的选择)、小规模的社会结构、无文字的口传等方式来脱离国家控制(比如税收等),这是基于政治选择的文化规避。但是国家也有自己的办法来阻止自己的臣民逃逸,南北长城的修筑并不只是为了阻挡外族的骚扰,也是为了监控税民的越界,当然国家还靠战争抓俘虏来增加纳税人口的数量。斯科特的这些观点来自他多年的研究,如他的《国家的视角:那些试图改善人类状况的项目是如何失败的》《弱者的武器:农民的日常反抗》《农民的道义经济学》以及《支配与反抗的艺术:隐藏的文本》等专著,分析了国家知识和地方知识,指出国家的知识经常是简单化和一刀切的,③ 而地方的知识却千差万别,因此社会工程应该富

---

① 斯科特:《文明缘何难上山?》,王晓毅、渠敬东编《斯科特与中国乡村:研究与对话》,民族出版社,2009,第 297 页。
② 斯科特:《文明缘何难上山?》,王晓毅、渠敬东编《斯科特与中国乡村:研究与对话》,民族出版社,2009,第 297~302 页。
③ 王晓毅:《"斯科特与中国农村:阅读和对话"研讨会在北京举行》,《社会学研究》2008年第 1 期,第 242 页。

有弹性去容纳地方的多样性与多元目标，否则便破坏了地方复杂的自然生态与人文生态。山地居民为了生存和利益，采取的政治谋略是隐蔽的、匿名的、无组织的、欺骗性的与看不见的方式来维护自己的生存权益。"文明不上山"，正是这种山地居民与国家隐藏的"猫鼠游戏"的"日常抵抗"的逻辑结果，从而改变了把底层看作被动的、无组织的、被霸权的，即使反抗也是偶发的与无效的观念。①

苗族的个案自然可以支撑斯科特的理论的部分证据，因为从总体看来，苗族已经是典型的山地民族，没有建立过人们认可的汉字确切记载的国家政权细节，而且频繁迁徙到国家控制力薄弱的边地山区，因此说苗族逃避国家自然言之成理。特别是西部方言区（川滇黔方言）的苗族在东南亚山地执行游耕，自然在斯科特所言的 Zomia 范围之内，其文化的确具有"游"与"隐"的特征，相对东、中部方言区（湘西与黔东南）的苗族而言，他们是"游"得最远，"隐"得最深的部分。

如果抛开固有的国家观念，那么东部、中部两个苗族聚居区在清代中期以前就是一个自主自立的苗疆，国家在其边地建立卫所、安屯设堡（铺）与修筑边墙，已经说明国家与其不断重新划定各自的边界，同时表明当时的苗疆与国家还具有某种对等的谈判能力、权力与实力，这种"游"与"隐"相对于西部苗族是不一样的。一旦国家实力增长到用不着再尊重以前划定的边界（当然国家没有实力的时候，苗族也有越界的情况，毕竟边界的划分没有与他们商量），于是便有了不断"开辟苗疆"之举，苗人也慢慢地变成纳税之人。然而他们成熟的糯稻种植是不能"远游"的，而"隐"却也慢慢地学会了，因为清代以来国家权力渗透到乡村，从一个村寨纳税，到一个家庭纳税。除了纳税之外，帝国的"法律下乡"，每个人都要"依法办事"，"苗例"渐渐被"国例"所取代。

以此视角观之，是国家"游"了进来，而不是苗族"游"了出去。当然这两个地区的"国家化"过程并非一帆风顺，是在"抗争"与"坚

---

① 徐小涵：《两种"反抗史"的书写：斯科特和底层研究学派的对比评述》，《社会学研究》2010 年第 1 期，第 211~227 页。

守"中，用鲜血与生命铺垫与铸就的。西部苗族的"游"与"隐"，是由其地理环境与人文环境决定的，中东部的两个苗族聚居区亦复如此。或许西部苗族过早遭遇国家或准国家的状况更为惨烈，不然他们的古经不会充满那么多悲壮的杀伐声与硝烟味，也不会有英雄史诗《亚鲁王》（当然中东部也有《张秀眉之歌》《吴八月之歌》但较之晚近）的诞生。但由于各自的历史地理与文化样式存在差异，其"游"与"隐"、"抗争"与"坚守"的程度与方式也就变得有所不同。西部苗族已经"游"到世界诸国，"隐"到不能再走的荒山野岭，但也并非总是"游"与"隐"，还有"抗争"与"坚守"，这在李麦娜的《苗族王国之梦：法属印度支那的合法性追求（1850~1960）》一书里有较为全面的记述。而两个聚居区的苗族，无论帝国如何镇压、驱赶，虽然地盘在不断缩小，但主体还是在那里，有时还会打破国家在那里建构的统治体系，使国家权力多次长时段悬置，这并非简单地以"游"与"隐"就能够说明的社会文化事实。

我们还必须进一步理解帝国的官员、文人与斯科特之表述差异，他们都只是看到了苗族社会文化事实的不同面向。事实上，苗族在不同时空中对自然生态与人文生态的不同冲突与调适、适应，其表现与表达也会因情景有所差异。苗族也不会一味不服，抵抗"王化"，也不会总是"游"与"隐"，玩"猫鼠游戏""日常抵抗"。帝国的表述无非是在"夷夏之辨""夷夏之防""用夏变夷"（无论采用武力征剿或文教同化的方式）的理念与措施进行扩张，对各种遭遇情形的历史惯习表述和不断延说而已。而斯科特的失误在于理解植物种植方式而过度政治化解读，把自然生态适应均视为政治适应的结果。依据他的理论，我们就不能解读东部与中部苗族密集稳定的村庄聚落（清水江流域的苗族不仅有分寨的历程，而且还有并寨的历史，以抵御外部强敌）以及不可移动梯田的水稻种植何以形成，这种状况是帝国未"游"进来之前早已存在的生活方式，必然是"游"不动，也"隐"不起的，"抗争"与"坚守"反而成了常态。历史上中原地区同样种植 Zomia 地区类似作物，他们是不是也在"隐"与"游"呢？不要低估了帝国的智慧，他们的收税人连块根作物也不认识。斯科特或许更难理解，苗族为何具有完备的跨越血缘与地缘的社会文化制度与高度自治的传统与能力，以及处理族际族内和谐理顺的一整套思想理念与实践经验。他者的理解毕竟是他者，不必苛求，但这需要不断对话、不断切近事实本身。

斯科特没有关注山地族群生产生活与自然生态的适应关系，也没有深入分析他们的历史与社会再生产过程，更没有厘清他们的差异性存在，只是倾注于他们与坝区族群的某些生产生活方式不同的政治化解读，这样也就难免矫枉过正、过度诠释。然而他却清晰地意识到山地族群与国家之间存在一定张力，这种张力正是批判国家强制单一化的力量，或许是他为了维护人类社会多样性存在与自由追求的理想表达。但无论怎样，毫无疑问的是他为社会治理提供了一种新的视角。

在中国历史上不知有多少民族或族群消失了，谁也难以预计这对整个人类文化的多样性，生态与文化的平衡与发展是多么大的损失。或许黄河泛滥、长江洪水、都市雾霾等，均与我们所谓的"文明进程"存在着千丝万缕的关系。因为生态的多样性，需要文化的多样性去养护，文化之间失去制衡的力量，生态也会随之失去平衡。这个道理非常简单，单一文化造成自然资源利用的单一性、固定性，其结果必然是生态的不可恢复。同样，西方文化的扩张，我们学会了使用化肥与农药，虽然一时之间解决了增产的问题，但土地被毒化，生态被破坏，这同样是不可修复的。文化生态的破坏必然导致自然生态的破坏。苗族文化的可贵之处，不仅在于"游"与"隐"，还在于"抗争"与"坚守"——消解帝国捆绑的一致行动、坚守民主协商与和谐理顺的文化价值，保住了有利于人类生息的一片青山绿水[1]。

从整体人类文化多样性与持续发展而言，不是"文明缘何不上山"的问题，而是"文明缘何不下山"的问题。"文明下山"才能体现主体性、主动性，才能体现文化的多元契合与生态平衡。如同一味地城镇化、一体化，社会一定会出现失衡的问题，同时也必须有"城镇乡村化"——城市农村的有机互动、互相接纳，我们的社会才具有生态的活力。"文明"的

---

[1] 黔东南在1992年被国际旅游年会列入"返璞归真、回归自然"十大旅游胜地之一，被世界乡土文化基金会确定为"世界十八个生态文化保护圈之一"，被联合国教科文组织誉为"人类疲惫心灵栖息的最后家园"。

上山、下山也复如此。其实,"文明下山"正在进行之中,从三大方言区的人口数量来看,西部方言人口最多,散布最广,另外两个方言的人口较少,这自然与上述各种因素有关。但无论如何,西部方言的"游"与"隐"、"抗争"与"坚守"的高水平文化策略为他们赢得了生存与人口发展的机遇。不少族群到了美国这样的人间"天堂",早已放弃了原有文化,但一些人类学家和学者(如霍莉·彼得斯—戈尔登、法迪曼、乔治·斯科特、张晓等)认为,苗族用"但为纯苗不可弃"的方式来面对在美国遇到的艰辛[①],以苗族、姓氏等符号来组织凝聚美国的苗族,他们在学校里、家庭里、社区里使用现代媒体传承自己的文化,而且他们的人口不断翻番,现在他们已经有了自己的议员、官员与专家,年轻人还有志于将来的总统竞选。也就是说,他们在保持自己文化的同时,也在积极地融入所在地区的社会。

由于东中西部苗族还存在各自历史与地区差异,因此其"游"与"隐"的方式有所不同,并不只是斯科特所言的政治选择所导致,即使是政治选择也取决于自身的文化状况,即文化网络(或称之为"隐藏的文本",这是比喻性地借用斯科特的词语)产生的权力情形不同而不同,不然难以诠释同为一个山地民族(或同一民族的不同支系)却存在许多不同的差异了。那么,清水江流域苗族社会文化中的权力又是如何运作呢?我们对清水江流域苗族的文化资源及其权力运作的研究,就是试图回答这个问题,并提供理解苗族社会善治的一种视角。

关于苗族社会的自我治理,不但清代注意到了"苗例"的存在,而且在清代国家法典里明确规定苗族用自己的法处理内部事务,只有苗族与外界发生关系时才使用国家法。民国时期虽然没有明确规定"苗例"的使用范围,事实上苗族乡村也在使用"苗例"。抗战时期民族学家陈国钧,根据他对贵州苗族的调查,撰写了《苗寨中的乡规》一文,认为苗族的社会秩序与风俗是紧密相关的:许多的风俗习惯,社会上如认为与团体生存有密切的关系必须加以维护者,就会逐渐演变成具体的法律。在熟人社会里

---

① 参见〔美〕霍莉·彼得斯—戈尔登著《改变人类学:15个经典个案研究》(第5版),张经纬、夏航、何菊译,北京大学出版社,2012,第97页。

用不着周密的法律条例来束缚他们。这些条例虽没正式法律的根据，但的确是一种社会契约，且有实际制约的力量。这些条例有时尽管可能与当时政府所颁布的法律发生冲突或矛盾，但人民是绝对服从的。[①] 1949年以后，这方面的调查发现与研究更加丰富，然而能够从苗族文化逻辑去理解的不多，李廷贵、张晓当属这些不多的研究者之一二。

廷贵与酒素先生非常有见地地认识到，清水江流域苗族社会有"三根支柱"——政教合一的鼓社、制定法律的议榔、司法审判的理老——支撑着苗族社会的运转。"鼓社"，苗语称之"jangd niel"（音：江略），是以男性血缘为依据建构起来的宗族组织，其组织形式是政教合一。相互帮助和保护是同鼓社的责任与义务，鼓社中的任何个人如果与鼓社外的人发生了重大冲突，都被认为与全鼓社有关，必须群起为之讨回公道。"相应的仪式是每十三年一届的庆典，既有祭祀祖宗、繁衍后代的内容，也有庆祝丰收、发展经济的愿望；既有礼乐教化、弘扬本族文化的宣传，也有崇尚武功、反抗外敌的演练等等。"[②] 鼓头系每届鼓社节由社员选举产生（一般不连选、连任），鼓头一经选出，即总理全社事务，诸如农田水利、治安保卫、社会道德和生活福利等。

"议榔"，苗语称为"ghed hlangd"（音：勾厂），其任务是制定法律，包括"议约宣誓""议定公约"。议榔有由一个村、一个鼓社进行的，也有由几个鼓社甚至整个地区进行的。议榔会议由全体鼓社社员参加的，是小议榔；由各鼓社头人、各村寨长老参加的，属于大议榔。无论是大范围或小范围，都由头人主持，请长老、经师致"议榔词"，一一宣读法律条例，然后杀猪宰牛，以享到会者。对于未到会的成员，则送去一份牛肉，使每个人都吃到，亦即让每个人都知道与认同法律内容。议榔规约几十年甚至几百年都没有多大变化，其内容一般是：对内保护私有财产和公共财产，纯正社会道德，维持地方治安；对外互通有无，驰援救急，抵御外侮等。近代以降，出现了写汉文的榔约木牌挂在村寨路口的"榔树"上，有如

---

① 陈国钧：《苗寨中的乡规》，吴泽霖、陈国钧等著《贵州苗夷社会研究》，民族出版社，2003，第144页。

② 廷贵、酒素：《略论苗族古代社会结构的"三根支柱"——鼓社、议榔、理老》，《贵州民族研究》1981年第4期，第42~47页。

"布告周知"之类①。在榔约木牌旁边还挂有牛角、牛尾和四蹄（议榔时所宰的牛），以显示其神圣性。议榔的社会作用很大，它使人民有法可依，生活有序。咸同年间张秀眉领导的苗族人民大起义，就是在议榔的形式下号召起来的，要求对敌狠、对己和、永不背叛，"兄弟要团结一致，同生死，共患难"，保护人民安居乐业。

古典的议榔情形，虽然多年未举行了，但人们还清楚记得，或者以其他的方式变形延伸。如"方白寨的议榔地点是在村子中的一个小山包上，其坪坝中竖有一长条石板，上面无文字，寨人称之为'议榔石板'（切忌任意搬动）。议榔时，凡属于这个议榔范围内的大人小孩都要到议榔坝，由一位'娄方'（榔头）站在石板面前，手持芭茅草和梭镖，一边重申古已有之理词或根据当时具体情况补充一些新的榔规，每当念诵一条，'娄方'极庄严地向面前那石块凿一下，直到念诵完毕。尤以在念诵到为什么罚，如何惩罚时，凿的声响更大，那石块竟然被凿成孔洞（可见过去经常举行）。重申完后，便杀一头牛在议榔坝上分而食之。几个村寨联议的榔，也同样平分一份去吃，哪怕是一小块。总之每户必分得一份，以壮声势，再则负有监督之责。同时，以此来教育自家的人要遵守榔规，不得违抗。牛头、四蹄则悬挂在当路显眼的地方示众"。②

"理老"，苗语称为"lil lul"（音：理老），地区性的理老则被尊称为"lul fangb"（音：理方）。理老是苗族社会"习惯法"的执行者、审判时的评理者与判定者。理老熟习古理榔规、办事公正、能言善辩。在调解纠纷时诚如律师，在判案时如同法官。理老大致有三级：一个村寨的理老，称"寨长"或"勾往"；一个鼓社的理老称"鼓公"或"娄方"；一片地方的理老，称"勾加"或"大理头"。对于民间小纠纷，由村寨理老调解，对于重大案件，则由跨村甚至跨社区的地缘评理组织仲裁。理老的知识渊博、热心为公众服务，举凡天文地理、历史文化和风土人情之类，都能对答如流，无论大小纠纷，均会有求必应。这些理老在判案与申辩时，引经据典、振振有词、出口成章。通过理老的一番疏导，自认理亏的一方若承

---

① 廷贵、酒素：《略论苗族古代社会结构的"三根支柱"——鼓社、议榔、理老》，《贵州民族研究》1981年第4期，第42~47页。
② 熊克武编《台江苗族历史文化》（干部读本），中国文化出版社，2010，第28页。

认错误并赔偿对方的损失，以酒肉款待理老等人一餐，纠纷就算了结。"在传统的纠纷解决过程中，理师的调解和裁定、当事人双方的自我辩护都通过唱词表现出来。唱词'引经据典'、灵活自如、生动形象、朗朗上口，理法的剖解蕴含其中，最后使各类纠纷圆满解决。"[①] 如若不服，那么就进行"神明裁判"，亦即"烧汤捞斧"的裁判。"烧汤捞斧"是苗族社会长期流行的一种假借神权的司法秩序，是一种依靠天意的裁判。如甲说乙偷了他的东西，要求赔偿损失，乙说那是对他的诬陷，要求赔礼道歉。经理老调解无效即决定"烧汤捞斧"。甲方在约定的日子（多在夜里），架锅烧汤（锅里装满水，同时放些牛油、小米、黄蜡等沾手的东西），锅里放一把无柄的斧头，大火煎熬。此时，双方请来的理老高诵理歌词。甲方理老讲乙方如何无理，贪婪无度，请雷公、龙王、太阳、月亮等天神海鬼都来火上加油，烧伤烧烂乙方，借以杀一儆百，告诫歹人。乙方理老则讲甲方如何霸道欺人，陷害好人，请雷公、龙王、太阳、月亮等神灵来保护，不让烧伤，以表示其清白无辜。双方理老颂毕古经，锅内早沸，约在深夜十二点钟，乙方捞斧者，挽起高高的衣袖，快速地从滚沸的油锅里将斧头捞出，摔在地上，由甲方理老用白纸将捞斧者的手包扎好，双方派人看护起来。天快亮时，在双方理老和主人都在场的情况下，将捞斧者手上的白纸解开检视，若有水泡和溃烂，则甲方胜，乙方输；若无水泡和溃烂，则甲方输，乙方胜。苗族解决纠纷是非常具有艺术性的，事实上纠纷的论理过程理老早已心知肚明孰是孰非，但程序的正义性是必须体现的。无论是依据事实说话，还是用典故疏通或"烧汤捞斧"定输赢，都有理老在场。在苗族的意识里"汉人丢不了字，苗家丢不了佳"[②] 是根深蒂固的，而掌握"佳"的就是成为理老的基本条件。

文化资源及其权力运作是通过人们的社会行为表现出来的，社会行为多种多样，其权力进行也会有所不同。我们先来看苗族的血缘组织与地缘组织是如何运作公共权力的。张晓在《苗族传统社会组织管理中的"绝对

---

① 徐晓光：《歌唱与纠纷的解决：黔东南苗族口承习惯法中的诉讼与裁定》，《贵州民族研究》2006年第2期，第36~43页。
② 参见贵州民族出版社编《苗族理辞》，吴德坤、吴德杰收集整理、翻译，贵州民族出版社，2002，第1~2页。

权威"与"充分民主"》一文中对此做了深入的研究。她认为,苗族的血缘组织维护家族内部的团结和处理内部事务;地缘集团协调家族间的利益需要和结成联盟抵御外侮。血缘组织要鼓励和支持族长运用这种文化资源进行"独裁"。因为族长的权威来自祖宗的权威,他们是最了解祖先规矩的人,是代替祖先来执行和监督大家实施祖先规矩的人,即在特定的时候作为祖先代言人的人。作为地缘组织情况却相反,它不允许"独裁",所有的事情不能由哪一个人决定,而是通过"群众议事会"(议榔)来集体商议,即尊重个体,弘扬"民主"。血缘组织家族长的"绝对权威"是民众个体利益的集中体现,而地缘组织的"充分民主"彰显的是群众议事会集体利益的权威,各有侧重又同时并举,充分发挥了治理地方的作用。①

苗族的传统制度与村民自治制度的融合提高了自治水平。罗章、陈萍2008年在对黔东南、黔南苗族地区村民自治调查后,发现苗族的"议榔"活动在信任的建立、规范的确定,以及社会网络的形成等三个方面,对苗族乡村发挥了较稳定的外部治理与内部治理功能。"议榔"文化中关于"权利与义务""责任与共享""集体与个体"的观念被苗族群众深深地接受,这传统如能整合到'乡政村治'的行政改革中,可以提升苗族村寨的自治水平,为苗族社会的发育建构出一种既现代又内生的成长方式。此外,"议榔"能强化村民的公共观念,树立起民间自主治理的权威与规范,建立起广泛联系的社会治理网络,并且积累出多种形式的"社会资本"。这正是曾经由行政主体所缔造的秩序乏力运行苗族村寨所需的资源,特别是贵州的苗族村民对于"议榔"等民间自组织传统的记忆与运用成为了加强苗族村寨自治的内生机理。②

我们可以进一步理解,清水江流域的苗族社会是以"主客"的对立与联系建立起来的,即以宗亲为经,以姻亲为纬建构起来的社会。以此为视角观之,家庭这个社会细胞也是由宗亲与姻亲的经纬线交织而形成的一个点,无数这样的点连接成一个苗族社会之网络。既非宗亲也非姻亲的群

---

① 张晓:《苗族传统社会组织管理中的"绝对权威"与"充分民主"》,《贵州民族学院学报》2011年第5期,第1~5页。
② 罗章、陈萍:《民间自组织传统在民族乡村治理中的功能研究:以苗族"议榔"活动为例》,《云南社会科学》2010年第2期,第73~77页。

体,也以拟宗亲或拟姻亲的方式组成更大的网络。这是一个放大的亲属网络,于是便有了不同群体的跨血缘、跨地缘的认同。这种认同在苗族的文化里,被表述为"jid dax jangd niel"(兄弟鼓社),"khat lul khat ghot"(婚姻圈),这些人都是"hxub khat"(亲戚)。其基点就是"jox jid bangf"(类似汉语的"亲人"),即"身体的"血缘的延伸。其实,所谓"身体的",仅仅是一种隐喻,因为有了情感、义务与责任关联,也才有兄弟姊妹的存在。苗族这种延伸仅仅到了友好往来的不同的地区,即可用议榔连接的地区,被认同为是兄弟关系,但没有进入国家的政治层面。这也许与苗族遭遇帝国的状况相关。

相较于苗族"议榔"所涵盖的地缘性社会组织,这种拟血缘的认同在汉民族里也比比皆是,而且已经延伸到国家社会的政治生活之中。尤其是在特定的社会背景下,比如:"天大地大不如党的恩情大,爹亲娘亲不如毛主席亲。"其逻辑是"我把党来比母亲,母亲只生了我的身,党的光辉照我心"。于是解放军"不是亲人胜似亲人",而劳苦大众是"阶级兄弟"。这是亲属网络扩展到政治层面的认同,阶级亲超过了以往的亲属亲。苗族社会里只会延伸到"天大地大不如舅舅大"。苗谚有云:"大的就是舅爷,高的就是坡尖。"而"亲"的还是父母,是"生了我的身"的人,与"我身"延伸相关的人。因此只要是"jox jid bangf"(身体的),他的冷暖、哀乐就是你的冷暖、哀乐,倾其所有、所能去互相帮助是天经地义的事。在苗族社会里没有什么东西可以取代原生的亲情。称地方官员为"父母官",或声言"老子革命儿接班,老子反动儿背叛。"等等,这在苗族社会里是不可想象的。

历代王朝与苗族互相刻板化、模式化的认知,使得他们互相视为"瘟疫""灾难""巫蛊",要么进行隔离,要么直接回避。苗族认同的是建立在自己文化网络之上的、有温情的、可以亲近、可以协商的权力,而冷冰冰、高高在上的指令或压制,他们就喜欢不起来,于是便有了"弱者的反抗","惹不起,还躲得起"。"躲"便成了生存的技术、一种游戏、一种日常反抗,发展出来各式各样"躲"的艺术。"躲"成了一种文化隐蔽的一面,但如果逼得太紧,影响到生存底线,那么只有"抗争","反"又成了文化凸显的一面。

无论"躲"还是"反"都不是有效合作的方式。这不能不令我们想起中华人民共和国成立前苗族请汉族代他们读书，而不是自己去读；解放初培养了许多苗族干部，但不少人选择逃跑回家；在学校里受到老师批评的苗族学生，要回家自杀；后来国家有许多救济，分给粮食他们不要；改革开放后政府无偿买了牛羊送给他们发展经济，牛羊生病了，他们对政府说你们的牛羊生病了赶快来医治，等等事实。长期的"躲"与"反"，造成与政府合作的不默契，于是也就造成没有把人民政府当成人民的政府。苗族对于"国家"，以及"国与家""国与民"的认知，就是从这些具体的历史情景中体验、感受出来的。

清水江流域苗语没有"国家"这个抽象概念，但并不是对国家没有认知，而是从与官吏打交道的过程中去认知政府与国家。苗语"ghab lail"可译为汉语的"官吏""官府"或"国家"。在不同的场景其语义有不同的色彩，蕴含褒贬、爱恨、羡慕、恐惧、嫉妒等情感于其中。"ghab lail"（官吏、官府、国家）经常与"wangx"（皇帝）、"xod"（老虎）、"diel"（汉人），组合成"wangx ghab lail"（官吏/官府/皇帝国家）、"ghab lail xod"（老虎官吏/官府/国家）、"ghab lail diel"（汉人官吏/官府/国家）。苗人理解"ghab lail"的职能就是用暴力搜括钱财、草菅人命，如同吃人的老虎豺狼一样。这样的解释，已经是带上了情感色彩的引申语义。这或许也是苗族遭遇帝国的长期征剿与驱赶，在语用上的一种积淀和情感宣泄。

有专家考察，"ghab lail"原本是"ghab lil"。"ghab lil"的"lil"是道理的"理"，而"ghab"是主人、根由。"ghab lil"顾名思义就是占据、拥有、掌握道理的权威人士。他近似理老，但比理老更有权威，能够具有把权力与道理结合在一起的能/圣之人。因此，"ghab lail"在苗语里原本是一种理想的赞美之词，运用在能/圣之人的身上。有权势而无道者，或有道而无权势者，均不能称之为"ghab lail"的。或许这就是苗族生存的政治哲学，权与道是不相分离的。据我们的田野调查所知，如果一个理老、寨老、"苗王"处理问题没有公心，不公平、不正义，以后人们就不会再找他办事，他的身份也就自动沦落，成为连一个普通村民都不如的人。苗族认为一个人、一个组织有了特权就会无道，解决无道的方法，就是不让特权的存在。道是从天上来的、是神圣的，不是专人所属，只有心正直时，它才会体现。遵道行事是最高法则，任何人包括皇帝在内都必须服从，因此有没有皇帝在苗族看来是无关紧要，关键还要看他有没有道义可言。权道分离也就不是"ghab lail"，即使还称之为"ghab lail"，其语用已经由褒变成贬，而具有反讽的意味了。

1949年中华人民共和国成立，在宪法中承认，"中华人民共和国是全国各族人民共同缔造的统一的多民族国家"。民族区域自治成为国家的基本政治制度。在中国历史上，苗族第一次成为国家的主体之一，苗人也开始在新的"ghab lail"各级机关里任职。生活在苗语世界中的苗人，逐渐把国家机关工作人员称为自己的"ghab lail"。"ghab lail"一词已经演变成为正面语词。只要中国不回到是历史上单一炎黄子孙的汉族国家；只要国家不把苗族作为"非我族类，其心必异"需要进行防范的另类他者，公平公正对待每一个人。苗族对中华人民共和国的现代民族国家认同就不会有问题，"ghab lail"作为苗语生活世界的正面关键词语，就不会有所改变。①

特别是改革开放以来，土地承包到户、实施村民自治、免除农业税，苗族群众欢欣鼓舞。在我们的调查中，不少群众表述说，是共产党的领导使他们实现了"张秀眉"的理想，这就把国家叙事与地方叙事结合起来，体现了国家、政府和党与苗族的鱼水关系（jox eb hlib daib nail，江水依恋着鱼）。但是他们通过到内地、沿海打工，或各种媒体宣传，也看到或感受到地区发展的不平衡、民族之间的事实上不平等。在西部开发的许多表述中被定位于落后，于是又产生了"芝麻与西瓜之比"的失落。历时与共时的比较也就产生不同的结果，因此在共时性上还需要更大的努力，才能永久地凝聚国家的认同感、中华民族的认同感。这种认同感的构建除了政治、经济之外，还有文化。文化的类型差异，并不是先进落后之别，这是人类学的常识。然而有的人总是把共时性的东西作为历时性的东西去看，我的今天就是你的明天，但明天你又换了一个花样，你的今天就成了我永远的明天。这就是典型的社会进化论——西方中心论的腔调，在中国的翻

---

① 参见杨培德《苗语"ghab lail"与中华现代民族国家认同》，三苗网，2013年。

版而已。因此，只要在国家认同、中华民族认同的前提下，鼓励别的民族也"摸着石头过河"，增强自我能力的建设，探索各自特点的发展道路，才能构建大中国特色的共同繁荣，而且自己的探索也是自己的责任，救世主的角色毕竟是宗教情怀，因为前面的路大家都不知道。

晚清以降，国家权力逐渐深入民间，每个人都成了国家这个机器运转过程中的一分子，特别是"文革"时期，苗族的文化活动被当成封建迷信加以禁止，有的被迫停止执行，有的转入地下操作，国家与民间更加玩起了"猫鼠游戏"，地方文化的确变成了不能公开操演的"隐藏的文本"。改革开放后，国家行政权力退回到乡镇一级，于是板结的土地终于透了气，传统文化逐渐得到一定程度的回归，特别是民俗成为旅游资源，创造了经济增长，转而得到政府的大力支持。这种支持也体现着国家的在场，苗区的任何重大节日无不出现村支两委的忙碌身影，但"寨老"之类的传统角色也在特定的场域得到具体彰显。比如报德苗寨在2003年成立了寨民自治组织。该村寨有梁、文、杨、李四个姓氏，共130多户，分为13个酒组（相当于房族）。该寨民自治组织就由这13个酒组的组长组成，然后从中选出三位寨长（老）。这个寨民自治组织和村委会、村支部的工作是有区别的，但是很多时候也配合协助村委会、村支部的工作。这个寨民自治组织就是苗族传统社会的血缘组织和地缘组织的再现。[1]"如今群众……制定乡规约时，都是根据新形势来制定的，并非采取惩办主义，群众反映很好，（群众）以为这是自己管理自己的好形式。"[2]

回到我们此课题的研究思路和写作方式上来。我们就是以多种权力及权力关系在苗族社会中如何得以操演实现、得以互动博弈这一主线展开对问题的思考与追问。以土地庙为中心的土地菩萨崇拜，勾连起了一个苗族村寨群体生活的生存法则。菩萨的灵验和庙宇的大小归属成为这条法则的主线，家族化庙宇的地方中心构建，不仅仅是一个区域群体的外在表征，它同时亦是群体心理建立认同的区隔化再现。在此，庙宇与家族的关系同样值得我们去深思，每个家族热衷于建立属于自己的土地庙意味着什么？

---

[1] 参见张晓《苗族传统社会组织管理中的"绝对权威"与"充分民主"》，《贵州民族学院学报》2011年第5期，第1~5页。
[2] 熊克武编《台江苗族历史文化》（干部读本），中国文化出版社，2010，第30页。

如果说祖祠的建立是为了追溯及缅怀逝去的先祖,强调着血脉的连接、一个群体的维系,以绵延后嗣永续香火。那么,土地庙在此扮演的角色,可以说和祖祠异曲同工,它是在地缘共同体组织下的一种空间生存策略,是保持群体特征的有效途径之一。每一家族和自己的土地庙紧密地联系在一起,从而形成了现在龙塘村多个大小不一的土地庙同时并存的局面。庙宇"唯谁独大"的争论还在继续,相伴其间的权力关系与博弈也一直在持续。于是,家族的迁徙史和历史记忆成了这种权力关系的扭结与聚焦点。攀附、比较、竞争,在庙宇的中心地位上展开,也在那些以庙为中心的家族之下的村寨治理中展开。

相较于龙塘村更多地凸显地缘性群体组织的建立,大乌烧村则是一个血缘共同体。潘、龙两家世为兄弟,共享村寨资源,通过血缘关系协调着村落的生产生活秩序及权力分配——龙家管土、潘家管鼓。大乌烧村的个案我们是从"鼓藏节"说起:由铜鼓和土地的管理权引出龙家和潘家内生性的村落权力关系;鼓头的人选问题则让我们注意到传统权威和国家权威之间的博弈和互动图景。"鼓藏节"是这些权力关系得以彰显和表述的极好舞台。可以说,民间节日始终是在传统力量和国家力量的交互下进行,也无时无刻不体现着国家的在场。尤其是在市场经济商品化的今天,民俗节日也被"应召入伍",成为政府拉动经济发展最重要的引擎之一。围绕着传统权威是否依然具有神圣力量这一问题,国家权威与传统权威出现了摩擦和冲突,最后导致我们在前文中所论述的"一场闹剧",伴随而来的是潘、龙两家的积怨以及村寨治理面临的困境。如果我们承认,文化的意义在于"使人们能够既带着缺陷生活又不会患病"[1],在于一个人类共同体价值共意的生成,并提供某种制度性的保障机制的话,那么,这种价值共意以及保障机制就是包括舆论道德评判在内的一整套生存秩序的安排和规约。大乌烧村"鼓藏节"闹剧的出现也正是在面对这种传统的生存秩序时,民间和国家出现了分歧。或许我们可以说,这是村寨治理上的阵痛,是两种文化模式的冲突和调适过程,但我们这里要说明和强调的是村民才是自我管理与约束的主人。这才是村寨治理的核心。

---

[1] 〔美〕艾里希·弗洛姆著《健全的社会》,孙恺祥译,译文出版社,2011,第12页。

关于民族文化节日展演的问题。施洞地区农历五月二十五日举行的龙舟节，是一场盛大的集会演出，每个村寨抑或村寨中某个殷实的家族都会做条龙舟在清水江上竞渡。龙舟的比赛是与家族、村寨之间的竞争联系在一起的，尤其是家族经济条件、赢得的人气和面子等这些都是重要的衡量指标。亦如每个节日背后都会有特定的一个民间传说作为其流传的叙事文本，彰显其所谓的"神秘性"和"正源性"，龙舟节也不例外，"屠龙救子、分食龙肉、划船敬龙"为龙舟节增添了些许骨肉情怀与浪漫色彩。沿江村寨依据分得龙肉的不同部位，对龙舟的开划时间以及船身颜色等有着相应的制度性规定，若有违反，就会受到应有的惩罚。交往和交换是一个人类共同体发展必不可少的生存行为，那么在此，一条清水江里的"龙"则是这个交往中最基本的形式载体，它在空间上构筑起了一个可以值得信赖交往的圈层——熟人社会。龙头、龙身（内脏）、龙尾的躯体分割所得，也成为各个沿江村寨具体交往、对话的平台。基于此，寨际的权力秩序才得以分配，并最终形成。另外，在龙舟节的举办上，我们特别注意到了节日的民间运作和政府运作两种管理方式的互动，也旨在探讨当民族文化成为一种可资利用的资源时，利益主体间的权力博弈等相关问题。

作为对人类性行为进行制度性规约的婚姻，立足于人类再生产的基点，强调着一种合理的制度存在之诉求。从游方、择偶到结婚，甚至离婚，在苗族传统的婚俗中，权力关系是其最重要的观照点。苗族姑娘仰阿莎是女性美好形象和对爱情忠贞不渝的模范标杆，在苗族古歌《仰阿莎》里，讲述的是苗族婚姻关系的存续事实以及纠纷的调解。"舅权为大"一直是苗族缔结婚姻的主要权衡点，这体现在婚姻资源的流动和共享机制方面，如"姑舅婚"以及寨际婚姻圈的形成与巩固等。另外，在婚约的缔结上，"干净"与"不干净"的家庭、大客和小客的区别，是形成群体的区隔划分和利益资源流动，进而形成不同性质的婚姻圈基点。随着国家意志、市场原则以及传统价值观的改变，加之对物质经济利益追逐等因素的影响，苗族传统婚俗与社会关系也在发生变化，如游方场的没落与改变、择偶对象的多元化选择，以及国家法律之下传统婚俗变迁等问题。

对苗族社会文化资源的自觉遵守和运用，是在强调一种制度性的规范机制。亦如"鼓社"和"议榔"的形成，在维持村寨秩序以及村治治理方面扮演着重要的角色。台江县村寨的"五老理财""民主民生评议团""民生民主监督员",以及西江苗寨为村委"挂红"等举措都是在村寨治理方面摸索出来的制度创新。实质上体现着多主体合作治理的理念,成就了各方精英联合共治的新局面。因此,现代治理与传统治理只要互相尊重与互相承认,并没有必然的矛盾,而且还是互补关系,相互为用。而这也是我们一直所要表达的重要观点。

需要指出的是,如今台江县村寨中的这些"五老"已经不是昔日的"五老",他们多是由退休了的乡镇干部、上几届退职的村干部,或者是一些退休教师等组成。这些地方精英,曾经是体制内精英,受过党和政府多年培养与教育的精英。他们既懂得法律、政府的状况,也懂得地方习惯法与文化,他们曾经处理过若干事件而树立起自己的权威,于是便进入了"五老"行列。以村主任一职的社会角色为例,村主任支书既要接受上级的指导,又要听取村民的意见,被村民选举出来,得到上级的认可,因此他们连接了乡村与国家成为村干部,成为体制内精英和乡村社会的权力话语执掌者。这些村干部享受着国家的俸禄,替国家政府办事,自然受到国家的监督。再加上,这些村内官职要换届选举,不是终身之职,其所作所为也会受到乡村舆论(或村规民约)的制约。据我们的调查,他们既是"赢利型经纪",也是"保护型经纪",既要为上级办事,又要为村民谋利,如果两头不讨好,迟早变成体制(包括村寨制度)外之人。党和国家以及老百姓都希望"好人"执政,作为文化资源的道德,同样起着不可估量的作用。村干部的任免,有一定的选举程序和任职周期,在老百姓没有与当地政府可以通畅沟通的合意渠道时,要"扳倒"一个"不中意"的村干部还是件比较难的事情。而"五老"完全掌握在老百姓的手里,你办事不公,为人不正,那么老百姓不找你办事,说话没人听,也就自然垮台。这是由当地文化资源和行政制度所产生的不同权力之效力决定的。权力来源差异,其性质不同,监管的方式、执行力度以及反馈效果也不同。苗族传统权威的效力来自于传统的文化资源,个人魅力的正当性依赖于韦伯所说的"卡理斯玛"或"超凡魅力",然而各种神圣赋予的权力也在祛魅与复魅之间徘徊,苗族文化资源也需与行政资源的有效整合也才能更好地治理地方社会。

无论怎样，祛魅的现代性已悄然消解着所有权力的神圣性以及信任基础，让人们不得不赤裸裸地面对各种权利关系，使得现代国家只能诉诸平等、民主、自由制度，它既是治理目标也成了治理手段。与许多现代治理一样，清水江流域同样存在正当性（合法性）危机，实际上都是要解决公共利益的全面回归的问题。斯科特的论述表明，"只有形成力量对垒的权力博弈场，从制度安排与政策实施上给予和保证农民原本应该享有的权利，才能使农民可以通过有效的制度途径参与政治和经济生活——不仅获得利益表达的话语权，而且可以通过正规渠道来维护自己的利益，才能真正促进中国农村的发展和中国民主在基层的发展"。① "极端现代主义的社会工程的制度偏好带来了无穷的灾难，它只有嵌入于非正式过程才能真正达到'改善'人们生活的目的。"② 而多主体治理，意味着在公共物品生产、公共服务提供和公共事务处理方面存在多个供给主体，意味着政府、市场的共同参与和多种治理手段的应用。③ 这些自然是解决正当性（合法性）危机的一种理路。

苗族与国家的关系是复杂多样的。如果说 1949 年以前更多的是"游"与"隐""抗争"与"坚守"的话，那么，在各族共同缔造中华人民共和国的故事、宪法赋予民族自治权利的确立、民族平等政策的落实、中国各族实现了族际关系的和解与团结、国家不再是冷冰冰的统治工具，而是公平正义的主持者或化身，在这些因素条件之下，苗族与国家的亲密关系也已经建立起来了。现代国家的理念发生了改变，已经不是"朕即国家"，也不是"阶级统治的工具"，而是"人民的国家"，是一种"目的性的存在"，是"为人民服务"的权力机器。所谓的"善治"就是利用人民委托的国家权力使公共利益最大化的社会管理过程，使多元主体发挥能动作用，结成互利共赢的生态关系。正如前文，我们反复强调，在苗族看来，国家不是一个抽象性的存在，官吏的行为才是国家的具体体现，官吏即国

---

① 申腾、于小倩：《弱者的政治：斯科特〈弱者的武器：农民反抗的日常形式〉述评》，《知识经济》2010 年第 8 期，179~180 页。
② 高云红等：《基于嵌入性的社会工程：对斯科特〈国家的视角〉的一种理解》，《工程研究——跨学科视野中的工程》2012 年第 1 期，第 76~84 页。
③ 任声策等：《公共治理理论述评》，《华东经济管理》2009 年第 11 期，第 134~137 页。

家,因此国家干部的行为直接体现国家与苗族的关系。国家干部严格遵守与执行法定的民族区域自治制度与村民自治制度,也就维护好各族与国家的亲密关系,也就尊重了各民族的文化权力与依法行政,民族地区乡村治理也才能"善治"起来。

然而要理解、研究和决策是否真正有利于苗族农民生存状况的改善,必须关注苗族农民的个人与集体行动的文化逻辑,以苗族农民的眼光来审视苗族农村问题。清水江流域的苗族乡村治理就是在苗族文化网络中产生的内生权力与依法实行村民自治的外在权力的共同作用下形成的,类似于"五老理财"等的组织参与就是在这种具体情境下的一种创造性实践。唯有理解与运用苗区的文化资源、尊重地方性知识、充分考虑群众的利益、建立和完善村民广泛参与自由和公平的选举制度、各种监督机制、规范博弈的场域与规则,才能达至"善治"的目标。

总之,既要有法可依,也要观照国家建设的目标;又要尊重主体意愿、族群身份、地方知识和文化的传承,才能体现基层民主或村民自治制度的正当性及其存在的基础。只有建设一个公平正义的乡土社会,人人都有基本的权利保障,才能真正使民族地区的乡民生活安宁、幸福。中国有自己的特色道路,苗区也存在不同的社会文化实践,因此我们必须从实践出发,连接经验与理论,来提升我们思考问题与解决问题的能力,中国的乡村治理才会越来越好。

参考文献

一 专著类

〔法〕皮埃尔·布迪厄：《实践感》，蒋梓骅译，译林出版社，2003。

〔日〕池田大作、〔英〕威尔逊：《社会与宗教》，梁鸿飞、王建译，人民出版社，1991。

陈庆德：《人类学的理论预设与建构》，社会科学文献出版社，2006。

〔美〕杜赞奇：《文化、权力与国家》，王明福译，江苏人民出版社，2004。

〔法〕E. 杜尔干：《宗教生活的初级形式》，林宗锦、彭守义译，林耀华校，中央民族大学出版社，2006。

〔美〕艾里希·弗洛姆：《健全的社会》，孙恺祥译，译文出版社，2011。

费孝通：《乡土中国》，北京大学出版社，1998。

〔法〕米歇尔·福柯：《性史》，张廷琛等译，上海科学技术文献出版社，1989。

〔法〕米歇尔·福柯：《规训与惩罚》，刘北成、杨远婴译，三联书店中译本，1999。

〔美〕霍莉·彼得斯—戈尔登：《改变人类学：15个经典个案研究》（第5版），张经纬、夏航、何菊译，北京大学出版社，2012。

贵州省委、省政府组织编修《贵州通史》（第3卷），当代中国出版社，2002。

贵州省台江县志编纂委员会编《台江县志》，贵州人民出版社，1994。

贵州省剑河县地方志编纂委员会编《剑河县志》，贵州人民出版社，1994。

贵州省编辑组编《苗族社会历史调查》（三），贵州民族出版社，1987。

贵州民族出版社编《苗族理辞》，吴德坤、吴德杰收集整理、翻译，贵州民族出版社，2002。

贵州省民族事务委员会贵州省民族研究所编《贵州"六山六水"民族调查资料选编·苗族卷》，贵州人民出版社，2008。

贵州省民族研究所编《民国年间苗族论文集》，内刊，1983。

（清）《贵州通志》卷36。

（民国）《贵州通志·宦迹志·张广泗传》。

（民国）《贵州通志·前事志》（三），贵州人民出版社，1988。

（唐）孔颖达：《尚书·吕刑疏》《礼记·缁衣疏引》。

〔日〕栗本慎一郎：《经济人类学》，王名等译，商务出版社，1997。

〔法〕雅克·勒高夫：《历史与记忆》，方仁杰、倪复生译，中国人民出版社，2010。

〔美〕卢克·拉斯特：《人类学的邀请》，王媛、徐默译，北京大学出版社，2008。

凌纯声、芮逸夫：《湘西苗族调查报告》，民族出版社，2003。

《苗族简史》编写组：《苗族简史》，贵州民族出版社，1985。

〔法〕莫斯：《论馈赠》，卢汇译，中央民族大学出版社，2002。

《平定贵州苗匪记略》卷三六。

《黔东南苗族侗族自治州概况》编写组编《黔东南苗族侗族自治州概况》，贵州人民出版社，1986。

秋阳：《苗疆风云录》，贵州民族出版社，2003。

（清）阮元校刻《十三经注疏》下册，中华书局，1980。

石朝江：《中国苗学》，贵州人民出版社，1999。

台江县志编纂委员会：《台江县志》，贵州人民出版社，1994。

（清）魏源：《圣武记》（下），中华书局，1984。

（清）魏源：《圣武记·雍正西南夷改流记》卷8。

吴荣臻主编《苗族通史》（二），民族出版社，2007。

伍新福：《中国苗族通史》（上），贵州民族出版社，1999。

吴泽霖、陈国钧等著《贵州苗夷社会研究》，民族出版社，2004。

王明珂：《华夏边缘：历史记忆与族群认同》，社会科学文献出版社，2006。

〔英〕王斯福：《帝国的隐喻》，赵旭东译，凤凰出版传媒集团、江苏人民出版社，2008。

〔德〕马克斯·韦伯：《支配社会学》，康乐、简惠美译，广西师范大学出版社，2004。

〔芬兰〕E. A. 韦斯特马克：《人类婚姻史》，商务印书馆，2002。

王铭铭、王斯福：《乡土社会的秩序、公正与权威》，中国政法大学出版社，1997。

王铭铭：《走在乡土上——历史人类学札记》，中国人民大学出版社，2003。

熊克武编《台江苗族历史文化》（干部读本），中国文化出版社，2010。

（清）徐家干：《苗疆闻见录》，吴一文校注，贵州人民出版社，1997。

余未人：《苗人的灵魂——台江苗族文化空间》，黑龙江人民出版社，2005。

杨培德、潘定智、张寒梅编《苗族古歌》，贵州人民出版社，1997。

中国第一历史档案馆、中国人民大学清史研究所、贵州省档案馆合编《清代前期苗民起义档案史料（上）》，光明日报出版社，1987。

二 论文类

辛西娅·休伊特·德·阿尔坎塔拉：《"治理"概念的运用与滥用》，《国际社会科学杂志》（中文版）1999年第1期。

石朝江：《苗族传统社会组织及功能》，载《中南民族学院学报》（哲学社会科学版）1993年第3期。

曹端波：《苗族古歌中的婚姻伦理与规则——以黔东南苗族为例》，载

《苗学研究》2010 年第 1 期。

曹端波:《苗族文化的社会控制》,载《中央民族大学学报》(哲学社会科学版) 2008 年第 1 期。

曹端波:《中国西南少数民族的社会分层与层级婚》,载《思想战线》2008 年第 5 期。

高丙中:《民间的仪式与国家在场》,载《北京大学学报》(哲学社会科学版) 2001 年第 1 期。

高云红等:《基于嵌入性的社会工程:对斯科特〈国家的视角〉的一种理解》,载《工程研究——跨学科视野中的工程》2012 年第 1 期。

刘锋:《"鬼蛊"的想象与建构——以黔东南苗族聚居区为中心的考察》,载《思想战线》2007 年第 5 期。

刘锋、吴小花:《苗族婚姻变迁六十年——以贵州省施秉县夯巴寨为例》,载《民族研究》2009 年第 2 期。

陆群:《苗族延续至今的万物有灵信仰及原因剖析》,载《贵州民族研究》2002 年第 4 期。

罗章、陈萍:《民间自组织传统在民族乡村治理中的功能研究:以苗族"议榔"活动为例》,载《云南社会科学》2010 年第 2 期。

马国君:《论雍正朝开辟黔东南苗疆政策的演变》,载《清史研究》2007 年第 4 期。

任声策等:《公共治理理论述评》,载《华东经济管理》2009 年第 11 期。

申腾、于小倩:《弱者的政治:斯科特〈弱者的武器:农民反抗的日常形式〉述评》,载《知识经济》2010 年第 8 期。

延贵、酒素:《略论苗族古代社会结构的"三根支柱"——鼓社、议榔、理老》,载《贵州民族研究》1981 年第 4 期。

王晓毅:《"斯科特与中国农村:阅读和对话"研讨会在北京举行》,载《社会学研究》2008 年第 1 期。

徐晓光:《歌唱与纠纷的解决:黔东南苗族口承习惯法中的诉讼与裁定》,载《贵州民族研究》2006 年第 2 期。

徐小涵:《两种"反抗史"的书写:斯科特和底层研究学派的对比评

述》，载《社会学研究》2010年第1期。

杨正文：《鼓藏节仪式与苗族社会组织》，载《西南民族学院学报》（哲学社会科学版）2000年第5期。

张晓：《苗族传统社会组织管理中的"绝对权威"与"充分民主"》，载《贵州民族学院学报》2011年第5期。

张志英：《"乡村政治"的兴起、现状与发展趋势》，载《农村经济》2003年第6期。

三 集刊及其他

成文魁：《六合苗民抗夫碑》，《施秉文史资料》（第二辑），内部资料无日期铅印本。

（清）方显：《平苗纪略》，参见马国君编著《平苗纪略研究》，贵州人民出版社，2008。

甘凌杰等：《"黔东事变"历史背景的调查报告》，《黔东南文史资料》（第六辑），内刊，1987。

贵州省编辑组编《苗族社会历史调查》（三），《国家民委民族问题五种丛书》《中国少数民族社会历史调查资料丛刊》，贵州民族出版社，1987。

郭于华：《民间社会与仪式国家：一种权力实践的解释——陕北骥村的仪式与社会变迁研究》，郭于华主编《仪式与社会变迁》，社会科学文献出版社，2000。

黄寿华：《"黔东事变"大事记》，《黔东南文史资料》（第六辑），内刊，1987。

黄在之：《黔东事变善后工作的片段》，《黔东南文史资料》（第二辑），内刊，1984。

胡廷夺：《中国苗族》，贵州大学民族学硕士点资料室。

况再举：《雷、台、剑苗族农民抗暴斗争纪实》，《黔东南文史资料》（第二辑），内刊，1984。

李德鑫：《黔东事变作战述评》，中共贵州省施秉镇远县委党史办编

《黔东事变史料首辑》，内刊，1987。

李德鑫：《李光庭与黔东事变之我见》，中共贵州省施秉镇远县委党史办编《黔东事变史料首辑》，内刊，1987。

李廷贵：《梁聚五年谱》，张兆和、李廷贵主编《梁聚五文集：民族民主政论》（下册），香港科技大学华南研究中心、华南研究文献丛刊（八），华南研究中心，2010。

力文：《"黔东事变"主要人物简介》，《黔东南文史资料》（第六辑），内刊，1987。

梁聚五：《苗族发展史》，张兆和、李廷贵主编《梁聚五文集：民族民主政论》（上册），香港科技大学华南研究中心、华南研究文献丛刊（八），华南研究中心，2010。

梁治平：《乡土社会中的法律与秩序》，王铭铭、王斯福主编《乡土社会的秩序、公正与权威》，中国政法大学出版社，1997。

刘楚凡口述、黄家骐整理《参加黔东事变善后工作纪实》，《黔东南文史资料》（第六辑），内刊，1987。

刘盛甲：《中共凯里地下党在"黔东事变"期间的活动》，中共贵州省施秉镇远县委党史办编《黔东事变史料首辑》，内刊，1987。

刘时范：《黔东事变纪要》，《黔东南文史资料》（第六辑），内刊，1987。

《湳洞司事件》，《剑河县志》，贵州人民出版社，1994。

欧大荣等供稿、陈远卓整理《黔东事变在剑河、台江的几个战役》，《黔东南文史资料》（第六辑），内刊，1987。

强世功：《一项法律实践事件的评论》，王铭铭、王斯福主编《乡土社会的秩序、公正与权威》，中国政法大学出版社，1997。

斯科特：《文明缘何难上山？》，王晓毅、渠敬东编《斯科特与中国乡村：研究与对话》，民族出版社，2009。

邰秀光口述、张德麟整理《"黔东事变"在雷、台、剑地区的片段回忆》，《黔东南文史资料》（第六辑），内刊，1987。

邰秀清：《贵州苗族聚居区乡村治理研究：以黔东南台江县各类苗族村寨为例》，贵州大学2011届硕士研究生学位论文。

万文新口述、吴朝恩整理《回忆台江覃膏堡和猫猫寨之战》,《黔东南文史资料》(第六辑),内刊,1987。

王朝文:《〈苗学通论〉序言》,贵州苗学会编《王朝文文集》,贵州人民出版社,2008。

王建明:《西南苗民的社会形态》,贵州省民族研究所编《民国年间苗族论文集》,内刊,1983。

王良范:《现代性语境中地方性文化复兴与自我认同——以黔东南地区苗族文化的变迁为例》,贵州省文化厅、贵州省非物质文化遗产保护中心编《守望与思考——贵州省非物质文化遗产的传承与保护》,贵州民族出版社,2009。

吴通明:《强迫苗族妇女改装见闻》,《施秉文史资料》(第六集),内刊,无日期。

徐则平:《黔东事变性质初探》,《七七级七八级毕业论文选集》(文科本科生),贵州大学编,内刊,1982。

杨光修:《黔东事变台江之役》,中共贵州省施秉镇远县委党史办编《黔东事变史料首辑》,内刊,1987。

《玉、镇、岑、穗、柱、晃六县联防指挥部会剿奸匪吴宗尧工作报告书》,《黔东南文史资料》(第六辑),内刊,1987。

张斐然等:《为拥护梁聚五、吴性纯为贵州省苗夷族国民代表大会之代表伏乞准照由》,张兆和、李廷贵主编《梁聚五文集:民族民主政论》(下册),香港科技大学华南研究中心、华南研究文献丛刊(九),华南研究中心,2010。

梁聚五:《苗族发展史》,张兆和、李廷贵主编《梁聚五文集:民族民主政论》(上册),香港科技大学华南研究中心、华南研究文献丛刊(八),华南研究中心,2010。

张兆和:《梁聚五关于苗族身份认同的书写:近代中国边缘族群以汉语文表述我族身份认同的个案研究》,张兆和、李廷贵主编《梁聚五文集:民族民主政论》(下册),香港科技大学华南研究中心、华南研究文献丛刊(八),华南研究中心,2010。

赵维楼:《李光庭在麻江》,中共贵州省施秉镇远县委党史办编《黔东事变史料首辑》，内刊，1987。

中共凯里市委党史办：《李光庭、陈光远营救"黔东事变"遗散人员及其亲属》，中共贵州省施秉镇远县委党史办编《黔东事变史料首辑》，内刊，1987。

《多彩贵州网》，熊诚，2014年9月28日。

《贵州日报》，贵群轩，2014年12月19日。

《苗语"ghab lail 与中华现代民族国家认同"》，三苗网，2013年。

http://www.itravelqq.com/2011/0515/140540_2.html.

附　录

第二章附录

一　敬土地菩萨

2009年阴历五月二十六，笔者与吴LW（鬼师）、龙婆婆一起去吴祖庙敬地鬼，这次敬鬼的目的主要是祈求地鬼保护笔者平安顺利完成调查工作。敬鬼之前要买一只鸡（一般是一只会打鸣的红公鸡，据说这样才能当得起家）。敬"地鬼"除需要一只红公鸡外，还要准备三碗酒、三碗茶、一升米、香（其中有三根香用菜油浸泡）、纸、米（米里插上十二元钱）、红布条（用来挂红）。

敬鬼的过程分请鬼与送鬼两个过程（如果把鬼请来不送走，"地鬼"就会在村子里作祟，会搞得个人与寨子都不安宁）。

（一）请鬼

首先是处理红公鸡，把红公鸡的嘴、脚都要洗干净。到吴祖庙后，吴老伯又拿来扫把先进行打扫，然后才把供品摆在供台上（据吴说，地鬼是很干净的，所以要把公鸡洗干净，并且敬之前要先对土地庙进行打扫）。装一碗生米，将其放在供台的中央，米中插了十二元钱（这是给鬼师的酬劳），米碗的右边放着三碗酒，左边放着三碗茶，把红布条挂在土地菩萨的颈部，这表示挂红。公鸡被随意地放在了庙门口的一角。鬼师把用菜油浸好的三支香插在了供台上，摆好供品后，请鬼的仪式开始了。鬼师点燃了九根香，后将点燃的香平放于双手，两手掌心朝上，用两个拇指夹住香，双腿跪于地，拜两次。之后把其中的三支香插于右边，剩余六支插于左边，接着点燃用菜油浸过的香，右边插一支，左边插两支，然后拿出三张冥纸点燃。鬼师让我和龙婆婆也照样去燃香焚纸。最后鬼师坐在庙里的地上，面对着神像开始念念有词，一边念一边将用青冈树（是一种很坚硬的树，多用于挂在门楣上，用来辟邪）的木头做的一对用来占卜的"卦"，扔于地上问卜吉凶。请鬼的时候要问卜两次，第一次是给"地鬼"做交代，第二次表示得到鬼的同意。

吴 LW 的巫词："今天是个好日子，我们准备了一只红公鸡、香子、蜡烛、粑粑、豆腐、酒和茶，喊你的大师傅从谷陇来，还有其他的小的也要到，你的阴兵马将，还有大官官都要来，喊你到你就要到。今天小妹妹买了一只红公鸡，来敬你，不管她走到哪里你都要保佑她，保她长大成人，结婚过后要有两个男孩两个女孩，要像筷子一样齐全。我这个师傅金口玉言，说到就要做到，你一定要保佑她活到二百岁，无论走到哪里，草不碰她，刺不抓她。你吃人家的鸡，喝了人家的酒，烧了人家的香，就要为人家办事，要保佑她到天涯海角。这是我们吴家的庙，无论是外地的也好，东西南北的也好，各归各地，不能乱问人家。不能让蛇拦路，不准看见蛇打架，过河要过得去，河水提不到脚，三十六路鬼都要撑到三百六十里路去，一切牛鬼蛇神都不要沾。从剑河、平扒、五叉、廖洞、冰洞清水江两岸，平寨、铜鼓、双井、新城、白崖全都来保护，现在你们吃生的，一会做熟过后再吃熟的，现在你们在这里等着，这里交给你。吃过后要各归各位，退到冰洞、廖洞下面。"①

念完词，得到"地鬼"的同意后，鬼师将鸡脖子上的几根羽毛拔下，粘于供台前，用鸡血淋于地上，从庙的右边开始在庙内绕一圈，并将酒、茶和米都要洒一些于神像前，最后离开去煮鸡。

回去后将鸡退毛，洗净放于锅内，并且将鸡的内脏，如鸡心、肝、肠等也放于其中，还要放一小块猪肉，一起煮，并且在煮的过程中不盖锅

---

① 敬鬼词全为苗语，这里是翻译的汉语译文。以下"送鬼词"同。

盖，同时也要把米饭煮熟。煮好后，到土地庙里再次敬鬼，这次要把他送走。过程与请鬼类似。

（二）送鬼

"今天我们敬这个土地庙，你天老爷也是知道的，我们准备了一只红公鸡，香子、蜡烛、粑粑、豆腐、酒和茶，大师傅，小师傅都要来。这只鸡已经熟了，粑粑豆腐一样都不少，样样齐备，你得了这些也是大吉大利。喊你来吃你就吃，喊你来喝你就喝，不要做客。无论你是大官还是小官，吃过后都要保佑我们三个。保佑我们喝水像糖一样甜，饭也要吃得香，脸红得像才出生的太阳一样红彤彤。不只要保护她一个人，还要保护她全家。你就在此地，过路的人不要乱问。牛不准用舌头舔圈，猪不准睡槽，丰收的谷子，要像牛尾巴一样粗，一样长，籽籽要像黄豆一样大。你吃人家的鸡，喝了人家的酒，不是空吃，吃了就要为我办事，随叫随到，你要一切牛鬼蛇神，三十六堂鬼都要到三百六十里路远去不许沾，否则就砍掉你的脚，砍你的脑壳。你饱了就要办事，我喊你来不是空喊，不是空做。你们不许打架，不许惹事。把她保护得像白布一样白，鬼不抓她。你们吃饱了就要各归各位，各回各处。你要保护龙塘，要保佑各家各户，都要喂猪成群，喂鸭成对，生男又生女，都要当大官官。你来我们这里，住在这大树之下，永远都是青幽幽的，不会变色。"

最后要到大庙对面的小庙去敬，先要焚香烧纸，与敬大庙不同，小庙的香一般只插在两个平行的插香处的一边即可，香的数量也降为三支。把用来敬大庙的祭品分取一些敬小庙，然后由鬼师嘱咐几句就结束了。敬鬼的部分结束后接下来是打平伙的部分，虽然只是个人的敬庙但这也算是办好事，鬼师邀请自家的兄弟来一起吃酒。

二 村寨墙上的标语（选摘）

1. "指导我们思想的理论基础是马克思列宁主义"
2. "高举毛泽东思想伟大红旗奋勇前进"
3. "战无不胜，□□思想万岁；毛主席□□□，共产党万岁；毛主席语录，敌人…是不会自行消灭"

4. "无产阶级专政万万岁"

5. "毛泽东思想伟大红旗　中国共产党万万岁"

6. "三个代表重要思想"——龙塘党支部

7. "中国人民最广大人民的根本利益！农村消防人人抓，抓好消防为大家。"——双井政府宣

8. "百年大计，教育为本"

9. "打预防针，保儿童健康"

10. "参加合作医疗，全家幸福健康"

11. "人人防火，户户平安。再穷不能穷教育，再苦不能苦孩子"

12. "小孩读书才有出路！让孩子读书是好父母"

13. "不嫁文盲夫，不娶文盲妻"

14. "初中不毕业，打工不合格"

三　2009年4～6月村务公开表

4月承上季度结余3681元

4月3日　　收购村里的砖瓦，3箱×13元　　+39

　　　　　　支付马号乡政府领导在我村调研生活费　-60

4月15日　　支付龙塘《人民代表风采录》一册　-390

　　　　　　收到二组吴LY荒山费　+100

4月22日　　四组修沟拉沙费　-20

　　　　　　收到刘H荒山费（2008～2009）（2009～2010）　+4500

4月30日　　复印荒山协议18张　-6

　　　　　　支付宋书记一行到唐珠召开生计会的生活费　-443

5月11日　　支付邰LN、邰HT、邰ZHG搬书费　-60

　　　　　　支付村主任到县文广局搬书和电视运费　-115

5月12日　　支付县里文广局王局长和曾主任发放卫星生活费　-302

5月27日　　支付水沟运泥费1车　-120

5月28日　　购买钳子和三个合接　-120

6月1日　支付莫工程师等人测量地形生活费　-480

6月15日　收财政补贴公路沙石费　+1200

6月18日　支付林改组生活费　-250

　　　　　支付村委购买粉笔1盒与信纸6本　-22

6月21日　县科技局到龙塘检查中药种植生活费　-144

6月22日　县科技局调研生活费　-200

第二季度共支出2732元，收入5839元，总结余6888元

第三章附录

一　施洞地区喜迎建国六十周年龙舟表演赛龙舟竞赛规则（施洞龙舟协会制定）

1. 服从安排，听从指挥。

2. 比赛时必须着民族服装，使用划桨宽度不得超过8厘米。

3. 每只龙舟安排两个协防队员，负责上传下达，保障本参赛队的安全，以及协调与其他参赛队之间的各种事宜，如在比赛过程中出现争议，必须由协防队员向协调组反映，不得发生群众闹事事件。

4. 参赛龙舟必须在25日12点30分之前集中停靠在赛段河边，聆听工作人员的调度和要求。

5. 赛段为两线之间，赛道以河中间为界，分为"施洞赛道"和"马号赛道"，比赛进行时驶入对方赛道视为犯规，犯规即视为败者。

6. 比赛以抽签对阵进行，听从组委会安排行驶。

7. 比赛即将进行时，参赛龙舟必须停在起点处待命，哨笛吹响时方能起划。

8. 比赛程序和要求由工作人员制定，任何人不得无理取闹，不听劝告者将取消比赛资格。

施洞地区独木龙舟协会
2009年6月10日

二 施洞镇龙舟节农家乐接待一览表

序号	村名	组别	姓名	接待桌数	接待床位
1	居委	三组	汪应芬	4	10
2	街上	三组	吴寿芝	4	5
3	街上	二组	蔡明英	6	10
4	居委		包秋英	10	13
5	白子坪		刘秀英		5
6	白子坪		肖碧荣	3	3
7	白子坪		刘长有	4	5
8	白子坪		吴光勇	4	4
9	塘坝	二组	石冒桥	5	
10	塘坝		龙光兰	3	2
11	塘坝		刘正兰	4	
12	塘坝		潘三妹	2	
13	塘坝		杨先窝	3	
14	塘坝		吴必胜	3	
15	塘坝	二组	吴必琼	7	11
16	塘坝		廖引久	4	8
18	塘坝		吴国生	6	6
19	偏寨		石家叔	2	
20	偏寨		石家和	2	
21	偏寨		刘春花	3	
22	偏寨		姜新兰	2	
23	偏寨		刘正明	10	
24	芳寨	三组	刘永福		10
25	芳寨	二组	刘诗伍		20
26	芳寨	一组	刘当根		2
27	芳寨	一组	刘山洪		3
28	芳寨	六组	刘八军		8
29	芳寨	一组	唐中龙		8
30	芳寨	二组	刘跃中		10
31	塘坝		吴水根	6	
32	塘坝		吴通志		13
33	塘坝		姜耶福		9

第四章附录

一 《仰阿莎》古歌

版本一：

很久很久以前，地上都是没有水喝的，那时候仰阿莎就是井水，她的父母亲就是山上的岩石，她喝的奶就是那些岩石的小洞洞里流出来的水。她从小就长得很漂亮，十二岁就开始摇马郎，十六岁就出嫁了。

摇马郎的时候，从我们这条河看过去，所有看得到的人和事物她都看不中，后来她看见月亮了，就有点喜欢他，于是，她就站在自己的家门口，用帕子和月亮招手，她和月亮约好了，就想嫁到他们家，但是那个时候，天上有十二个太阳，十二个月亮，太热了，她没有办法去。所以她就找井底的苔藓做了一个帽子戴在头上，用麻栎代替一把伞就上天了，太阳越出来，她就越喜欢。

飞到半路上的时候，她遇见了风，风就跟她说啊：月亮是个大懒虫，每天要到中午十二点才起床，你跟着他以后没有得吃，也没有什么好日子过，你还不如跟我呢，我每天天还没有亮就起床，每天很是勤快，我会赚吃的，你一日三餐都可以吃上肉呢，你完全可以放心地跟着我。仰阿莎一听犹豫了，就回到地上来了，这时候，站在高坡上的野鸡就跟她说啊：你别听风的话，月亮是起来很晚，但是他那个人聪明啊，会耍点滑头啊，他会做生意，你还是不愁吃不愁穿的，但是你跟着风就不一样了，你得每天跟着他去做活路，没有得闲。仰阿莎听了野鸡的话，就又往月亮家走了。

仰阿莎嫁给月亮以后，新婚没有多久，月亮就又出去做生意了，而且一去三年都没有回来过。这时候，太阳看仰阿莎漂亮，就过来和她谈心，慢慢地，仰阿莎就和太阳好上了，她又嫁给了太阳。土地菩萨就和月亮说，月亮啊，你只顾着做生意，你的新娘仰阿莎已经跟太阳跑了。月亮听到了，就很生气，急忙往家里赶。

回到家里以后，他没有看到仰阿莎，只是看到了一双金鞋子，他看着那双鞋子那么漂亮，就更加想仰阿莎了。他很生气，就打了在家里的猫，说道：我平常待你那么好，每天给你吃给你喝，你为什么没有帮我看好我的仰阿莎？猫很委屈，辩解道：我是你们家里的猫啊，我只是负责捉老鼠的，而不是负责帮你看仰阿莎啊。月亮没有办法，又跟狗生气，说道：我平常有什么好吃的，肉啊，骨头啊，都是给你吃，你怎么不帮我看好仰阿莎？狗也辩解道：我只是负责帮你家里看门，并没有要帮你看着仰阿莎啊！月亮更生气了，就打那匹马，骂道：你每天在我家，都是吃好的草料，一点都不用担心，你怎么不帮我看好仰阿莎？马也是很委屈，辩解道：我只是负责帮你们家运货物，你并没要我帮你看仰阿莎啊！

最后，月亮没有办法，找到了太阳家里，看到他们家里有九个很漂亮的姑娘，他不知道哪个才是仰阿莎，因为他结婚没有多久就出门去了。他没有办法，就跑到了仰阿莎的家里，仰阿莎的舅舅就说，我的外甥女眼角有个印子，你可以找到她，但是你一定不许射箭杀她，到时候，她死了，你还可以另外再娶个媳妇，但是我就没有第二个仰阿莎了。你还是和她好好说，天上有阎王，地上有土地菩萨，你去杀猪杀鸭，请他们过来评个理。你们两个不能吵架，一吵架了就会天昏地暗的。讲不好了，有水觉坳（苗语音译，人名）。地上还有主人啊，郎坳，金布里，他们两个不喝酒、不吃饭，右手拿着毛笔，左手拿着算盘，骑在大马上的。月亮听了他的话，就到了太阳家里。

太阳出来了，就和月亮说：我给你三床金子，三床银子，你让仰阿莎跟我吧。月亮就说：金子银子我家里都有的是，我要那个马长角，要那个马蹄变成四个蹄。太阳一听，这是不可能办到的事情，就很是生气。太阳和月亮就找了一个老公公过来，这个老公公就是土地菩萨，菩萨要八十岁才摇马郎，要一百六十岁才结婚。土地把仰阿莎判给了月亮，因为太阳是哄仰阿莎过去的，他不得理。

所以，自从那以后，太阳和月亮两个人有仇，一见面就打架。现在，你看，太阳白天出来，月亮晚上出来，他们两个都是不碰面的。撞到的时候就一个吃一个，但是很久很久他们才会撞到一起。太阳有一个龙，每次月亮一来吃太阳的时候，龙就来救太阳，这时候，狗也和月亮有仇了，狗也来救太阳，它就跑过去吃月亮，地上的人们怕它真的把月亮给吃了，就敲锣打鼓地吓狗，所以，每次双方都吃不到对方。

像我们现在，太阳要十二岁才变，也就是要十二年才会变一次，月亮就不一样，月亮三十天就变一次，二十六、二十八月亮变化，初一、初二、初三的时候月亮都不起来的，初五才起来，所以月亮打不赢太阳。像十二生肖里一样，二十五岁的时候才会有一个轮回。平常月亮二十九天也可以算三十天，都是楼上的在控制的，也就是阎王。古老的时候是十二年一个季度，现在是十二个月一年。（资料提供人：台江县施洞镇偏寨村刘ZF[①]）

（补充：老人的丈夫在一旁跟我强调，我们苗族的娘欧莎和现在政府搞的那个仰阿莎文化节啊，仰阿莎矿泉水啊，都不是同一回事，那个是政府编出来的，我们这个娘欧莎是井水，是很漂亮的。老人说：仰阿莎歌一般生小孩的时候可以唱几句，到外面热闹的时候可以唱，或者摇马郎的时候也可以唱，这是一首年轻人的歌。但是结婚的时候和在家里喝酒的时候都不能唱。她说，我们这个仰阿莎的故事就像现在《天仙配》里演的故事一模一样，跟梁山伯和祝英台也有点相像，都是谈恋爱的歌。）

版本二：

远古开天辟地的时候，也不知道是哪个来造猪，也不知道是哪个来造人，也不知道是哪个来造牛。仰阿莎的父母是山坡，仰阿莎就是水，她实实在在就是水，也是吃她妈妈的奶长大的，她十五岁的时候就开始谈朋友，她找不到自己的朋友，看到水沟和鱼虾，但是水沟和鱼虾还有那些泥巴都是她的姑爹和舅爹，不能成亲，没有办法，她找不到自己的爱人。后来风就做媒，风告诉她天上的太阳是个好小伙，人品好来有能力，风又告诉太阳仰阿莎是个美丽的好姑娘，可以做他的媳妇。于是，经过风的花言巧语，仰阿莎嫁给了太阳。

[①] 刘ZF，女，63岁，施秉县马号乡八团村人，嫁到偏寨。她是寨子里最会唱歌的人，别的寨子的人只要听说她来了，就都害怕。曾经有些录音的师傅录了她的好多歌，现在很多地方都有的卖。只要寨子间举行什么活动，需要唱歌的，她是必定的人选。

太阳得了仰阿莎以后，并不满足，他没有守候美丽的妻子，而是外出做生意了。留在家中的仰阿莎只有独守空房，这时候，太阳的弟弟月亮看见仰阿莎很美，就去拐他美丽的嫂子，他用好听的话把仰阿莎拐走了，后来两个人就私奔了。太阳还在外地做生意，他并不清楚这回事。也是风来告诉他的，因为风能够上天，能够下地，他看见月亮拐跑仰阿莎，就跑去告诉太阳，太阳听说了以后，表面镇静地说：我和月亮是兄弟，都是一家人，无论哪个得她都可以。可是等风一走，太阳就出发回家了，没有看到月亮和仰阿莎，他就去找仰阿莎的父母，也就是那些山坡，告诉他们仰阿莎的丑事，仰阿莎不守妇道。他又跑去找了龙过来帮他打官司，告月亮抢了他的媳妇。月亮找了青蛙过来当自己的律师，和龙辩起了道理。后来，毕竟月亮没有理，他输了这场官司，于是，龙就判月亮以后见不得光，太阳走到哪里亮到哪里，月亮却只能让高坡亮，其他地方就很暗。并且，仰阿莎跟太阳回家了。（资料提供人：剑河县观么乡巫包村，曾LP①）

二 离婚调解协议书

调解协议书

申请人：邰＊＊，女，苗族，1993年9月12日出生，小学文化，现住贵州省剑河县岑松镇新寨村＊组

被申请人：张＊＊，男，苗族，25周岁，小学文化，现住贵州省剑河县革东镇交板村＊组

申请人与被申请人因非法同居关系纠纷一案与2009年3月12日镇司法所、镇妇联申请协调处理。经调查，女方没到结婚年龄，因此双方没有

---

① 曾LP补充道："仰阿莎其实是水，并不是人，所以她才很漂亮。是高山生了水，所以她的父母是山坡，水一出来就有泥巴了，而且鱼虾也在里头，小水沟里也有水。所以仰阿莎长大了以后就首先遇到他们，但是这些人又是她的姑爹、舅爹一类的亲戚，不能和她结婚，只能到外面去找对象。风既能够上天，也能够下地，天上地下的事情都知道。所以，他看见了美丽的姑娘仰阿莎还没有找到自己的爱人，太阳也是一个人，就撮合他们两个。但是月亮就不好了，他是太阳的兄弟，他看见仰阿莎很美丽就想着怎么把她拐走。所以判案的时候，他没有理。仰阿莎当然就只有跟太阳走了。"

到婚姻登记机关办理结婚登记。经过二次充分协商，双方在公平、公正、自愿的基础上，自愿达成如下协议。

1. 双方自愿解除非法同居关系。

2. 申请人自愿赔偿被申请人因办婚事时的损失伍仟伍佰圆（5500.00元），同时退回结婚时双方互送的布匹。

3. 本协议经双方签字后生效，任何一方不得反悔，否则后果自负。

4. 本协议一式四份，双方当事人各持一份，镇司法所一份，镇妇联一份。

主持人：＊＊＊（司法所办事人员）；＊＊＊（妇联办事人员）

申请人：邰＊＊，龙＊＊（女方及其村委负责人）

被申请人：张＊＊，张＊＊（男方及其村委负责人）

2009 年＊月＊日

第五章附录

一　大乌烧村潘家和龙家关系（汇总）

以下是笔者搜集到的有关潘家和龙家村寨关系的不同表述版本。

（一）亲兄弟关系

1. 老祖先是从凯里，一个叫"嘎的由"的地方迁过来的，开始是在现在山坡的下边住，后来才搬上来。刚开始他们是两兄弟一个姓潘，一个姓龙……传说，一只鸡从下边水沟上来，在此生了12个蛋，兄弟俩觉得这儿肯定是个好地方就在这住下了。从来就只有潘家和龙家，他们相互开亲（之前从不开亲，过五服之后，才开亲）。潘家和龙家一起"吃鼓藏"、种田。龙家开始种田、丰收、开芦笙、开铜鼓。（资料提供人：潘MK）

2. 从江西省迁过来，龙和潘是两兄弟迁过来的，有只母鸡来这儿，兄

弟俩就起房子在这儿住，龙家老大，潘家老二。（资料提供人：龙 AY）

3. 据说是从江西"猪屎巷"迁过来的，老祖宗的基业是在对面的山上。以前就是两家，立户在此，是两兄弟俩。喂有鸡，母鸡天天跑来这边下蛋，鸡下了 12 个蛋，一个就说只要孵出 12 只小鸡，就搬过来，结果孵出了小鸡，他们就搬过来了。两兄弟穿着蓑衣去开田，一人一天开七块田，一个兄弟把蓑衣脱了，盖住了另一个兄弟的田，那个兄弟就说是奇怪怎么变少了，只有六块，后来拿开蓑衣才发现盖住的那块田。（资料提供人：潘 HN）

4. 听说潘和龙是两兄弟，都是从江西迁过来的，姓龙的做老大，姓潘的做老二，我们也开亲，一直都住在这里，我们是一个老祖公。（资料提供人：龙 MZ）

5. 从江西洪拱迁来到枫香又到舟溪、青曼，来一个家族，其中两个兄弟来这儿。（资料提供人：潘 AF）

6. 是两个兄弟从江西迁过来。一个姓龙，一个姓潘。一个是过去雷山那边，一个是沿着下面水库上来，看到下面那有一个水塘，里面有浮漂（浮萍）可以拿来喂猪，一个老祖公就说，那里有浮漂就可以有一个寨子在这里得吃。老大（哥）是来这儿了。老二（弟）沿着河去雷山那边，去了两三天，他看见那里不得住，就回来这儿找他哥。于是他两兄弟就在这里开田。开那个田的时候，可能有这么大（两个胳膊张开那么大），一天开五块田，开了很多年。一天，老二拿了一个斗篷去盖住了一块田，就对老大说："你要了我一块田去了。"老大说："没有啊。"最后，老二把那斗篷拿开，说："我对你说你要了我一块田，你看，在这里。"以前就是这样，他们俩住在对面的坡坡上。听老人讲，以前都是猛山（树木茂盛），有根藤过了下边的那条河，来到这边。兄弟俩呢也养有鸡，一只母鸡，它一下蛋就沿着那藤来这边，后来它就在这边孵出了一窝小鸡仔。兄弟见了就说："我兄弟俩在这边不比那边（母鸡下蛋的地方）好啊。"后来就搬到这边来住了。搬过来之后，一个就姓龙，一个姓潘，他们商量说，以后我们两兄弟有孙孙了，我们可以开亲，就是这样子。（资料提供人：潘 DY）

7. 从江西迁过来的，老大是龙家，老二是潘家，田土同样分，住不是这里是对面的坡坡上。以前树木太茂盛了,有个蔓藤就迁到这边的坡上,老母鸡过来这边下蛋,有九个鸡下蛋。以前的兴铜鼓的鼓场在老母鸡下蛋的地方,之后才改成两个姓。(资料提供人:潘 SB)

(二)父子关系

以前两个祖公一块在下面沟沟里开田,天黑了,秧也插完了。一个祖公的孩子就去数,问他爸爸:"怎么少了(漏掉)一块田,田不够啊。"他爸爸笑着把蓑衣拿起来说:"这不在这儿,又长出一块水田来?"乌烧村就是这样来的,苗话"乌烧"的意思就是"长出一块水(田)的意思。(资料提供人:潘 TH、龙 YF)

(三)姨表兄弟

以前一个公的两个姑娘,一个嫁给潘家,一个嫁给龙家了,现在潘龙二家都互称姨公。(资料提供人:潘 TH)

(四)亲家关系

以前,潘家有三儿一女,龙家三女一男,他们就互相开亲,形成了亲家关系。(资料提供人:潘 TH)

(五)结拜兄弟

村子以前就有潘、龙两个姓。潘家有兄弟好几个,龙家就一个公,他就觉得孤单,想去其他地方住。一天,他就往坡下走,碰到了潘家其中的一个老祖公,就对潘家的老祖公说要去别的地方了。潘家老祖公就劝他住下,我们以后称兄道弟就是了。于是龙家也就在这里住下了。村里就只有潘龙两个姓,现在村里没有嫁娶关系的人,都是喊叔叔伯伯,不分你我,是一种结拜兄弟的关系。(资料提供人:龙 YF)

二 龙 MZ(鼓头的二弟)对当鼓头的认识

做鼓头麻烦啊。哎呦,来到村里的客人,没有亲戚的,就全部到我家来，煮饭吃啊。那天跳鼓的时候，我们都没得时间看（跳鼓），就整天在煮饭吃，来了一批又一批。村主任、支书他们啊，也不把他们领过去，他们就自己喝酒。村主任、支书他们搞鼓藏节还有工资，我们也没有什么的，补助都没有。村里过节之前也没有捐东西，他们就是跳鼓那天晚上，村里买猪、买酒，我家出米、出腌肉，请村两委、小组长、值勤、上了岁数的老爷爷一起吃酒。他们出一半，我家出一半，其他什么都没有了。鼓藏节过完后，他们都过来尽尽兴。当鼓头在村里是有名誉的，就是说他家是鼓头。就是跳鼓那几天，这之前之后，就没有什么了。现在村里人不是还把你（家）看得很低。你现在就是平常人啊，没有什么的。我们又忙又累，什么也没有，麻烦呦，也没有工资。

三　龙 MF 对鼓藏节的管理和对当鼓头的认识

"鼓藏节"我不管什么的，他们（村委）做什么事也不和我商量。我的任务就是踩鼓那几天，把鼓场维持好，把鼓跳好，其他的事情不要我管。只有跳鼓那几天，我才有权力，过去了，就不管了，现在我就没有什么权力。鼓头就是个名声，也没什么荣光，人家高兴要你来当鼓头，你就随随便便地来做，也没什么高兴的。不像他们西江，每一代都是鼓头，爷爷做完，儿子做、孙子做，都是一家人。像我们这儿，这一届是我，下届是谁就不知道了。现在我的任务就完成了。不管是家族，还是血亲、姻亲，反正都是我家，转了几代，都是我家，那才有光荣，血缘继承才有光荣，像这样（每届都选鼓头）没有荣光的感觉。反正当鼓头挺麻烦的。就那几天，过去了就没有用了。到了下一届，如果还选我，我就不想做了，太麻烦了。你做好了，人家会说你，做不好，人家还是会说你。夸奖你，是没有什么用的，没用的。没有什么补助。白干活，还得天天操心，村里人说你，你还得甘愿受气。没有什么用的，没有实实在在的用处。给铜鼓挂红的红布、毛毯也没什么用。结束的时候，把那些东西给村主任、支书、小组长一些，自己留一些。踩鼓场，现在我不管。

四　功德簿

捐资助学希望工程"功德簿"

（一）感谢函

尊敬的爱心人士们：

我大乌烧小学是凯里市最边远地区的农村公办完全小学校。1935年建校以来，给农村教育事业和农村经济发展做出了巨大贡献。但由于地处偏僻，受到经济落后的限制，学校教学条件和设施极其缺乏。自2003年起，承蒙中共凯里市委统战部及凯里市光彩事业促进会办公室的关心和支持，并牵线搭桥，牵头协商。你们对偏僻贫困边远落后农村少数民族学校给予了鼎力的支持和热心的帮助，捐献了总价为25400元的物质和人民币。在你们的无私帮助下，我校的学生课桌椅、教师办公桌、学生图书室和现代化的电教设备相继得到补充和完善，学校的校容校貌焕然一新，全校师生欢欣鼓舞，全村人民感激涕零。在此，我校210多名师生和全村人民谨向你们表示最诚挚的谢意和最崇高的敬意，感谢你们对农村教育事业的发展添砖加瓦，为农村学校的大力发展教育事业献出了你们的一份力量。今天，您一定看到，学校校容面貌更新，学生学习更加努力，学校教育风貌更加蓬勃向上。您一定会为此感到高兴，感到自豪。而我们将不辜负你们的重托，你们的厚望，感恩戴德，乘翼直上。你们的关心，你们的贡献，你们的名字，将永远留在我校的《捐资助校功德簿》中，以铭记恩德，传承后世！

谢谢！

凯里市大乌烧小学

（二）备忘录

一、落地大镜面

于2003年9月10号　凯里市台湾办事处赠予（规格：185x140CM. 人民币2000元）

二、学生凳椅和教师办公椅子

于2006年8月21日　凯里市西湖大酒店有限责任公司捐助：方凳：

211 根；木靠椅：21 根；地毯：10 平方米（合人民币：7900 元）

三、学生课桌

2006 年 8 月 11 日　东信房地产公司捐助：1500 元

2006 年 9 月 11 日　黔东南利保房地产公司捐助：1000 元

2006 年 9 月 11 日　麦德士饮食有限公司捐助：1000 元

2006 年 9 月 11 日　凯里市常乐燃气公司捐助：1000 元

2006 年 9 月 11 日　黔龙饭店捐助：1000 元

（总金额：5500 元　购得课桌 54 张）

2007 年 1 月 12 日　凯里市水利局捐助 25 张学生课桌

四、图书室

2006 年 10 月 11 日　　贵州省丰球房地产开发有限公司　捐助：4000 元（建成一个图书室，800 余册书）

五、电教化设备

2007 年 3 月 13 日　三辣公司捐助：1000 元

2007 年 4 月 16 日　凯里市阳光铝业公司捐助：1000 元

2007 年 4 月 18 日　凯里市亮欢寨捐助：2000 元

（总金额：4000 元　购得：5 台彩电，2 台 DVD 影碟机）

二〇〇七年五月十八日

五　民事调解（潘 MH）

村里的纠纷事情，也没有什么，主要还是山林边界啊和房屋地基这些比较多。不经常经营才发生纠纷，如果你经常去经营，有木去砍，有草去割，那就不会发生了。山林纠纷也是边界的田坎纠纷。原先，田的范围 5 丈以内由田主管辖，但是，地、土是一丈以内，由主人管辖。久而久之，有一段时间松动，管不来，占来占去，就引起纠纷了，因为树木长大了，用木材，你想用，我也想用，那边界就说不清楚了。像这种边界发生的纠纷，我们就是按村规民约量一量，近的给谁用，远的就不给了。那个民约上说得很清楚，有规定，一般都是用这个来办事。我们村有自己的规定，像第六组他们也有他们的规矩。我们本村的田土规定是：下面的占三分之二，上面占三分之一。他们那组，上下一样分，面积平等。我们其他小组跟他们不一样，他们组还有自己的土政策、土办法。家里有规定，村里也有自己的规定。双方发生纠纷，要我们去处理，先要交手续费，每方交100元。解决后，输的那方不退，赢得退50元。剩下的150元，我们调解委员会收（委员会有三个人，一个主任，两个委员），拿出15%交到村里，作办公用。剩下的钱，我们三个就分了。有一方不服的，一般都会给他调解下去。要真是在我这儿调不下去，我就会给他写一封介绍信，让他自己到三棵树镇的综合治理办去。拿写的介绍信到镇上的综治办，他们外地人处理拿国家法吓唬你，用他们的法官，是你的就是你的，不是就不是你的，你横也没用。不像在村里，那么的留情面，遮面子。大家伙互相让让，说说就行了。

六　本届调解委员（潘 MH）经手处理解决的民事纠纷

（一）水源纠纷

这是潘沙农和潘定龙两家的纠纷。原先是五六家用一个水源，2009年6月18日由我处理，调解不成，19日我去看了现场水源。这个水源是在潘沙农家的上头，田坎边，他就独霸水源，自己用，不给其他五六户的责任田用。于是，他们就告到我们村里面，告到我们调解委员会这儿。他独霸是不行的，集体那个时代都是大家一起用的。以前水源大，接水管没有意见。18日之前，他们各户用水管接，需要你就接，不需要就算。后来，他就独霸，把水引到他家田去，潘定龙接水管用，他就说："这个是我家田的范围，不让用。"潘定龙就把这个事情告到我这儿了。现在，潘定龙拉水管去接，潘沙农就把他的水管给拉出来。

我们调解是按村规民约来办。水源是集体用的，那五六亩田只能用这个水源，不让用是不合适的。用水要按水源的大小，如果水大的话，就随便用；水小，只能轮流用，最后我们判的结果是大家一块儿用。潘沙农他还不服，跟他讲道理，他用武力吓唬你，不让我们说话，还要打我们，反正我就是用这个道理讲的。后来，潘定龙就写了一封介绍信，告到三棵树镇的综合治理办（我们农村一般不写告状信的，我们文化水平低，写不出那些名堂。他们告到我这，我把双方当事人请到村里的综合治理办公室解决，调不成的话，去镇上的综治办。）

（二）山林纠纷和田边界限案

大乌烧村第四组：龙安银，男，年龄44岁，文化程度高中。

大乌烧村第二组：潘仁富，男，年龄48岁，文化程度高中。

纠纷地点：也毕斗粗。

调解记录：

原告人：龙安银说："根据老人说按老路为界限，潘仁富开新路，不让走他的田坎路，他就开路侵犯我的山林。"

被告人：潘仁富说："因为田是集体时候开的，开成的新田，上为5丈，下为2.5丈。下块田是四组的。"

二组和四组认定两块田是"四清"开的。原二组的老队长当老（人名）说："下块田坎有2.5丈，上快田不知道有5丈没有。"

四组和二组群众认定是山林以老路为界。

2009年5月16日早上在村办公室

附：山林和田边纠纷案协议

大乌烧村第四组龙安银与大乌烧第二组潘仁胜、潘仁邦（潘仁富之兄弟）山林和田边界限纠纷，地点：也毕斗粗。经过四组龙安银兄弟和二组潘仁富和房族兄弟、本村调解委员达成以下协议。

1. 潘仁富的田在"四清运动"修成的，经过村调解委员调处，原享受田边范围5丈，现只能享受3.5丈，不能多占。

2. 潘仁胜、潘仁邦不能在界限上修路，影响龙安银的山林，后果自负。

双方当事人：潘仁胜、潘仁邦

     龙安银　　（以上名字均按有手印）

大乌烧村人民调解委员

（盖　凯里市三棵树镇大乌烧村人民调解委员会　公章）

2009年5月16日早上村办公室

（三）山林纠纷案

原告：潘占光，男，年龄58岁，文化程度初小。
被告：潘占荣，男，年龄43岁，文化程度初小。
起因：潘占光和潘占荣发生山林纠纷。
地点：阿无桐（山地名）
调解记录：

原告潘占光讲：房子是潘占荣的，背后的山林是潘占光的，起因是棵杨梅树，孩子去吃就发生了纠纷。潘占荣说："这片山是我家的，潘明兴分给我的，时间大约是1998年，后来再争吵，大家争议，就去栽界石，大家同意给他5丈。后来潘占父又去砍超界限一颗杉树，又经过潘明富、潘明龙划一根给潘占光。从集体给潘占海、潘占光杉树以标号。"

原告兄弟潘占山说："这房子早起1980年以前，那片山是小树。起因也是一棵杨梅树，后来分到户，潘占光去吃杨梅，就争吵起来了。"

被告人潘占荣说："发生纠纷也是棵杨梅树，原来是棵小树，后来长大结果，孩子去吃，就争吵起来。"

另：山林纠纷处理案协议

大乌烧村第十组潘占光和潘占荣山林纠纷，经过十组组长龙启光、各户主人和本村调解，达成以下协议。

1. 潘占光的山林除潘占荣以房子5丈栽界石为界限，余下就是潘占光管理。
2. 潘占荣的菜地，经过认定，原先小组规定土地周围为2丈，现经过处理，此地周围1丈。
3. 潘占荣的菜地周围两丈内有杉树6根，经协调潘占荣要3根，潘占光要3根。
4. 潘占荣菜地周围以一丈内栽界石为界限。

2009年4月1日

（四）房屋界限案

因潘仁富起房子占用龙建涛、龙志成屋檐滴水线。地点：鼓场边仓库背后。经调解委员会，双方代表和第三者证实，达成协议如下。

1. 被告潘仁富起房子占用龙建涛、龙志成房基地，经调解：潘仁富同意补偿1000元（人民币壹仟元整）。

2. 龙建涛和龙志成以屋檐滴水为界。

3. 潘仁富在二层以屋檐滴水外是潘仁富使用，不得占超。

2008年12月4日

（注：潘仁富起房子的地基是 1980~1990 年，从龙安丙处购得，潘仁富起房子时，多占了地基，将房檐盖到了龙建涛和龙志成家的屋檐下，因而引起的纠纷。）

七　三棵树镇大乌烧村村规民约（2005年3月版）

为搞好我村的综治工作，维护社会秩序稳定，促进物质文明和精神文明的发展，特别是我村经济的发展，实现全面建设小康社会的目标精神及有关农村法律法规。经村支两委研究，修改制定本村村规民约如下。

（一）山林

1. 凡进入我村的封山育林区：也虎队、干也烧、陡咬、干站单、虎羊（以上均为地名）砍柴、割垫草、青草，每次罚款100元，挖生桩、干桩的每次罚款200元。

2. 偷砍杉、松树的以三卡以下每卡罚款100元，三卡以上的每卡罚款200元。偷砍小杉、松树每根罚款100元（未足1卡）。

3. 偷砍桐子树每根罚款150元，每枝罚款50元。

4. 偷砍竹子每根罚款50元，笋子每根罚款20元。

5. 偷砍一挑柴罚款50元；砍杉、松树枝每枝罚款10元；偷砍老木枝每枝罚款100元；偷砍果树、经济树每根罚款100元。

6. 偷砍特贵药材，杜仲以每卡罚款200元，未足1卡罚款100元，偷砍村里风景树每根罚款1000元（不分大小）。

7. 偷吃种植果子每次罚款50元，另拿回家每斤罚款100元。

8. 不管责任山和公山偷挖一挑生、干桩罚款 50 元。

9. 在林区引发生火灾，轻者处罚 200 元，受灾面积达到 5 亩以上的罚款 500~1000 元，追究刑事责任，并按国家标准负责恢复造林。

（二）田

1. 偷钩摸（包括鲤鱼、七星鱼等）所有的鱼类，每次罚款 100 元。

2. 偷开田捉鱼，每次罚款 500~1000 元，损失粮食和田水由他本人负责灌溉和赔偿，偷用他人的田水、堵塞水源，每次罚款 100 元。

3. 用电器打鱼，每次罚款 500~1000 元。

4. 各用各辖区内的水源，违者罚款 50 元。

5. 偷捞浮漂，每次罚款 30 元。如捞得鱼，每条罚款 50 元。

6. 狗吃田鱼的准许打死在田里，但不许把打死的狗带回家，若拿去吃每条狗处罚 300 元。

7. 责任田边 5 丈内属于责任田管辖，如上下两丘间隔不到 5 丈的田之间，上丘管三分之一，下丘管三分之二。

8. 凡属于新开的田和扩大田边土角，不牢固而垮下来（利用为达到 3 年）的损失由新开田的户负责赔偿。

9. 属于老田不扩大而自然垮下来的一律不赔偿损失，垮下来的石头泥巴、树子，谁恢复谁享受，由双方自行处理。

10. 新开的田用水，按接近哪条沟就跟哪条用水灌溉的道理，不得阻挡。

11. 新开恢复老休田仍按照老面积田管辖范围。

12. 偷抬稻草，每挑罚款 100 元；放火烧稻草，每次罚款 500~1000 元。

13. 秋收秋种季节，要注意管好自家的鸡、鸭、鹅，违者一次警告，两次以上允许捉吃。

14. 在他人山地、田边土角偷割秧草、青草，每次罚款 50 元。

15. 大小路边，上边准许砍 5 尺，下边砍 2 尺，违者罚款 50 元。

16. 偷割芭茅草、芭茅杆，每次罚款 100 元。

（三）土

1. 1980年以前挖的自留地、闲散地、饲料地规定1丈周围自己管辖，土地由他自己种植。

2. 1981年以后，凡是田边土角的零星土、芭茅草属于承包人享有（除自留地、闲散地外）。

3. 下块地的人只用镰刀割草，不能用薅刀、钉耙铲泥巴。若违反，上块土块垮下来，由下块土负责。

4. 新开和扩大的田土阻挡交通、行人、牛马无法行走，应恢复原样，不执行的以每天30元计算交纳罚金，无权享受周围管辖的权利。

5. 村内的菜园以土改时的石桩为界，不得违反。

（四）庄稼

1. 田、土种有农作物，进入掏猪菜每次罚款50元。

2. 偷摘他人农作物（包括菜类、豆类、瓜类）每次罚款100~500元。

3. 偷摘辣子，偷挖洋芋、魔芋、折耳根、生姜的按每斤罚款50元。

4. 不准在魔芋地里拣魔芋，违者每次罚款50元。

5. 不准在田边土角挖药材，违者每次罚款50元。

（五）治安条例

1. 结伙打架的每次罚款500~1000元。

2. 辱骂他人，不听劝阻的处罚100元。

3. 拒绝、阻碍治安管理，工作人员依法执行职务，按情节处罚100~2000元，情节严重的负刑事责任。

4. 造谣生事、骗取财物或影响生产，经教育不改的处罚200~500元。

5. 在鱼塘地区禁止捕鱼，违者处罚100~500元。

6. 用猥亵的言语、举动调戏妇女的处罚100~500元。

7. 殴打他人的每拳头罚款50~100元。

8. 故意污秽他人身体、衣物的处罚100~500元。

9. 带头起哄，拿走他人财物的，除退还原财物外，罚款100~500元。

10. 以醉酒为名起哄，在公共场合捣乱肆意挑衅，无故殴打他人，破坏公共秩序处罚 500～2000 元。

11. 钻进别家偷东西、牲畜的每次罚款 500～3000 元，如果偷得东西，按价加罚五倍。

12. 追麻雀不准在田边土角，大小路中不准挖石头、泥土，不准砍山林放网，违者罚款 100 元。

13. 不允许冬春放牛吃草，破坏田坎，水沟边，违者罚款 50 元。牛撬田坎水沟的处罚 100～500 元，并恢复原样；不准放牛过田土吃绿肥菜等，违者罚款 100 元。

14. 放鞭炮引起事故的，按情节轻重处罚，并赔偿一切经济损失。

15. 坟墓周围必须留 1 米，任何人不得侵占，违者罚款 200 元。

16. 凡葬人的外村人（包括麻风病人、老母猪病、月子婆妇死人）不准进入我村地盘葬人，违者罚款 1000 元，并逼迫迁出境外去。（本村若有的，必须按指定地点保长安葬）

17. 拐卖妇女儿童的处罚 5000～10000 元，并送交公安机关判刑。

18. 发生纠纷必须向组织报案，不能聚众围观闹事，违者罚款 100～500 元。

19. 凡是发生纠纷的向组织报案，由领导组织通知来处理，任何一方无故不参加处理，不管有理无理都算败方。

（六）管理、路、卫生

1. 凡是我村、支两委人员，必须以身作则，积极参加会议，无故不参加会议达五次以下，将受到批评记过等处理，并扣补贴，超过五次以上，作自行退职或开除处理，并罚款 200 元。

2. 凡是召开村级会议，规定白天 8 点到会，晚上 9 点到会，违者后果自负。

3. 凡是各组召开会议，组长要有笔记登记，若有无故不参加会议者，后果自负。

4. 凡在村、组、巷道上方的农户，不许晒衣滴水淋人，违者罚款 50～100 元。

5. 村里的各条巷道，必须根据本村在1982年规划的界限，保持两米，违者后果自负。

6. 不准往进寨公路和巷道倒垃圾、晒粪、倒沙子、石头、砖等，违者罚款50~100元。

7. 凡是需要建设的巷道、进寨公路、生产公路，必须服从村组织的规划，任何集体和个人不能以任何理由阻挡，除被占用的田、土进行的酌情调整外，不负责山地的赔偿。

8. 凡是村里规划为经济发展的区片，被规划的农户的田土、山林，必须转让给承包人。

9. 不准破坏我村已建有的人畜饮水、稻田灌溉设备（包括蓄水池、胶管等），违者罚款1000~5000元。

10. 进村公路基下2米、上5米由村管理，任何集体和个人不得侵占和干涉。

三棵树镇大乌烧村民委员会
2005年3月20日起执行（盖章）

八 村规民约（1990年1月版）

最近中央发出的《关于加强社会治安综合治理工作的决定》指出，加强社会治安综合治理具有多方面的意义。我村近几年的努力取得了一定的成效，社会治安有所好转，社会秩序比较稳定，但从全村来看，社会治安综合治理工作还很差和发展不平衡，有些地方还出现了小偷小摸、乱砍滥伐山林还经常出现，为了搞好"农、林、渔业"的发展，落实农村深化改革开放的方针政策，使人人养成"有法必依，执法必严"的好习惯。为此，经村支委、村委员会的研究决定对原来的村规民约作一定的修改，特制定以下的村规民约。

（2005年版是在1990年制定的《村规民约》的基础上添加删减而成的。此版比起2005年制定的《村规民约》在条例和执行说明上更加详尽明晰。全文共分七个内容。为了区分比较，主要将2005年版没有涉及的进行摘抄和附录，其中第一至四条内容相同便不再重复。）

（五）治安条例

1. 计划生育，一孩上环，二孩绝扎，超胎又扎又罚。

2. 鼓藏场内外，不准乱画写字，违者处罚 30 元，如有发现破坏者加罚五倍。

3. 鼓藏场内不准晒谷子、晒粪，违者处罚 50 元。

4. 偷铝线一次处罚 500~1000 元，并按斤数计算复加两倍处罚。

5. 凡是村里办一切公益事业，有意反对、破坏的人，违反者罚款 300~500 元。

（六）电

1. 路线、各户的电表外线——水泥杆，由各村民的农户自负。但由各组去分段负责，由各组（户）自己去加线，经常检查有坏的地方，必须报电工去维修，不报者出事由线段户负责。

2. 偷电一次罚款 1000 元，并且不送点灯一年，检举人享受 60%，40% 属于电管理用。

3. 各户的电表必须安在便于电工检查的地方，由电工指定安点，不由户主指定安点，电表如有损坏必须及时维修。如不维修，就拆该户的线去，不送点灯。如接者，就按偷电处理。

4. 收电费必须按月缴清，电工只收一次。未缴清的用户，限两天之内，自己拿去交给电工，超期不交者，电工有权拆线。

5. 电工每月必须去检查 1~2 次的线路、电杆。如有影响通电的，电工有权干涉处理。

6. 电工每月收电费得多少资金，上交多少资金，必须月月清楚。如电工短款不清，就罚款 50 元。

（七）地面接收转播站

1. 地面接收转播站，必须人人爱护，人人关心，周围两米之内，不准堆粪、堆柴。任何人不准乱撒石头、杂草等在锅底，违者罚款 5000~100000 元。

2. 放映时间，执行农忙少放，农闲多放的方针：栽秧和秋收季节早上 7~12 点，晚上 5 点至次日 2 点。过年过节：早上 7~12 点，晚上 5 点至次日 3 点。

3. 放映人员（守卫星转播站的），每月工资 60 元。

4. 看守（放映员）机子人的职责，要坚守机子（放映机子及一切东西）按时间放映，坚守机子岗位时，损坏机子的要在 10 分钟前向领导报告，如不坚守机子岗位时，机子受损的，就赔偿损失数的 30%。在遇雷阵暴风雨时不能放映，如有放映者，损坏由他（放映人）本人赔偿一切的损失数。

5. 工作机房重地，不准任何人乱进，如乱进者损失，他本人自负。

6. 有电视机的农户，不交款，你只能收到贵州台。如收到他台的，检出一次罚款 60~100 元。

以上条例，人人有责执行。

三棵树镇大乌烧村民委员会
1990 年元月 1 日
（凯里市开怀乡大乌烧村民委员 公章）

九 关于我村（大乌烧村）旅游业的开发规划

我村是凯里市旅游资源丰富的村寨之一，一旦我们把这些资源充分开发和利用好，我村的景区将成为凯里市一流的旅游景区了。因为我村不仅自然风光好，而且很多景点有着悠久的历史，如"嘎南义（地名）的斗牛场"、"送也防（地名）的赛马场"、"堡颖读（山名）""堡也龙（岭名）"的"爬山节"、场合村中心的耶稣教堂（此堂已拆除，现已荒芜），等等。我村两委的全体成员在认真学习和讨论后，大家下定决心，在搞好本村各方面建设的同时，努力利用我村的旅游资源优势，大力开发和利用它，让全村人民逐步走向富裕之路。现将我们的规划陈述于后。

（一）开发旅游区的有利条件

1. 我村山高谷深，沟壑纵横，山清水秀，繁花似锦；我村的小溪、小河都源于本村的山涧和雷公山脚的深冲，所流经之处无任何工业污染，终年都清澈见底，它所灌溉的良田和蔬菜非常适合人们食用；溪中、河中的流水非常适合人们的沐浴、洗澡和食用，村中人们所饮用的井水纯属天然的矿泉水。

2. 我村离凯里城区很近，最近的景点离凯里城区只不过三十公里，从我们村中心至巴拉河旅游区旁的大公路（即雷炉公路）只不过三四公里。

3. 我村虽有 10 个生产队、457 户农家、2081 人，但全村都是苗族，民族风情保留得相当完整，非常有利于开发苗族风情博物村。

4. 我村不仅离巴拉河旅游区很近，而且现在的交通十分便利。在上级的支持下，在原村两委全体同志的努力下，在全村人民的艰苦奋斗下，现在已开通一条直通本村中心的山村公路。尽管这条公路通车还不正常，但天晴时候完全（可以）从巴拉河旅游区直接开车到我们村寨子中心。再则，从巴拉河至西江千家苗寨、雷公坪等旅游景点的旅游公路正好路过我村的"嘎南义（地名）的斗牛场"，路过大水电站的水上公园和森林公园配套的水电站旅游区，路过乌烧南（地名）民族风情旅游区等。这条旅游公路的线路为雷公坪旅游区——西江千家苗寨旅游区——大乌烧村旅游区——巴拉河旅游区。

5. 尽管原耶稣教堂已被拆除和荒芜，但我村还有二十余户的人家经常在家念经祷告，影响着周边的其他人，我们决定恢复这个教堂。

6. 我村是森林地区，过去曾到处是原始森林，"大跃进"期间遭到了人为的破坏，这些原始森林虽然没有了，但自从改革开放以来，除公用山林外，其余山林区正分给私人承包。改革开放以后，全村加强了封山育林的工作，因此，全村遍地是森林，尤其对准备开放的旅游景点区，村两委做了明确规定，任何人不得随意在这些景点的区域内随意砍伐树木，若确实需要砍伐的树木，必须经村两委的批准。这样，这些旅游景点树木密布，非常适合旅游业的开发。

（二）旅游景点的开发规划

1. 维修好"嘎南义"的斗牛场，进一步规范和维修这个有悠久历史的"嘎南义"的斗牛场。"嘎南义"水牯牛斗牛场，在历史上，每逢吃新节

(一般在农历七月初)的第二天在此地举行规模宏大的斗牛比赛。自从改革开放以后,斗牛的次数比以前多了。为了确保这景点的开发和发展,我村两委决定在斗牛场两岸的森林中修若干级阶梯坎(因为斗牛场在河沙坝中,两岸是茂密的山林和两条公路),让观赏热闹的人们站在森林中的梯砍、树脚和站在公路上观赏场中的活动。我们又打算在斗牛场上方——"乌益溪"和"乌烧河"的汇合处,安排一个宽敞的场地,供游客野外烧烤之用。在烧烤场的上方和本寨大水电站的坎脚下修三个游泳池。第一个游泳池的深度按国家标准游泳池的深度建设,专供游客游泳,第二个游泳池的深度为 1.5 米左右,专供学游泳的游客在池中学习。第三个游泳池的深度为 1 米左右,专供儿童学习游泳或洗澡。在水电站的坎上,努力加高加固,千方百计使坝内的水积有 10 米以上的深度(若水深达到我们的计划,坝中的水可沿河往上漫去一公里左右),然而我们在坝内放置若干只游船,让游客们在坝内乘船游水。在沿坝内两岸修两条游耍小道,专供游客沿岸游耍观光,并在小道恰当的地方修上凉亭,让游客们休息之用。又在坝内往"堡荣照"一方的独山峰——"堡荣照"(山岭名)的各条上山的小岭上修一些上山的小道,并用鹅卵石铺路面,同时在上山小道的恰当处修些凉亭,供游客上山时休息之用。因为这几条小道直通"堡荣照"的山顶,在沿小岭上的小道上,修几条横山小道,把上山的小道连接起来,让游客们横山游览。在沿河的公路边修二至三座跨坝风雨桥,把坝内的两岸连接起来。"堡荣照"是一座独山峰,站在山顶上可以眺望四方。为了满足游客的需要,我们决定在山顶上建一个度假山庄,供游客食宿。我们还决定在这一段沿水电站坝内的公路边修若干个饮食、住宿、零售、停车、加水等服务点,专供游客食宿、零购、停车、加水之用。若这一计划成为现实的话,这一带将成为水上公园和森林公园融为一体的游览区。

2. 在水电站的岸边,从巴拉河至雷公坪的旅游公路旁有一条小冲,名叫"乌烧南"(冲名)。这条冲直通我们的寨脚,我们的祖先就是从巴拉河顺河上来,到前面所述的水电站处,顺这条冲到我们的村,然后在这肥沃的土地上繁衍,将我村开辟成现在的状况。"乌烧南"这条冲山清水秀,有丰富的水源。这里的两岸是悬崖峭壁、森林密布。冲面很窄,不过几十米之遥。冲的上方狭窄处,在 20 世纪 70 年代初,我村的第一、二生产队的群众在此修建一小型水电站。此水电站早已荒芜，前面谈及的水电站不是这个水电站而是指 20 世纪 70 年代初，在当时的大队党支部和大队委员会领导们的带领下，本大队第三生产小队以上各生产小队的民众修建而成的水电站，现在属本村一至九组的民众共同所有。村两委的成员根据这条冲的自然资源和历史典故，决定把这条冲开辟成苗族风情博物冲，供游客游览和体验。为了让游客了解我村苗族历史风情，我们利用原小型水电站的水源修建原始碾米房 4 个，其中滚动式原始碾米房 2 个，盘旋式原始碾米房 2 个；又修原始春米石堆一个，原始提水车一部；修建原始的日常用具坊一个。在用具坊陈列原始纺纱机两部（两种样式各一部）、织布机一部和配套用具若干件，雨具若干件，蜡染染缸一个以上，原始弹棉花用具一套，弹棉花机一部。同时还在这里开辟专种蜡染原料的园子一块，在园内种植我们地区长期使用的两种蜡染原料，并在恰当的地方修建一个蜡染原料泡制池一个。在这里还修建原始铁、竹、木加工坊一个，民族刺绣加工坊一个，修建一个苗族铜鼓堂（此堂兼用作芦笙堂）。为了丰富人们的观赏内容，我们组建一支吹芦笙、唱飞歌、吹木叶、跳铜鼓、跳芦笙等传统文化的队伍。在这条冲还建一个民族研究室（本室已安排在 20 世纪 50 年代初，我村两个离家在外读书，并在外从事卫生、教育工作而现在已退休的中国苗学会会员负责这个研究室的各方面工作），建一个民族饮食店等；又在冲中有良田的地方，修建若干个鱼塘，在塘中养殖一些鱼，专供游客垂钓和游览。在冲中的两岸小溪边修两条小路，路面全用鹅卵石铺成。在冲中两岸小道上的恰当处，修若干个小凉亭，专供游客在小道上游览和休息。

倘若"乌烧南"冲按计划修建完工，它与"嘎南义"斗牛场、水电站下边三个游泳池、水电站坝内的水上公园和"堡荣照"森林公园融为一体，将成为地方著名的旅游景区。

3. 恢复和开发本村第九村民组旁边，本村中心寨和"鼓杖坪"——"嘎党牛"、村两委办公楼的对面"送也防"（地名）古老赛马场。这个景点就在本村的旁边，离村中心最近。村两委决定，将原来的跑马道恢复好后，在跑道旁边修一个铜鼓、芦笙堂和一个篮球运动场，让游客观赏苗族风情和搞一些体育活动；又在跑马道的尽头上方"堡长初"（山名）的坡顶上建一个度假山庄，供游客食宿；顺着马道的尽头，又围山庄和坡顶修一圈马道，供游客骑马游览或徒步游览；在山庄下面进行美好和绿化，努力使这个景点成为美丽的森林公园。

4. 从村中心的背后坡处，沿本村背后的大山修一条直通本村最高点"堡颖读"（山名）和"堡也垄"（岭名）的上山公路。这里不仅恢复了过去的"爬山节"活动，还吸引了游客到此处来登高和远望、享受大自然。"堡颖读"是我们这一带海波最高的山峰，仅次于雷公坪，它与"堡也垄"一起由西向东延绵成一条岭，三公里左右。这条岭与雷公山延绵成的岭走向相同，都是东西延绵，西高东低，区别之处在于雷公山那条岭比"堡颖读""堡也读"这条岭长得多，高大得多罢了。这两条岭相距不甚远。天晴时，人们可在"堡颖读""堡也读"看清雷公山那条岭北麓的沟壑和冲冲；雨季时节，站在"堡颖读"或"堡也读"一带隐隐约约听到雷公山坪中瀑布的水声，也能看到雷公坪下面瀑布的"银链"。"堡颖读"由于海拔高，四周景物全部收在眼帘下。站在"堡颖读"可以看到雷公山北麓的各地，还可以看到台江县的大部分地区，丹寨县的少量地区。凯里市的三棵树镇、鸭塘镇、舟溪镇、旁海镇几乎都看到、看完，湾水镇、万潮镇、炉山镇、凯棠乡的部分地区基本上能看到。我们村两委全体成员经过研究后，决定把这一带开发成游客登高望远，享受大自然的旅游景点。

5. 为了构建社会主义农村和谐社会，又根据我村二十余户信奉"耶稣教"的习俗，村两委决定在村两委办公楼旁边或寨头恰当处，修一个教堂，请一位信该教的师傅在堂中焚纸念经，并把一些经书整理成册，存放于堂中，供一些信教的人们或游客购买；又在该教堂外边建一个专门销售香、纸、烛、火炮等销售点，供前去念经的人们或游客们购买。

6. 当我村的"欧麻沙"（地名）、"送拱坪"（地名）一带的茶叶基地发展起来后，我们决定在"送拱坪"建一个登高望远、享受大自然的旅游景点和一个绿色食品饮食服务店，供游客食宿之用。

我们的规划和设想是美好的，是我村 2000 余民众为发展本村经济的根本之一。但我村地处高寒山区，经济落后，无法完成我们的这些规划，请上级派专人到我村实地考察后，如果认为我们的规划符合实际的话，为我村的旅游业给予立项，并请上级把我们的资源对外公开，请外地有资金或对我们的旅游景点感兴趣的人积极前来投资开发。

凯里市中共大乌烧村党支部委员会
凯里市大乌烧村村民委员会
2007 年 3 月 15 日（盖章）

十 关于请求资助大乌烧村十三年一回的"牯藏节"举行活动经费的申请

十三年一回的"牯藏节"即将到来，今年十一月八日在我大乌烧村举行，从而为加强精神文明和物质文明建设，丰富节日气氛，提高我村人民的业余生活水平，为创办民族风情旅游打下基础。经村支两委研究，特向你们各级单位申请资助一定的资金来帮助我村举行的各项活动为谢，活动经费大约在三万元（30000 元）。

活动项目有：斗牛、篮球、拔河等各种娱乐活动以及牯藏节的芦笙歌舞表演。

由于我村地处偏僻，经济各方面都比较落后。以上经费我村人民难以解决，先特向各级单位申请，敬请给予资助为谢！

特此申请

三棵树镇大乌烧村委会
二〇〇八年十月十日（盖章）

十一 倡议书

大乌烧男女青年：

本村喜迎十三年一度的苗族最大盛事——牯藏节。在全村和村委的大力支持下，共青团委现共集资：贰仟壹佰贰拾元整（2120 元）。由于赛项较多，资金短缺，根据大乌烧共青团委会决定倡议如下：

（1）凡是外出务工者（未婚）男女青年，每人 30 元以上；

（2）凡是篮球等活动爱好者，希望踊跃捐款，金额不限；

(3) 凡是本村国家工作人员，恳请大力捐助金额不限；

(4) 凡是大乌烧本村摩托车、面包车客运者，每人50元。

为了丰富节日气氛，为了全村近500户大寨，为了十三年一度的牯藏节，以上倡议请大乌烧乡亲大力支持！

倡议人：大乌烧村共青团
二〇〇八年十一月十四日

备注：①本次活动捐助名单以海报形式公布

②本次活动清单以海报形式公布

十二 大乌烧牯藏节预举行活动

海 报

一、篮球

(1) 内部（以村小组形式参赛，男女各一支）

(2) 外部（以村或自由组队报名参赛）

二、拔河：以村小组为单位，男女各一支

三、掰手腕：限男子个人自愿报名

四、赛马：（参赛马匹，到场各十元，奖金另算）

五、水田往返跑：（个人自愿，报名参加）

六、长跑：（个人自愿）

七、爬山：（个人自愿）

八、文艺晚会等项目

解释权：大乌烧共青团
二〇〇八年十一月十四日

十三 致全体村民的一封公开信

尊敬的父老乡亲：

在这奥运瑞年，苗语欢歌，风雨标言，飞歌缠绵之际，迎来了十三年一度的鼓藏苗年节。在此，为发扬民族民间文化，弘扬民族大团结精神，增添鼓藏节氛围。经我村斗牛组委会和村两委协商一致同意,通过村民集资、个体工商户、单位和个人的支持,顺利举办了"2008大乌烧鼓藏节斗牛大赛"。在此,我村斗牛组委会向支持和关心这次斗牛大赛的全体村民、个体工商户、单位和个人表示衷心的感谢和诚挚的谢意,祝大家身体健康、工作顺利、鼓藏节快乐、合家幸福!

大乌烧村2008年鼓藏节斗牛组委会
2008年11月17日

后 记

本书是国家社会科学基金项目（批准号：06BMC026）与贵州大学文科重点学科及特色学科重大科研项目（批准号：GDZT2012005）的研究成果。如今得以脱稿，实属快慰。其间的曲折与艰辛自不必多谈，存留的只是一些令人难以忘怀的心路历程以及对学术追问的享受过程。

与此课题结缘，源于我多年对苗族这一有着悠久历史文化的民族的思考。可以说，历史上的苗族是个多灾多难的民族，她作为难民的历史同她的历史一样古老。"抗争和迁徙"是她留给历史最深的记忆。也正是这样的认识，促使我对苗族与其他民族的关系，尤其是与中央王朝的关系产生了浓厚的兴趣。缘何抗争继而迁徙？对此问题的思索，亦是对这一"抗争和迁徙"之实质的追问和反思。我以"晚清以来地方文化资源与乡村权力运作：贵州清水江流域苗族乡村的社会治理"这个选题为研究文本，就是想通过文化和权力之间的关联试图去回应这一问题。文化、权力与治理构成了本书最主要的关注点。

地方文化资源的利用有其自身文化的秉性，从这个意义上说，"治理"也充盈并饱含差异化的表述方式。每一个人类共同体，都有一套文化制度作为其生存的保障机制。苗族也不例外，基于血缘和地缘关系连接而成的"鼓社"和"议榔"是其最鲜明的特征，也是其治理层面上最主要的手段，亦可以说是一种文化选择。由此，文化上的冲突也势必影响到治理方式上的摩擦和对抗，其中的权力关系和话语构成了两者的连接桥梁。治理多元化意在强调民族文化的多样性和一种新的治理模式和策略，即建构平等主体之间的对话、协商和融通的制度，倡导文化之间互相尊重的生态伦理关怀。唯有此，乡村"善治"才成为可能。本书就是遵循这样的理论思路，通过具体的案例来展现的。

具体章节的撰写如下：

前言：刘锋；

第一章：刘锋；

第二章：徐英迪；

第三章：张红娜、徐英迪；

第四章：傅慧平、靳志华；

第五章：靳志华；

第六章：刘锋、马巨龙；

第七章：刘锋、靳志华。

本书能够顺利完成，首先要感谢田野点淳朴的苗族乡亲们，他们的热情招待和帮助为我们提供了生活上和工作上的诸多便利。其次感谢课题组所有参与成员，正是有了他们的辛勤努力，本书才能尽快和大家见面。特别是靳志华、徐英迪在此过程中展现了他们一定的研究潜质和才华。还要感谢贵州大学相关部门及其领导的鼎力支持。感谢曹端波、蒙爱军、潘盛之、唐书明、唐志明、李天翼、张晓、杨志强等这帮好友的鼓励和帮助，他们对本书的思路提出了很多建设性的意见和建议。贵州大学民族学硕士点和人类学研究所是一个充满学术激情的团队，正是得益于这种良好的学术氛围，大家畅所欲言、集思广益，让我受益匪浅。刘景文、张治平、刘正国、宋永泉、吴安明、李宇、曾勇等也为本书提供了宝贵的材料，在此深表谢意。

另需说明的是，本书的部分章节和内容，已经在《民族研究》《西南民族大学学报》《人口与经济》《贵州民族学院学报》等刊物上发表。

本书脱稿之时，我真有如释重负的快感，但这也仅仅是我们学术道路上的一个驿站。真诚期盼同行专家学者能够多提宝贵意见，以便将来有机会再次修订。

刘　锋

2017年6月于贵阳花溪

图书在版编目(CIP)数据

地方文化资源与乡村社会治理：以贵州清水江流域苗族为例/刘锋等著.--北京：社会科学文献出版社，2018.3

ISBN 978-7-5201-1945-0

Ⅰ.①地… Ⅱ.①刘… Ⅲ.①地方文化-影响-乡村-社会管理-研究-中国 Ⅳ.①D638

中国版本图书馆CIP数据核字（2017）第298549号

地方文化资源与乡村社会治理
——以贵州清水江流域苗族为例

著　　者 / 刘　锋　靳志华　徐英迪　等

出 版 人 / 谢寿光
项目统筹 / 任文武
责任编辑 / 杨　雪

出　　版 / 社会科学文献出版社·区域发展出版中心（010）59367143
　　　　　　地址：北京市北三环中路甲29号院华龙大厦　邮编：100029
　　　　　　网址：www.ssap.com.cn

发　　行 / 市场营销中心（010）59367081　59367018
印　　装 / 三河市尚艺印装有限公司

规　　格 / 开　本：787mm×1092mm　1/16
　　　　　　印　张：16.5　字　数：262千字
版　　次 / 2018年3月第1版　2018年3月第1次印刷
书　　号 / ISBN 978-7-5201-1945-0
定　　价 / 68.00元

本书如有印装质量问题，请与读者服务中心（010-59367028）联系

版权所有 翻印必究